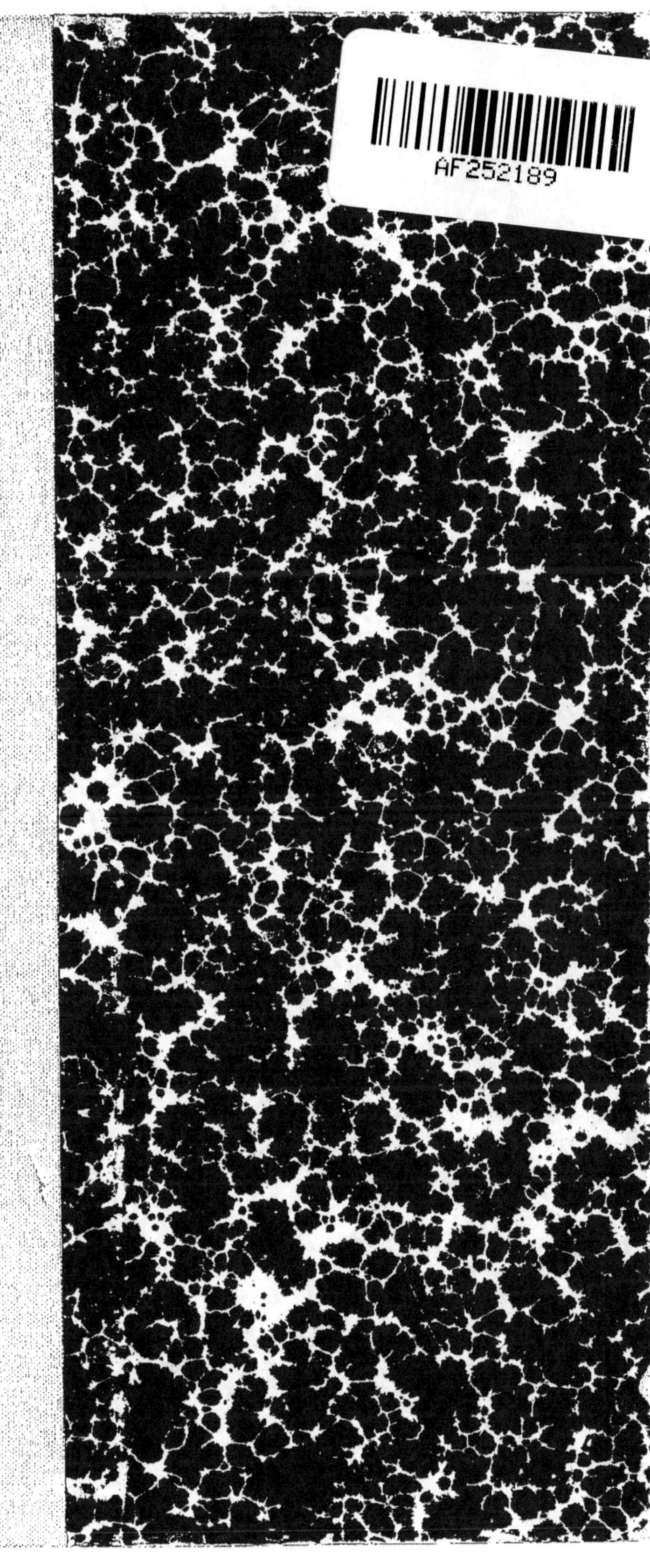
AF252189

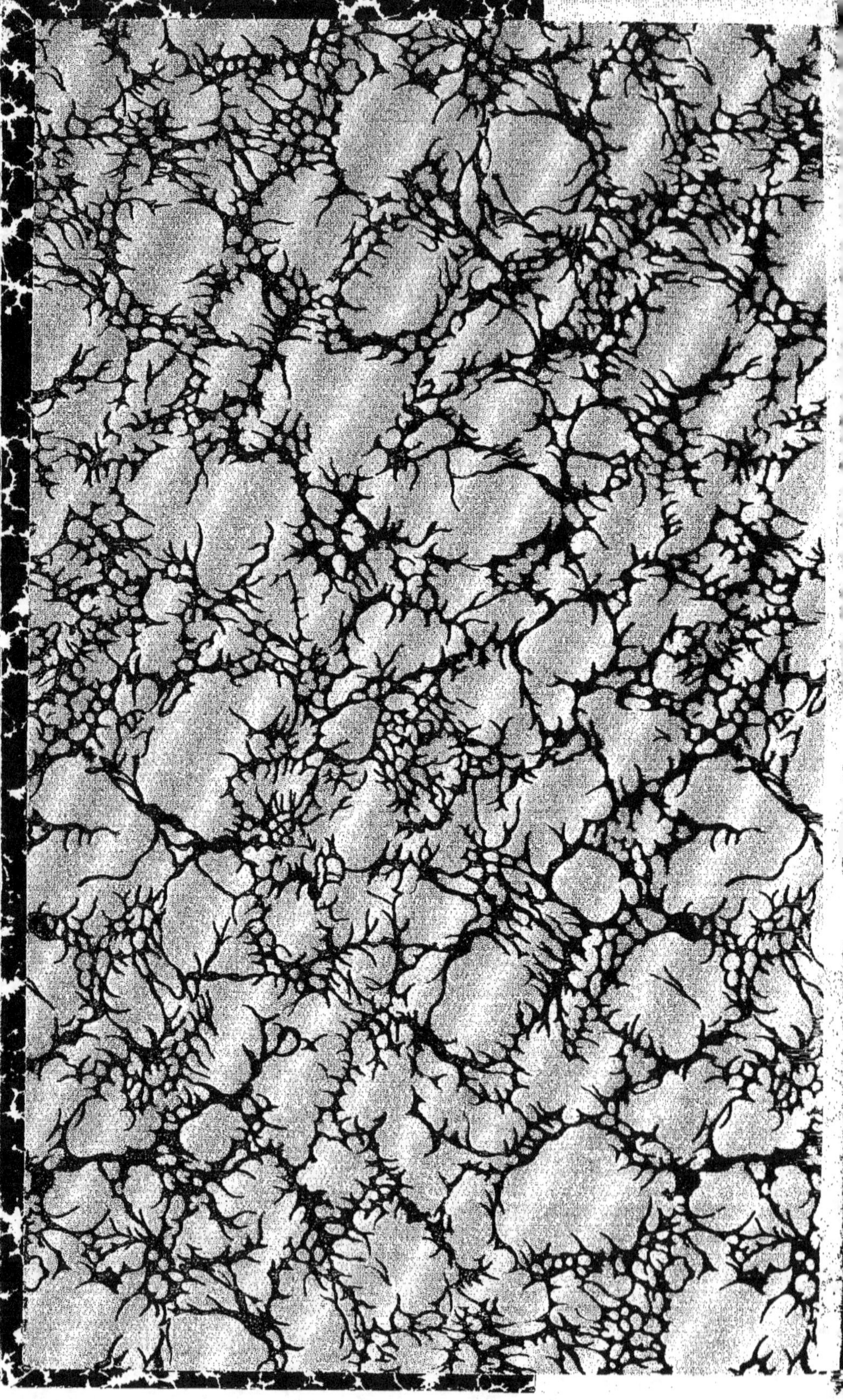

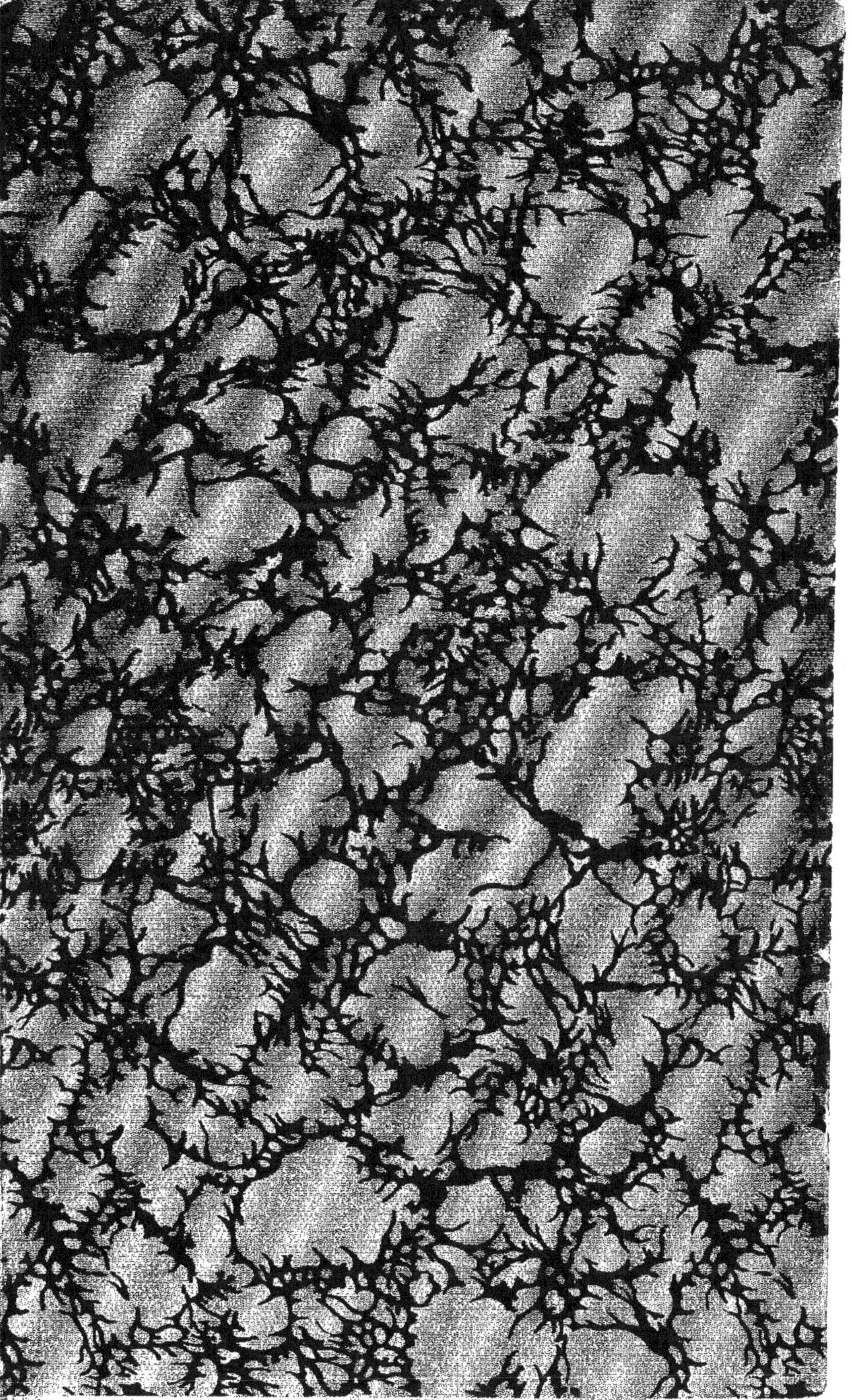

VOYAGE

D'UN

MISSIONNAIRE

OUVRAGES DE M. L'ABBÉ LESMARIE

———

La Vie et l'Épiscopat de Mgr Baduel, évêque de Saint-Flour. — Ouvrage honoré de l'approbation de six prélats. Beau volume in-8 de 300 pages, avec portrait. Troisième édition. : 3 fr.

L'Enseignement chrétien libre dans le diocèse de Saint-Flour. — Un volume in-8 de 200 pages. Nouvelle édition... 1 fr.

Le Voyage d'un Missionnaire de Paris au Su-Tchuen Oriental (Chine). — Lettres et récits de M. l'abbé Serre, des Missions étrangères, avec introduction, sommaires, notes et épilogue. 2ᵉ édit. illustrée. 1 beau volume grand in-8 de 350 pages ...... 3 fr. 50

M. l'abbé Aurier, curé archiprêtre de Mauriac. — Notice biographique. Brochure in-8 de 60 pages, avec portrait .... 1 fr.

NOTRE-DAME DE LA GARDE

VOYAGE

D'UN

MISSIONNAIRE

DE

PARIS AU SU-TCHUEN ORIENTAL (Chine)

PAR

L'ABBÉ J.-M. SERRE

DES MISSIONS ÉTRANGÈRES

AVEC INTRODUCTION, SOMMAIRES, NOTES ET ÉPILOGUE

PAR

L'ABBÉ LESMARIE

CHANOINE HONORAIRE DE SAINT-FLOUR

DEUXIÈME ÉDITION

TOURS

ALFRED CATTIER, ÉDITEUR

1893

INTRODUCTION

LA PERPÉTUITÉ DE L'APOSTOLAT

« Après l'Ascension, Notre-Seigneur Jésus-Christ, toujours vivant dans l'Église, n'a cessé de lui faire sentir
l'impulsion de cette charité, de ce dévouement pour les
âmes dont l'Évangile nous retrace de si beaux exemples.
D'autant plus que son œuvre de miséricorde était à peine
commencée ; puisqu'il n'avait parlé qu'au peuple d'Israël et à quelques habitants des cités voisines. Toutes
les nations idolâtres restaient à évangéliser. « J'ai encore, disait-il, des brebis qui ne sont pas de ce bercail ;
il faut que je les entraîne aussi ; elles entendront ma
voix, et alors il y aura un seul troupeau et un seul pasteur. » C'est pourquoi le précepte qu'il donna à ses apôtres est de porter à tout l'univers la lumière et la grâce :
« Allez, instruisez toutes les nations ; baptisez-les au
nom du Père et du Fils et du Saint-Esprit. »

Mais son précepte sera inefficace s'il ne donne lui-
même à ces hommes ignorants, faibles et grossiers, le
courage d'obéir. Aussi voyez comme il les presse inté-
rieurement, comme il les sollicite, de quel feu il les
anime, de quelle fermeté il les remplit. Ni les distances

ni les périls ne les effrayent; ils affrontent les tribunaux, ils méprisent les menaces, ils se rient des tortures, quand il s'agit de se dévouer aux âmes rachetées par le sang de Jésus-Christ. « Nous ne pouvons, disaient-ils, nous abstenir de parler. »

Et pour montrer plus évidemment qu'il continue son ministère de suprême Pasteur des âmes, Notre-Seigneur ne se contente pas de répandre cette ardeur dans l'âme de ses apôtres. Il leur indique par des visions éclatantes, par des signes miraculeux, les peuples qui attendent leur parole et les pays qui doivent devenir le théâtre de leurs courses évangéliques.

Bien plus, il a soin d'établir une admirable coïncidence, une touchante harmonie entre les désirs des peuples assis à l'ombre de la mort, soupirant après la venue d'un libérateur, et la mission des hérauts de l'Évangile. Saint Pierre était dans la ville de Jopé. Son esprit fut emporté dans un céleste ravissement, et il apprit que les Gentils devaient entrer dans la société des disciples de Jésus-Christ. A la même heure, six envoyés d'un officier de l'armée romaine venaient prier l'apôtre d'aller instruire leur maître. Saint Paul étant sur les ruines de Troie vit en songe un Macédonien qui se tenait debout et qui le priait: « Passe, lui disait-il, et viens jusqu'à nous. »

Une autre fois, le même saint Paul était à Corinthe, abattu et découragé : « Ne crains pas, lui fut-il dit, parle, ne te lasse pas, car j'ai un grand peuple à moi dans cette ville. »

Telle est la sollicitude que Notre-Seigneur Jésus-Christ

met à sauver les âmes. Tel est l'esprit de zèle, d'expansion généreuse dont il a pénétré l'Église dès l'origine et pendant tous les siècles de son existence.

Cependant, il faut dire à la louange de notre siècle que jamais l'apostolat n'a occupé un théâtre aussi étendu que de nos jours. Jamais il n'a été si près de réaliser la grande parole du Christ : « Un seul et unique troupeau sous un seul et unique Pasteur. » Jamais on ne vit tant de missionnaires, dispersés sur tous les points du globe, répondre à l'attente et aux désirs d'un si grand nombre de peuples. Profitant de la facilité des relations internationales et de la rapidité que donnent aux chars et aux navires leurs ailes de feu, les messagers de la bonne nouvelle sont partout. Des îles perdues dans l'immense Océan apprennent l'Évangile ; le Dieu inconnu est annoncé à des archipels nouveaux ; de vastes continents, restés jusqu'alors inaccessibles aux tentatives de nos missionnaires, voient tomber devant eux des barrières désormais impuissantes, et le globe entier s'enveloppe comme d'un réseau de postes avancés d'où la lumière rayonne sur les points encore obscurs qui les entourent.

Salut, nobles héros du Christ ! Nos vœux vous accompagnent dans vos combats ; la terre qui s'abreuve de vos sueurs et de votre sang vous envoie ses plus tendres bénédictions. Ah ! puissent vos travaux se couronner de succès ! Puisse enfin la grande famille humaine se former dans l'unité de croyance et dans l'unité d'amour au sein de l'Église notre Mère ! »

UN DE CEUX A QUI S'APPLIQUENT CES PAROLES

Ces paroles, prononcées en Lorraine, pour le panégy-
rique de saint Saintin, par notre éminent compatriote
Monseigneur Pagis, évêque de Verdun, nous les avons
recueillies dans la *Semaine Catholique*, en novembre 1890,
et nous les avons appliquées à un groupe de jeunes
apôtres qui partaient du Séminaire des Missions étrangères pour l'Extrême Orient.

Parmi ces jeunes apôtres s'en trouvait un particulièrement sympathique. Fils d'une humble veuve, Jean-
Marie Serre était l'espoir de sa mère et de ses deux
sœurs. Il avait à peine connu son père. Doué d'une
remarquable intelligence, il fut distingué par le curé de
sa paroisse, la Monselie, près Saignes, qui ne recula
devant aucun sacrifice pour le développement d'une
vocation naissante.

Au Petit Séminaire de Pleaux, où celui qui écrit ces
lignes fut l'un de ses professeurs, Serre Jean, *sergent*,
comme l'appelaient ses condisciples, fit des études
secondaires brillantes, couronnées par le diplôme de
bachelier ès lettres à la fin de l'année scolaire 1886.

Au mois d'octobre de cette même année, il entrait au
Grand Séminaire de Saint-Flour. Ses maîtres ne tar-
dèrent pas à le remarquer : il nous dira lui-même dans
une de ses lettres comment se manifesta sa vocation. Au
printemps de 1888, Monseigneur Bray, notre saint compatriote, évêque lazariste du Kiang-Si (Chine méridionale), faisait, après vingt ans de travaux apostoliques,

une apparition parmi nous. Dans la visite qu'il fit au
Grand Séminaire, M. l'abbé Serre lui confia ses projets ;
l'évêque-apôtre lui répondit : « Dieu le veut, » et tandis
que d'autres se disposaient à s'enrôler comme Monseigneur Bray sous la bannière de saint Vincent de Paul,
l'abbé Serre se rendait, en octobre de cette même année,
au Séminaire des Missions étrangères, à Paris.

De là il écrivait à sa mère :

« Bien chère Maman,

« Les sentiments de résignation chrétienne qui déjà,
durant les vacances, avaient pris sur ton âme un si
grand empire ne font, je le vois, que se développer et se
fortifier chaque jour davantage. Je ne saurais assez
remercier le bon Dieu de cette faveur insigne que je lui
ai demandée et que je lui demande encore avant toute
autre. Oui, ma bonne mère, une seule chose est à désirer pour nous : c'est que nous fassions la volonté de
Dieu, et que nous la fassions pleine et entière, sans réserve, sans arrière-pensée : c'est là le secret de la félicité suprême, du bonheur parfait, autant qu'il est donné
de le goûter ici-bas...

« Sans doute, bien souvent et comme malgré toi, les
rêves du passé, rêves d'ailleurs on ne peut plus légitimes quand c'est une mère qui les forme et que cette
mère a tout sacrifié au bonheur de son enfant, ces rêves,
dis-je, reviendront devant tes yeux. Tu te diras parfois
encore que l'idéal de notre vie à tous deux aurait été de
la passer l'un près de l'autre, dans un des modestes
presbytères de notre chère Auvergne. Là, de concert,
nous aurions répandu le bien autour de nous, consolé

les malheureux. Ce tableau, qui ne manque pas de charmes pour une mère et surtout pour une mère chrétienne, je me suis laissé aller, moi aussi, à le contempler maintes fois, et alors sa réalisation me semblait bien douce et bien désirable... Il plaît au bon Dieu de nous séparer. Mais ce ne sera que pour un instant, et une fois les quelques années de notre exil ici-bas écoulées, tous nous nous retrouverons Là-Haut, au rendez-vous suprême et pour ne plus nous quitter...

« Si jamais ton cœur de mère était encore tenté de refuser le sacrifice, porte tes regards plus loin : vois là-bas, dans ces régions lointaines où Satan règne en maître, vois ces pauvres âmes qui par milliers courent à l'abîme. Peut-être que le bon Dieu me réserve le bonheur d'en sauver quelques-unes, qui sans cela se perdraient infailliblement. N'en amènerai-je qu'une seule, convertie par mes soins, aux pieds de son trône trois fois saint, celle-là plaiderait avec assez d'éloquence notre cause à tous deux... »

Pendant deux ans que dura son séjour au Séminaire des Missions, notre futur missionnaire ne cessa d'avoir le regard fixé sur cette terre du Su-Tchuen oriental, qui devait devenir la portion de son héritage. Il écrivait à un de ses anciens maîtres :

« Dernièrement, je visitais Jésus dans un de ces sanctuaires avoisinant la capitale, où trop souvent, hélas! il demeure seul de longues journées. Tout à coup, entre un petit enfant conduit par sa bonne, une de ces pieuses filles que les familles chrétiennes savent encore appeler du fond de la catholique Bretagne ou de l'Auvergne. Le

bébé pouvait tout au plus avoir trois ans, et cependant il
connaissait déjà le Jésus de la Crèche et de l'Eucharistie.
A peine entré, il traça sur lui-même un beau signe
de croix, puis, à haute voix, il commença sa prière :
« Jésus, disait-il, je vous aime de tout mon cœur, faites
que toujours je sois bien sage! » Il continua ainsi de sa
voix enfantine pendant quelques minutes. Avant de sortir il ajouta : « Adieu, Jésus, gardez mon cœur, je vous
le donne, » et il accompagna ces paroles de son baiser
le plus gracieux.

« J'avais suivi avec bonheur cette petite scène, et ma
pensée se portait vers ces enfants de la Chine orientale
qui ne connaissent pas Jésus. Oh ! quand partirai-je,
moi aussi, pour être définitivement missionnaire !... »

Le moment du départ si ardemment désiré arriva.
L'abbé Serre fut ordonné prêtre à la fin de septembre
1890. Le même jour que lui, reçut l'ordination sacerdo-
tale un de ses condisciples du Grand Séminaire, M. l'abbé
Chargebeuf, originaire d'Andelat, ancien élève du Petit
Séminaire de Saint-Flour et destiné aux missions de
Corée.

FLORETE, FLORES MARTYRUM

Nos deux compatriotes missionnaires devaient être
ordonnés prêtres par Mgr Mutel, le nouvel évêque de la
Corée, sacré à l'âge de trente-cinq ans, dont dix déjà
employés aux missions lointaines. Ils devaient partir

en même temps qu'il repartait lui-même pour l'Extrême-Orient.

Les armes de Mgr Mutel, originaire du diocèse de Langres, représentent une branche de rosier aux fleurs empourprées qui s'entrelacent à une branche chargée d'épines, avec la devise : *Florete, flores martyrum*, fleurissez, fleurs des martyrs !

Les épines, voilà la vie présente et, depuis que la couronne de Notre-Seigneur en a été composée, elles sont douces pour ceux qui aiment Dieu et les âmes. Les fleurs empourprées, c'est la mort pour Notre-Seigneur, ce sont les fleurs sanglantes du martyre.

Et ces fleurs exercent sur le missionnaire une irrésistible attraction : là est le mystère de l'amour et du zèle.

Celui-là avait une attraction de ce genre, qui, nommé évêque, vicaire apostolique du Tonkin occidental, mettait dans ses armes les deux croix de saint Pierre et de saint André, avec cette devise : *Fac me cruce inebriari*, devise de Mgr Retord, mort de misère, épuisé de souffrance au milieu des forêts, dans la plus cruelle des persécutions qui aient bouleversé l'Église Annamite.

Quand le vénérable martyr, Théophane Vénard, arriva sur le lieu du supplice, le bourreau chargé de l'exécuter remarqua qu'il avait une veste de soie blanche et un pantalon de soie noire : tout était neuf et même brillant. Le saint martyr avait voulu avoir un beau costume pour le dernier et le plus beau jour de sa vie. « Donne-moi tes vêtements avant qu'ils soient tachés de sang, lui dit le bourreau, et je te couperai la tête d'un seul coup ; tu ne sentiras rien. — Plus ça durera, mieux ça vaudra, »

répondit Théophane Vénard. — « Mes souffrances ne
sont rien pour la couronne à conquérir, » disait le Bienheureux Gabriel Perboyre.

Le sang des chrétiens a coulé par torrents depuis le
commencement de ce siècle, dans les diverses contrées
de l'immense empire chinois. Hier encore, la Mongolie
ruisselait du sang des néophytes, des religieuses, des
missionnaires. « C'est ce sang généreusement versé qui
exerce une ineffable attraction, » écrivait Mgr Daveluy,
l'un des nobles martyrs de Corée.

Cette attraction, nous la retrouverons dans maintes
pages de ce *Voyage. Florete, flores martyrum !*

POURQUOI CETTE PUBLICATION

Le 3 décembre 1890, quand nous commençâmes, dans
la *Semaine Catholique*, la publication du *Voyage d'un Missionnaire*, nous disions : « C'est bien à son insu que nous
livrons au public les lettres du bon abbé Serre. Il ne le
saura pas avant que la *Semaine*, qui est lue également au
Su-Tchuen, le lui apprenne. Il me pardonnera mon
indiscrétion, justifiée par mon titre d'ancien maître, par
l'autorisation de la famille et par le désir de procurer la
gloire de Dieu en dévoilant une fois de plus les trésors
d'un cœur de missionnaire. »

En effet, une lettre datée du 17 avril 1891 était adres-
rée, du Su-Tchuen oriental, à une personne qui possède
à juste titre toute l'affection et toute la confiance du cher
missionnaire. Cette lettre disait :

« J'étais loin de songer que j'écrivais pour le public

lorsque, à bord du *Yang-Tsé* et de la *Sancta-Maria*, je jetais à la hâte sur le papier mes impressions de voyage. Répondre aux désirs de mes parents et aux vôtres, adoucir pour tous les amertumes de la séparation, en vous faisant éprouver l'agréable illusion de me suivre jusqu'en Chine, tel était mon seul but. Et, laissez-moi vous le dire, si j'avais prévu que ce modeste récit serait exposé à sortir du cercle intime des parents et des amis, je vous aurais prié de ne pas le laisser publier.

« Pourquoi cela, me demanderez-vous ? Quel inconvénient y a-t-il à ce que la relation d'un missionnaire soit mise sous les yeux des lecteurs de notre *Semaine ?* Le bon Dieu ne se sert-il pas de tous les moyens pour arriver aux âmes ? Qui sait si la lecture de ces quelques pages n'éveillera pas des vocations semblables à la tienne ? En tout cas, tes vrais amis suivent ta relation avec intérêt. Donc..... »

Sans s'en douter, notre missionnaire vient de donner lui-même la première et principale raison de la publication de son *Voyage.*

Et nous, pouvons-nous être spectateurs oisifs de ces fatigues, de ces combats, il faut le dire aussi, de ces martyres ? Non. Le zèle pour les âmes est commun à tous les véritables chrétiens. Jésus-Christ aime les âmes passionnément; tous les chrétiens doivent les aimer. Tous ne sont pas prédicateurs et missionnaires; tous n'ont pas la grâce d'évangéliser les nations infidèles ; tous ne reçoivent pas de Dieu la force et le courage de porter aux rivages lointains la bonne nouvelle. Mais tous doivent ressentir un ardent désir de contribuer au salut des âmes.

C'est dans ce but qu'a été conçue et organisée l'œuvre
de la Propagation de la Foi, œuvre qui rassemble les
prières et les aumônes des fidèles pour en faire l'appui,
la consolation, l'aliment des missionnaires au milieu des
fatigues, des privations, des dangers de leur volontaire exil.

C'est aussi dans ce but que nous dédions ce *Voyage*
aux Associés de la Propagation de la Foi dans notre diocèse.

N'hésitons pas à le proclamer, aucune œuvre n'est
plus catholique, plus méritoire que l'œuvre de la Propagation de la Foi, et en même temps elle est bien facile,
puisqu'elle ne demande, tous les jours, qu'un *Pater* et un
Ave, avec une pieuse invocation à saint François Xavier,
et, toutes les semaines, que l'offrande de cette faible
pièce de monnaie qu'un pauvre, comme on l'a dit, ne
refuse pas à un plus pauvre que lui.

Quelle récompense doivent espérer ceux qui concourent généreusement à cette œuvre !

Rome antique décernait une couronne à celui qui
avait sauvé la vie d'un citoyen. Quelle plus riche et plus
belle et plus durable couronne est réservée à quiconque
aura sauvé ou contribué à sauver des âmes immortelles !

*
* *

La seconde raison de la publication de ce volume, c'est
que les pages qui le composent ont une réelle valeur lit-
téraire. Écrites simplement, sans préoccupation du
public, car elles n'étaient destinées qu'à l'intimité, elles
révèlent une âme sensible, un esprit observateur, un
sens rare du Beau. On peut affirmer sans témérité ni
présomption que peu de voyageurs ont donné sur la

route de Marseille à Saïgon et de Saïgon à la province orientale du Su-Tchuen des détails aussi précis, aussi intéressants à tout point de vue, au point de vue patriotique surtout. Il est vrai, comme l'écrivait naguère un prince français qui a parcouru les plages asiatiques, le prince Henri d'Orléans, il est vrai « que sur leur champ de bataille héroïque deux sentiments soutiennent nos missionnaires : la foi en Dieu et l'amour de la patrie ».

Pour s'être condamné à vivre sur une terre lointaine, le missionnaire n'a pas oublié sa patrie. Il aime le pays où l'enchaîne la passion du salut des âmes, et où il espère dormir son dernier sommeil sous le regard de Dieu. *Ubi crux, ibi patria*, là où est la Croix, là est la Patrie ! Mais le souvenir de son berceau et de sa mère vit toujours dans son cœur. La nuit, sous le ciel austral, au milieu d'un firmament ruisselant d'étoiles, ce ne sont pas les brillantes constellations du sud qui attirent son regard : ses yeux se portent du coup vers ces astres plus doux, au-dessous desquels s'agitent et respirent les êtres qui lui sont le plus chers. Non, ils ne sont pas morts aux saintes affections, ces cœurs qui, en quittant tout, n'ont aspiré qu'à s'immoler eux-mêmes. Le moindre vent qui vient de la patrie remplit ces âmes de tressaillements.

C'est pourquoi nous avons pensé qu'au sein des familles chrétiennes, comme dans nos pensionnats catholiques, la lecture de ce *Voyage* serait une lecture saine et fortifiante, susceptible d'élever l'esprit et de ne point laisser le cœur indifférent.

L'abbé LESMARIE,
Chanoine honoraire.

VOYAGE D'UN MISSIONNAIRE

PREMIÈRE PARTIE

DE PARIS A MARSEILLE

Objet de ces lettres. — Préparatifs du départ. — Dernière messe au Séminaire des Martyrs. — Investiture de missionnaire apostolique — M. l'abbé Dupuy. — *Feux croisés* des adieux privés. — La cloche chinoise. — L'oratoire du jardin. — *Partez, Hérauts de la bonne nouvelle!* — A la Chapelle des martyrs. — Incidents du départ. — A la gare de Lyon. — Les Anglaises *jacassantes*. — Station de Laroche. — Dijon. — M. l'abbé Delmont. — Valence. — Avignon. — Marseille. — La procure des Missions. — La mer. — Notre-Dame de la Garde. — La Grotte de Lazare, la dalle de Madeleine. — Le *Yang-Tsé*. — Sur le départ.

Ubi crux, ibi patria!

J. M. J.   A. M. D. G.

LES AMES! LE CIEL!

Mes bien chers parents,

Mon voyage de Chine est enfin commencé, pour se continuer, sans doute, pendant l'espace de quatre mois, jusqu'aux rives lointaines du Su-Tchuen oriental, voyage bien cher à mon cœur, parce qu'il est le prélude de cette vie apostolique vers laquelle me portent toutes les aspirations de mon âme, toutes les forces de ma volonté ; voyage mille fois béni, parce que son terme est là-bas, au fond de cet immense Orient d'où venait jadis la lumière, et où, à l'heure actuelle, des peuples innombrables sont encore assis au milieu des ténèbres les plus épaisses et à l'ombre de la mort. Pauvres contrées, moins favorisées que les nôtres, je les salue déjà avec amour ; pour elles je quitte volontiers mon Auvergne bien-aimée, ma France non moins chère, et, sans arrière-pensée, je dis au bon Dieu : « Que le Su-Tchuen soit désormais ma patrie en attendant le Ciel ! »

Malheureux infidèles de ces lointains pays, âmes délaissées, si dignes d'intérêt et de compassion, je les aime comme des frères, et, afin de leur donner une preuve incontestable de mon affection, je laisse tout ce que j'ai de plus précieux ici-bas, une famille chérie et des amis dévoués.

Ne m'en veuillez pas, ô mes bons parents, de cette préférence, elle est dictée par un sentiment surnaturel et qui, d'ailleurs, loin d'altérer ma piété filiale, ne fait que lui donner une nouvelle force et une vivacité plus grande. Ne m'en veuillez donc pas, unissez-vous plutôt à moi, ensemble tombons à genoux, et, du plus profond de nos cœurs, du meilleur de nos âmes, demandons à Notre-Seigneur une grâce, une seule, demandons-lui que votre missionnaire soit toujours un vrai père pour sa nouvelle famille et lui reste attaché à la vie, à la mort !

Mais je prêche des *convertis* et même des *pénitents*,

puisque, pour me faire oublier quelques faibles oppositions, inspirées d'ailleurs par la plus légitime et la plus sincère de toutes les affections, vous rivalisez maintenant de zèle et devenez mes modèles dans la voie de l'abnégation et du sacrifice.

Vos dernières lettres me le disaient, la croix est plus que jamais le partage de tout le monde, au foyer de la famille, depuis le jour où je l'ai quitté, peut-être pour ne plus le revoir; mais le respect et l'amour avec lesquels chacun l'accepte et la baise en rendent le poids moins sensible. Que je suis heureux, édifié et fier tout à la fois de trouver dans vos cœurs une force si grande, un courage si héroïque, une abnégation si parfaite! Je vous admire, ô mes parents bien-aimés, je vous félicite d'une telle générosité, et je vous remercie d'un exemple que je n'oublierai jamais et qui sera toujours ma meilleure leçon au cours de ma vie apostolique.

Vous m'avez donc donné au bon Dieu tout entier, et vous voulez que désormais j'appartienne à Lui seul, et aux pauvres âmes qui ne Le connaissent pas encore; une chose que vous réservez cependant et que je n'ai garde de vous refuser, puisque Jésus lui-même et ma reconnaissance filiale me font un devoir de vous l'accorder, c'est la première place, après le divin Maître, dans mon cœur et mes affections.

Mais j'oubliais, cela ne vous suffit pas encore; vous désirez davantage, vous désirez me suivre dans mon lointain pèlerinage, et parcourir avec moi, par la pensée, toutes les stations, du Séminaire des Martyrs à ma nouvelle patrie, à mon bien-aimé Su-Tchuen oriental; comme la route vous est inconnue, vous me demandez d'être votre guide et de vous conduire à travers la France, les mers, le Fleuve Bleu, jusqu'à Tchang-Kin, jusqu'à Cha-Pin-Pa même où je fixerai enfin, s'il plaît à Dieu, ma tente de *nomade*, — désir bien légitime que j'avais deviné, que j'aurais été heureux de prévenir et que je me ferai, par conséquent, un double bonheur et un devoir de satisfaire, maintenant surtout que vous avez eu l'amabilité de le manifester.

Nous irons, tous ensemble, parents bien-aimés, de Paris au Su-Tchuen oriental, ou plutôt vous me suivrez à distance, car, lorsque mes lettres arriveront en Auvergne, je serai déjà loin de la station, où elles auront été écrites; mais, tout entiers au plaisir de m'accompagner, vous perdrez facilement, j'en suis sûr, la notion du temps; grâce à votre bonne volonté, l'illusion sera complète, et je ne doute pas qu'après avoir lu le récit de mon arrivée, vous ne vous figuriez avoir fait tout le voyage avec moi. En route donc et auparavant jetons un regard encore sur le Séminaire des Martyrs où nous allons faire nos adieux.

29 OCTOBRE

C'est le grand jour de la dernière séparation, jour mémorable entre tous ceux de ma vie, jour après l'aurore duquel je soupire depuis longtemps et que je ne puis cependant voir arriver sans un serrement de cœur tout particulier ; à mesure qu'il approche, je sens se renouveler en moi, avec une intensité nouvelle, les sentiments que j'ai déjà éprouvés au moment de quitter pour toujours la maison paternelle : la pensée du bon Dieu qui m'appelle, de pauvres Chinois qui, peut-être, attendent de moi la lumière et la vie, ont brisé des liens autrement puissants, et ceux qui m'unissent à des frères ne sauraient résister à son influence ; mais tous ces brisements ne s'effectuent pas sans que le cœur en souffre. Enfin, la grâce du bon Dieu adoucit les plus grandes amertumes, et, si à l'intérieur l'âme est triste, le visage reste toujours gai et souriant. Il faut rire parfois afin de ne pas pleurer et surtout afin d'épargner des larmes aux autres ; le missionnaire ne doit jamais oublier cette sage maxime ; pour ma part, je vous avoue que bien souvent je l'ai mise en pratique. Revenons à la matinée du 29 octobre.

Une partie de la nuit précédente s'est passée à faire les derniers préparatifs du voyage : à minuit, vous m'auriez vu encore tout occupé à boucler mes malles et à envoyer aux parents et amis quelques lignes d'adieu. Cela ne m'empêche pas d'être debout dès cinq heures du matin. Ces quelques instants de sommeil sont bien peu de chose, surtout avant une journée pénible comme celle des adieux, mais dans de semblables circonstances le bon Dieu, toujours plein d'amour et de prévenances pour ses enfants, semble décupler les forces : voilà près d'un mois que je mène le même train de vie et, chose étonnante, je ne ressens ni le moindre malaise, ni la plus petite fatigue.

Après l'oraison je regagne ma petite chambre où, seul à seul, je m'entretiens avec le bon Dieu, en attendant huit heures. C'est le moment où je dois célébrer, à l'autel de Marie, ma dernière messe au Séminaire des Martyrs. Que j'aurais été heureux, parents bien-aimés, de vous voir tous réunis une fois encore autour de moi ! Qu'il m'eût été doux de vous distribuer le Pain des Anges, ce Pain qui donne à l'âme la force de supporter toutes les épreuves, et la rend capable des plus grands sacrifices. Mais vous étiez à quelques cent lieues de là et personne n'était venu occuper votre place ; ou plutôt, je me trompe, deux âmes du bon Dieu avaient tenu à l'honneur d'assister à la dernière messe de celui qu'elles aimaient à appeler leur cher Père missionnaire ; elles voulaient, d'ailleurs, me disaient-elles, remplir une promesse sacrée. Il vous souvient, mère bien-aimée, de ces deux saintes personnes qui vous témoignèrent tant de sympathie le jour de l'ordination et dont l'une poussa la charité jusqu'à vous accompagner de la rue du Bac à Montrouge. Vous leur aviez demandé, je crois, de faire pour moi, le jour des adieux, ce que vous auriez fait si vous aviez été présente ; elles vous le promirent et elles ont grandement tenu parole. Dès huit heures du matin, je vous l'ai dit, elles sont là afin d'entendre ma messe et de recevoir de ma main une dernière communion ; l'une d'elles a dû pour cela faire un trajet de plusieurs kilomètres.

Mais les difficultés sont peu de chose pour son âme d'apôtre ; en attendant qu'il plaise au bon Dieu de l'appeler dans les missions lointaines, elle ne cesse de venir puiser force et courage au tombeau de nos saints martyrs et de demander à la Consolatrice des affligés la fin des terribles épreuves auxquelles elle est en butte. C'est la grâce que nous sollicitons ensemble en offrant le divin Sacrifice. Priez, mère bien-aimée, priez un peu, s'il vous plaît, pour cette âme qui d'ailleurs vous porte une vive affection ; demandez à Notre-Seigneur d'inspirer à sa famille ces sentiments d'abnégation chrétienne qui, aujourd'hui, font votre bonheur et votre consolation. Priez aussi pour le frère de cette personne ; ce jeune homme, à peine âgé de vingt ans, est un de ces pauvres enfants prodigues si nombreux de nos jours, dans la capitale.

Mais, si sa vie n'est pas des plus édifiantes, son cœur n'en reste pas moins bon et généreux ; il est le seul dans sa famille à comprendre et à favoriser la vocation de sa sœur ; aussi il fallait voir avec quelle habileté il trouvait le moyen de lui procurer le bonheur d'une visite aux Missions. Parfois même il l'accompagnait, me faisait demander au parloir et trouvait un plaisir infini à m'entendre parler de mon apostolat et de ma bien-aimée Chine. Pauvre égaré, puisse le bon Dieu le ramener dans une meilleure voie !

Mais je m'aperçois que je sors moi-même de celle que je m'étais tracée ; que voulez-vous, parents bien-aimés, il est bon d'être apôtre même avant de quitter la France, et, comme je sais que, pour atteindre ce but, vos prières me seront d'un grand secours, je me permets quelques digressions afin de les obtenir plus facilement. Je reprends maintenant le fil de mon récit.

Ma messe et mon action de grâces terminées, je me rends chez M. le Supérieur avec les neuf confrères qui doivent aussi ce jour-là quitter le Séminaire.

Notre bon vieux Père nous attend, encore presque cloué sur son fauteuil par une récente attaque de goutte ; mais, si la maladie a paralysé ses forces physiques, elle est demeurée sans influence sur son âme.

C'est toujours la même charité forte et universelle qui règne en lui, et, comme la bouche parle de l'abondance du cœur, c'est aussi le langage de la charité qu'il nous tient en ce moment : *Filioli, diligite invicem*. Mes enfants, aimez-vous les uns les autres. Telle est la recommandation qu'il nous fait, comme la faisait jadis à ses chrétiens d'Éphèse le disciple de l'amour, parvenu au déclin de la vie.

Puis chacun de nous jure sur les saints Évangiles d'enseigner là-bas la vraie doctrine de la sainte Église catholique, apostolique et romaine, et de proscrire sans pitié les rites chinois, entachés de superstition. Alors le bon Père lui donne l'accolade paternelle et l'investit de ses pouvoirs de mission-

naire apostolique en le bénissant avec une douce effusion.
En quittant notre vénérable Supérieur, nous allons demander
aux autres bons Pères une dernière bénédiction qu'ils nous
accordent bien volontiers en faisant pour notre apostolat les
vœux les plus sincères.

La visite aux directeurs terminée, il nous reste un moment
de répit; j'en profite pour jeter sur le papier quelques adieux
rapides ; mais je ne tarde pas à être détourné de cette pres-
sante occupation ; un ecclésiastique, M. l'abbé Dupuy, de
Trizac [1], me fait appeler au parloir, il vient de fort loin
pour me témoigner une fois encore toute sa sympathie
et me prier d'accepter en souvenir de lui une belle sta-
tuette de Notre-Dame des Victoires. Je reçois avec bonheur
ce précieux souvenir, qui, je l'espère, aux heures difficiles,
me vaudra un secours spécial de la bonne Mère du Ciel.

A onze heures je regagne ma chambre : un à un nos jeunes
confrères viennent s'agenouiller devant le missionnaire par-
tant, recevoir sa bénédiction, l'accolade fraternelle et un
souvenir. C'est l'heure des adieux privés, de ceux qui se font
avec toute l'effusion d'une charité simple et aimable.

Après le dîner, vers une heure et demie, commencent les
visites des personnes du dehors ; elles sont généralement fort
nombreuses, ce jour-là.

Parents, amis, connaissances arrivent de tous les côtés de

---

[1] Précepteur de la famille de Broglie.

la capitale et se disputent, en quelque sorte, les missionnaires partants ; les confrères de la maison ne renoncent pas non plus à leurs droits sur eux et viennent à chaque instant les prier de monter dans leur chambre. Pris dans ces *feux croisés*, le missionnaire ne sait souvent trop où donner de la tête. Pour ma part, je vous avoue que j'ai été littéralement pris d'assaut pendant une heure et demie : une vingtaine de personnes me faisaient demander. Je me suis multiplié afin de contenter tous mes visiteurs, et je crois avoir répondu aux sympathies que l'on me témoignait d'une façon si chaleureuse.

Enfin trois heures sonnent : c'est l'heure des adieux solennels ; au jardin, la cloche chinoise jette aux échos d'alentour ses sons lugubres et prolongés. Bien des fois je l'ai entendue, cette vieille cloche : elle nous appelait tous les samedis autour de l'autel de la bonne Mère ; elle nous invitait, à chaque anniversaire du triomphe d'un de nos martyrs, à venir célébrer sa gloire ; enfin, elle nous convoquait toutes les fois que de nouveaux apôtres allaient quitter le Séminaire et prendre le chemin de l'Extrême Orient.

Et aujourd'hui c'est pour nous qu'elle sonne ; comme ses accents vibrent au fond du cœur et y éveillent une émotion toute particulière ! Tout près de la cloche chinoise, à l'un des angles du jardin, se trouve un petit oratoire dédié à la Reine des apôtres et des martyrs ; l'autel est orné d'une manière simple, mais expressive ; tout parle au missionnaire des épreuves de l'apostolat ; tout lui rappelle qu'il doit être prêt à servir là-bas son Maître jusqu'à l'effusion du sang ; tout, depuis les inscriptions : « Reine des Martyrs, Reine des Confesseurs », jusqu'aux tentures rouges sur lesquelles sont représentés les instruments de torture usités dans l'Extrême Orient : la lourde cangue, les chaînes pesantes, les sabres, les tenailles, les rotins, etc.

Autour de l'autel, dans l'intérieur de l'oratoire, sont préparées dix chaises pour les partants du jour ; derrière eux vient se ranger la Communauté tout entière. Alors un chœur bien nourri, composé en grande partie de missionnaires qui, dans peu de jours, quitteront eux aussi la France, entonne le chant des adieux :

> Partez, hérauts de la bonne nouvelle,
> Voici le jour appelé par vos vœux ;
> Rien désormais n'enchaîne votre zèle,
> Partez, amis, que vous êtes heureux !
> Oh ! qu'ils sont beaux, vos pieds, missionnaires,
> Nous les baisons avec un saint transport.
> Oh ! qu'ils sont beaux sur ces lointaines terres
> Où règnent l'erreur et la mort !

Et la communauté reprend le refrain si bien connu :

> Partez, amis, adieu pour cette vie,
> Portez au loin le nom de notre Dieu ;
> Nous nous retrouverons un jour dans la patrie,
> Adieu, frères, adieu.

Le premier chœur alors continue par quelques strophes des mieux appropriées aux circonstances présentes, celle-ci par exemple :

> Partez, partez, car nos frères succombent
> Sous le couteau des féroces tyrans ;
> Ne faut-il pas remplacer ceux qui tombent ?
> . . . .
>
> Vos pieds, ces pieds si beaux,
> Peut-être un jour seront chargés de chaînes
> Et vos corps livrés aux bourreaux !
> . . . .
>
> Mais parmi nous il n'est point de cœur lâche ;
> Nous braverons et la cangue et la hache ;
> Oui, s'il faut mourir, nous mourrons !

Il faudrait citer tous les vers de ce chant, parce que tous sont également héroïques et sublimes ; joignez à cela une musique vraiment enlevante, et vous aurez une idée de l'effet produit, lorsque deux cents voix d'apôtres redisent avec un ensemble parfait :

> Partez, amis ....

Le chant des adieux terminé, les missionnaires partants commencent l'*Ave Maris stella* ; ils prient l'Étoile des mers de briller toujours sur leur tête, invoquent la Reine des apôtres, des confesseurs, des martyrs ; puis, après s'être placés sous sa protection spéciale par la récitation du *Memorare*, ils entonnent le *Magnificat*, pour redire à tous les siècles, en union avec l'humble Vierge de Juda, les grandes choses que Dieu a opérées en eux.

La cérémonie du jardin est enfin terminée ou plutôt va se continuer à la chapelle ; là, une foule nombreuse et serrée attend avec impatience l'entrée des missionnaires ; ils arrivent et se placent à l'extrémité du banc inférieur, du côté de l'autel ; autour de nous sont rangés nos confrères et quelques invités ecclésiastiques ou laïques.

Le chant du *Veni Creator* ouvre la cérémonie ; c'est l'esprit de Dieu qui donne à tous la sagesse, la science, la force... C'est lui, par conséquent, que les missionnaires doivent invoquer au début de leur grande entreprise. Un de nos directeurs monte ensuite sur le marchepied de l'autel : c'est un apôtre du Yun-Nan : tout jeune encore, il a vu la maladie venir briser soudain une carrière apostolique qui promettait d'être des plus florissantes et surtout des plus fructueuses ; obligé de rentrer en France, il porte au cœur une blessure qui ne se fermera jamais parfaitement. Aussi, avec quel amour nous parle-t-il des Missions. « Je vous donnerai pour héritage, nous dit-il avec le Psalmiste, des nations immenses, et votre royaume s'étendra jusqu'aux extrémités de la terre ! » Ce royaume que Dieu nous promet, par la bouche de son prophète, quel est-il ? C'est un royaume spirituel et céleste, infiniment supérieur, par conséquent, à tous les royaumes terrestres. Mais ce royaume si brillant, à quel prix l'achèterons-nous ? Le grand apôtre va vous le dire : *In multa patientia*, au prix d'une patience consommée, *in tri-bulationibus*, en supportant les tribulations, *in necessitati-bus*, par le dénûment souvent complet, *in angustiis*, au milieu des angoisses, des coups, des tortures, des fatigues sans nombre ; et parmi toutes ces épreuves il faudra toujours con-server la joie intérieure et redire sans cesse : « Je suis rempli de consolation et surabonde de joie au milieu de mes tribu-lations. »

Mais l'homme apostolique pourra-t-il jamais arriver à un tel degré d'héroïsme ? Oui, s'il sait implorer le secours d'En Haut, car il peut tout en celui qui le fortifie. Confiance en Jésus et Marie, tel est le sentiment habituel qui doit être au cœur du vrai missionnaire.

L'orateur descend de l'autel, et nous prenons place sur le degré inférieur ; alors tous les assistants, nos vénérables supérieurs en tête, viennent baiser nos pieds et nous embrasser une dernière fois. Pendant ce temps, la chapelle retentit de chants de joie :

« Qu'ils sont beaux, les pieds de ceux qui vont porter au loin l'Évangile de paix, l'Évangile de bien ! »

« Allez dans le monde, *alleluia*, enseignez toutes les nations, *alleluia*. »

A ces versets si connus se mêlent les psaumes et les can-tiques où se reflètent le plus parfaitement l'allégresse et la déli-vrance :

« Lorsqu'il a plu à Dieu de mettre un terme à la captivité

de son peuple, nous avons été consolés ; alors notre cœur a été rempli de joie et nos voix ont éclaté en de saints transports.

« Béni soit le Seigneur Dieu d'Israël, pour avoir visité et racheté son peuple ! »

Le dernier verset est une prière des plus expressives :

« Illuminez, Seigneur, ceux qui sont assis au milieu des ténèbres et à l'ombre de la mort, et dirigez nos pas dans la voie du salut. »

Le plus jeune des aspirants a embrassé le dernier des missionnaires : nous descendons de l'autel et regagnons nos places ; la bénédiction du Saint Sacrement commence alors ; elle est donnée par le vénérable Supérieur du Séminaire. Avant le chant du *Tantum ergo*, nous venons tous nous ranger à genoux devant les degrés de l'autel, et là, en présence de Jésus-Hostie qui lit au fond de nos cœurs, nous promettons solennellement de Le servir toujours dans la Société des Missions étrangères ; le bon Maître ensuite nous bénit ; puis encore un chant d'allégresse. Nos cœurs et nos voix invitent toutes les nations à louer le Seigneur et à rendre gloire au Père, au Fils et au Saint-Esprit.

Pendant que l'assemblée des fidèles s'écoule tout émue, nous allons nous agenouiller aux pieds de Marie et sur la tombe de nos martyrs, pour demander force, courage et assistance au milieu des difficultés de la vie apostolique.

Au parloir, parents et amis attendent un dernier adieu, une

dernière bénédiction ; je la leur donne une fois encore avec
émotion, je les embrasse, et ils se retirent en sanglotant ;
quelques-uns cependant ne veulent me quitter qu'au dernier
moment. A 6 heures, la cloche, sonnant à toute volée, donne
le signal du départ pour la gare ; une voiture nous attend
dans la cour d'entrée, et quelques amis y ont déjà transporté
ma valise, mon bréviaire et mon chapeau ; je quitte donc la
maison tête nue ; les aspirants sont là sur deux rangs, et je
vous assure que ce n'est pas toujours facile de passer au
milieu d'eux, on risque d'y laisser au moins quelques poils
de sa barbe. Pour ma part, j'en sais quelque chose.

Enfin, me voilà près de la voiture ; mais en ce moment le
bon Dieu me ménage un petit ennui pour m'habituer sans
doute aux contrariétés autrement sérieuses que je trouverai
dans ma vie de missionnaire. Un confrère qui s'était chargé
de ma douillette m'a perdu certains objets auxquels je tiens
beaucoup. Je suis obligé de partir sans les avoir retrouvés,
et cela m'attriste un peu, mais quelle n'est pas ma douce surprise lorsque, à la gare, un de ceux qui nous avaient accompagnés dans une autre voiture me remet le tout.

Vraiment, il y a une Providence toute spéciale pour les
missionnaires, qui permet à peine quelques légers déboires
pour leur faire éprouver ensuite une plus grande joie.

Somme toute, sauf ce petit incident, il n'y a eu rien de
notable au départ de la bande chinoise ; notre tenue digne et
simple, notre gaieté toujours constante ont excité une espèce

d'enthousiasme jusque parmi les aspirants ; au départ de la voiture, ce qui ne s'était vu depuis longtemps, a éclaté un tonnerre d'applaudissements à faire trembler les vitres des environs.

A la gare de Lyon, je trouve encore quelques amis : Louis Bergeron[1] et la famille Gastambide[2], qui ont poussé l'amabilité jusqu'à venir me serrer encore une fois la main à l'embarcadère.

Le train doit partir à 7 heures 1/4 ; mais un compartiment de première contient huit personnes seulement, et nous sommes dix missionnaires ; il faut que deux d'entre nous se dévouent. Je me propose, avec le P. Schultz, mon confrère du Su-Tchuen oriental, accompagné de sa tante qui doit nous accompagner jusqu'à Laroche-sur-Yonne. Nous cherchons un autre compartiment ; mais ce n'est pas facile ; on trouve aisément une place ici, une place là, seulement trois places ensemble ne sont pas toujours faciles à rencontrer dans un rapide où il n'y a que des premières. Enfin nous sommes assez heureux pour mettre la main sur un compartiment à demi complet.

Une fois installés, notre premier soin est d'examiner la situation et de voir à quel genre de personnes nous avons affaire.

En face de nous, se trouve un monsieur fort distingué qui

---

[1] De Trizac ; condisciple de M. Serre, à Pleaux, neveu de M. l'abbé Dupuy.
[2] Amie de la famille Bergeron-Dupuy.

ne tarde pas à engager la conversation, et le fait avec une politesse exquise ; il connaît les missionnaires et les apprécie.

De l'autre côté, deux Anglaises qui jacassent et font un ramage tel que c'est à peine si l'on peut s'entendre.

A 7 heures 1/4, le train se met en marche ; il s'avance lentement, jetant de minute en minute des coups de sifflet stridents et prolongés ; on voit qu'il n'est pas sûr de son terrain et est obligé d'aller avec une grande prudence. Et, de fait, la précaution n'est pas inutile, car il y a quelques années à peine une rencontre terrible eut lieu entre le rapide et un train omnibus.

Une fois la banlieue dépassée, la marche devient accélérée : saluant seulement au passage les gares intermédiaires, le train va d'un seul trait de Paris à Montereau et de Montereau à Laroche-sur-Yonne où nous arrivons vers dix heures.

A Laroche, des parents de mon confrère, le P. Schultz, sont à la gare avec force provisions ; rien ne manque : panier de vins choisis, bouteilles de café et de liqueurs, pâtés, gâteaux, etc.; il y aurait de quoi approvisionner tout un régiment.

Nous consacrons les quatre minutes d'arrêt à embarquer le tout, et, une fois remontés dans notre compartiment, nous nous empressons de faire à deux un bon dîner ; ce n'était certes pas inutile, car depuis midi nous n'avons absolument rien pris, et, les émotions de la journée étant maintenant calmées, l'appétit commence à se faire sentir. Une fois notre dîner fini et nos exercices de piété accomplis, nous songeons à prendre un peu de repos : tout d'abord ce n'est pas chose facile ; nos deux Anglaises *jasent* de plus belle et paraissent fort peu disposées à cesser. Mais enfin la fatigue a raison de leur *verbiage ;* elles installent tout un attirail de coussins et d'appuis et commencent à fermer les yeux ; nous n'attendions que cela ; de notre côté, nous prenons nos dispositions, et nous voilà *partis pour le pays des songes* sous l'œil de notre bon ange et de la sainte Vierge.

30 OCTOBRE

Comme le temps du sommeil dure peu, nous nous croyons déjà au fond du Su-Tchuen, lorsque le cri : « Dijon, cinq minutes d'arrêt, buffet ! » vient nous rappeler à la réalité et nous apprendre que nous sommes encore en pleine Bourgogne ; ici, de même qu'à Laroche, les parents d'un de nos confrères arrivent avec toute une provision de vivres, de telle sorte que nous pourrions facilement voyager huit jours sans craindre la famine. Mais l'appétit est loin cette fois ; aussi jugeons-nous plus utile de prendre encore un peu de repos ; de 1 heure à 4 heures du matin, nous dormons du sommeil des bienheureux, pour ne plus nous réveiller qu'à Lyon. Monsieur Delmont[1], que j'ai averti par dépêche, est à la gare, et j'ai le plaisir de passer avec lui une dizaine de minutes.

---

[1] Ancien professeur de philosophie à Pleaux, maître de conférences aux Facultés catholiques de Lyon.

A partir de Lyon, le calme qui règne dans notre compartiment depuis la veille se continue ; nos bonnes Anglaises sont muettes, et pour cause ; je n'ai plus envie de sommeiller et puis le moment est on ne peut plus favorable pour faire son oraison ; au petit jour, nos *oiseaux* recommenceront sûrement leur ramage, et, bien qu'il soit on ne peut plus harmonieux, j'aime mieux m'entretenir seul avec le bon Dieu et me passer de cet accompagnement.

Le sujet de ma méditation se présentait naturellement à mon esprit ; je prends pour texte ces paroles : *Unde venis ? quo vadis ? ad quid ?...* A ces questions les réponses se présentent d'elles-mêmes et me fournissent ample matière de louer, de bénir et de glorifier Notre-Seigneur Jésus et de me confondre à la vue de mon néant et de mon ingratitude.

D'où viens-je ? — De ce séminaire des Martyrs où le bon Dieu m'a appelé malgré mon indignité profonde, où il m'a comblé de tant de douces faveurs, et où il m'a supporté jusqu'au bout, malgré ma négligence, ma lâcheté et ma tiédeur. Quel sujet de reconnaissance et de confusion pour moi !

Où vais-je ? — A cette vigne où le Seigneur ne veut que des ouvriers d'élite, et où je ferai bien triste figure si je ne m'efforce chaque jour de devenir un saint.

Que vais-je faire ? — Gagner des âmes au bon Dieu, sanctifier les autres... Ne dois-je pas pour cela être moi-même sans reproche ?

Au milieu de ces pieuses considérations, le temps passe

vite ; le jour est venu d'ailleurs et rend le voyage plus intéressant. A Valence, par-dessus les montagnes, le soleil se
montre brillant et radieux, vivante image de la justice qui
illumine les âmes et dissipe les ténèbres de l'erreur. Dès lors,
nous jouissons d'un temps superbe et nous pouvons aspirer
à pleins poumons la douce brise du midi, bien préférable à
l'air humide et froid de la capitale.

A 8 heures 1/2 nous touchons Avignon. Une tasse de café
au lait bien chaud nous attend sur le quai de la gare, et, lorsqu'après l'avoir pris, nous demandons la note, on nous
répond que c'est payé. Et c'est toujours ainsi à chaque passage de missionnaires. Braves gens, que le bon Dieu les
récompense de leur aimable et pieuse attention !

D'Avignon le train semble avoir acquis une vitesse double,
et nous arrivons à Marseille à 10 heures 30. Le P. Beauté
nous attend à la gare et, dès le premier moment, nous traite
en enfants gâtés. Nous montons en voiture jusqu'à la procure,
située à un quart d'heure de là ; c'est une grande et belle
maison placée vers le haut de la ville. Elle a été donnée aux
Missions par les frères Germain. Ces messieurs recevaient
d'abord et hébergeaient chez eux les missionnaires de passage à Marseille ; plus tard, voyant la mort approcher, ils
fondèrent un établissement stable, et c'est cet établissement
que nous possédons.

Après midi, le P. Beauté, avec l'attention délicate d'une
véritable mère, nous envoie faire la sieste afin de réparer un

peu nos forces affaiblies par une nuit passée en chemin de fer. A 3 heures et demie, nous prenons ensemble le chemin de la mer : spectacle grandiose que celui-là et en présence duquel on ne peut s'empêcher de s'écrier : « *Mirabiles elationes maris, mirabilis in altis Dominus :* admirables sont les soulèvements de la mer, admirable est le Seigneur dans ses grandeurs ! »

31 OCTOBRE

Dès le matin, à 5 heures, nous montons tous ensemble vers Notre-Dame de la Garde, où nous voulons célébrer la sainte Messe ; le sanctuaire de la Reine des flots domine une élévation dont la vue splendide s'étend d'un côté sur la mer, de l'autre sur la ville. Nous sommes déjà au sommet, et Marseille dort encore dans le silence et l'obscurité : seuls les clairons de la fanfare militaire rompent le calme et tirent du sommeil les dormeurs de la caserne.

Les soldats du bon Dieu n'ont pas eu besoin de cette excitation ; debout depuis longtemps ils peuvent dire à leur Roi et à leur Reine :

« Je veille près de vous dès l'aurore et même avant l'aurore : *Ad te de luce vigilo.* »

En descendant de Notre-Dame de la Garde, où nous avons offert le saint Sacrifice, et prié pour tous ceux qui nous sont chers, nous nous dirigeons vers le presbytère de la paroisse de Saint-Victor : le curé, un ami dévoué des missions, nous reçoit à bras ouverts, et nous fait admirer les trésors de son église pauvre d'apparence, mais riche d'antiquités et de souvenirs.

Nous avons le bonheur de visiter la grotte où saint Lazare offrit pour la première fois le saint Sacrifice sur la terre de France et où il vint se réfugier pour échapper à la persécution ; il nous est donné de nous agenouiller sur la dalle où Madeleine la pécheresse, devenue pénitente, a pleuré ses égarements ; souvenirs précieux que j'emporterai avec bonheur sur la terre étrangère, et qui m'empêcheront d'oublier jamais mon passage à Marseille.

Dans l'après-midi, je fais une courte visite au jeune Delpeuch d'Antignac, qui est au Petit Séminaire ; je voudrais bien aller voir aussi la sœur de M. l'abbé Falgère [1], mais la chose n'est pas possible, vu le peu de temps dont je dispose.

A 2 heures 1/2, je pars avec mes confrères et le P. Beauté sur deux petites barques pour visiter le *Yang-Tsé* : c'est le bateau qui doit nous conduire en Chine ; il est chinois lui-même, du moins quant au nom, puisque c'est ainsi que dans le Céleste Empire on appelle le Fleuve Bleu. Le *Yang-Tsé* est un superbe bateau de moyenne grandeur, mesurant 137 mètres de long sur une quinzaine de large. Il offre tout le confortable nécessaire pour la traversée.

[1] Alors vicaire à Antignac, depuis curé de Beaulieu. Sa sœur, dont il est question, est Sœur de Charité.

1ᵉʳ NOVEMBRE

Jour anniversaire de ma naissance. C'est à Notre-Dame de la Garde que j'ai voulu encore aujourd'hui célébrer la sainte messe et vous unir tous, mes bien-aimés, dans un même souvenir aux pieds de Marie.

Au petit déjeuner, un confrère m'a offert les vœux de tous avec toute la délicatesse dont sont capables une âme de poète et un cœur d'ami. J'ai remercié tout le monde, et nous avons dit ensemble : *Ad multos annos, ad multas animas.* Longues années à tous, ou, mieux encore, puisse chacun de nous sauver beaucoup d'âmes !

2 NOVEMBRE

Je quitte Marseille à quatre heures du soir, et je suis obligé de clore cette lettre.

Priez pour moi... Adieu... Rendez-vous dans les cœurs de Jésus et de Marie.

DEUXIÈME ÉTAPE

DE MARSEILLE A ALEXANDRIE

Ubi crux, ibi patria!

J. M. J.   A. M. D. G.

LES AMES ! LE CIEL !

Parents bien-aimés,

Les côtes de la patrie ont, depuis plusieurs jours, disparu
à mes regards, mais l'image des lieux où se sont écoulés mes
jeunes ans et le souvenir de ceux que j'ai laissés au beau pays
de France demeurent gravés dans mon cœur en caractères
ineffaçables : image bien douce, souvenir précieux entre
tous, que je n'échangerais pas contre les plus riches trésors
de la terre, parce que c'est la seule chose qui me reste d'un

passé mille fois béni, de ceux à qui j'ai voué une affection impérissable et qui me le rendent, je le sais, avec usure : image et souvenir auxquels je m'efforcerai de donner chaque jour une vivacité nouvelle par une prière plus fervente adressée au bon Dieu pour vous tous, ô mes parents bien-aimés.

Je vous ai laissés, si je ne me trompe, au port de Marseille, à l'heure du départ du paquebot qui devait m'emporter aux rivages lointains de la Chine ; déjà, sans doute, fatigués d'attendre votre guide et impatients de m'accompagner, vous vous êtes jetés à la suite du *Yang-Tsé*, l'âme remplie de noires appréhensions, le cœur torturé par de cruelles angoisses, ne rêvant que tempêtes terribles, orages furieux, écueils redoutables cachés sous les flots de la Méditerranée, naufrage enfin loin de toute terre et de tout secours humain. Heureusement, rien de semblable n'est arrivé pour nous : le *Yang-Tsé* vogue depuis trois jours sur les eaux, et, à l'heure actuelle, nous n'apercevons que le ciel et la mer ; mais jamais traversée plus heureuse que celle opérée en ce moment par les missionnaires du bon Dieu ; nous allons sous l'égide protectrice de l'Étoile des mers ; aussi, des orages et des tempêtes nulle part, si ce n'est peut-être dans votre imagination toujours accessible aux tristes pressentiments.

Revenons donc de quelques jours en arrière et refaisons ensemble ce chemin où votre cœur alarmé a découvert mille noirs fantômes.

DÉTROIT DE MESSINE

2 NOVEMBRE

Jour de la Commémoraison des fidèles trépassés. Certes, notre apostolat ne s'annonce pas sous des dehors joyeux : ordonnés prêtres en la solennité de Notre-Dame des Sept-Douleurs, nous allons quitter la France le jour où l'Église revêt ses ornements de deuil pour aider de ses suffrages les pauvres âmes du purgatoire, et notre première messe à bord sera une messe de *Requiem*. Un esprit superstitieux hésiterait peut-être à s'embarquer, et, de fait, les autres passagers ont demandé que le jour du départ soit changé. Mais nous, chrétiens, nous, fidèles enfants de la sainte Église, nous sommes heureux de cette coïncidence, car, nous le savons, c'est une salutaire pensée de prier pour les défunts. Les âmes de nos frères que nous aurons aidées, soulagées, délivrées peut-être par nos intercessions, veilleront sur nous du haut des cieux ; sous leurs auspices, notre traversée sera certainement heureuse.

Et puis, même en soi, qu'y a-t-il d'effrayant pour un missionnaire dans les fêtes de Notre-Dame des Sept-Douleurs et de nos chers morts? L'ouvrier apostolique ne traverse pas les mers avec l'espoir de trouver là-bas les folles jouissances après lesquelles ne cessent de courir les *heureux de la terre*. Ce qui l'attend, lui, il ne l'ignore pas, ce sont les labeurs quotidiens, les souffrances, les persécutions ; il sèmera dans les larmes et ne moissonnera peut-être jamais dans la joie, et qui sait s'il ne lui faudra pas arroser de son sang cette terre ingrate, pour la rendre féconde ?

Aussi, la perspective des tribulations qui l'attendent, loin de l'effrayer, lui semble un bienfait de la divine Providence ; il remercie le bon Dieu de les lui rappeler aux jours bénis de son sacerdoce et de son départ en mission, et, convaincu de sa faiblesse, mais plein de confiance en Celui qui le fortifie, il s'en va, le cœur soutenu par l'espérance, et redit volontiers : « Enivrez-moi, Seigneur, de votre Croix, car, là où je trouve cette Croix sainte, là aussi est ma patrie. *Fac me cruce inebriari ; ubi crux, ibi patria !...* »

En vrais missionnaires, nous n'avons donc pas besoin de chasser de nos cœurs de vaines appréhensions ; mais, sûrs de la protection d'En Haut et pleinement résignés d'ailleurs à la volonté du bon Dieu, nous quittions la procure de Marseille le dimanche soir, à 2 heures et 1/2, sans enthousiasme comme sans tristesse. Ou plutôt, il faut le dire, nos âmes ne peuvent se défendre d'un sentiment de mélancolie : Cette maison de Marseille, dont nous allons franchir le seuil, c'était pour nous un nouveau foyer de la famille, où nous avons séjourné quelque temps à peine, mais que nous aimions d'autant plus que c'était notre dernière station sur la terre de France. Et puis, le Père Beauté s'était montré si bon, si affectueux, si paternel envers nous !

Pourquoi faut-il que le missionnaire, au moment de quitter sa patrie, trouve ainsi, partout où il passe, un accueil si bienveillant, des sympathies si douces ? Si on lui témoignait moins d'affection, il éprouverait aussi moins de peine à tout quitter. Mais enfin ce que le bon Dieu fait est bien fait, il nous demande le sacrifice de nous-mêmes, et il le veut complet. Bénie soit à jamais sa sainte volonté !

Sous l'influence de ces pieuses pensées, nous éprouvons moins de peine à quitter le dernier toit des Missions étrangères qui nous a abrités sur la terre de France ; le Père Beauté, d'ailleurs, pour nous adoucir la séparation, veut bien nous accompagner jusqu'au port avec quelques amis ; une voiture nous emporte rapidement vers Joliette. Les abords de la rade sont couverts d'une foule innombrable : passagers accompagnés de leurs parents et connaissances, curieux venus pour assister à l'embarquement. Le *Yang-Tsé* est mouillé à une cinquantaine de mètres du quai et rattaché à la terre par des pontons. Vous avez vu, mère bien-aimée, les bateaux de la Seine ; eh bien, figurez-vous un de ces bateaux six à sept fois plus long, trois fois plus large, deux ou trois fois plus haut ; supposez au milieu, à l'avant et à l'arrière, trois mâts énormes d'une soixantaine de mètres de haut, et vous aurez une certaine idée du *Yang-Tsé*. Naturellement notre bateau marche à la vapeur et peut faire jusqu'à cinq ou six lieues à l'heure ; mais le grand mât est aussi traversé, dans le sens de la largeur du bateau, de plusieurs fortes pièces de bois appelées vergues : à ces vergues sont suspendues des voiles qui, déployées lorsque le vent est bon, permettent d'augmenter la vitesse. Le pont est recouvert d'une immense tente qui, suivant l'occurrence, protège de la pluie ou du soleil. Au-dessous du pont, au premier, en descendant, bien entendu, se trouvent les cabines où l'on arrive par plusieurs escaliers : à l'arrivée, les cabines et les salons des premières ; vers le milieu, les cabines et le salon des secondes ; et enfin sur le devant, réfectoire et dortoir des passagers de troisième classe ; ceux de quatrième, assez rares d'ailleurs, occupent une partie du gaillard d'avant.

Telle est la vue d'ensemble du bateau sur lequel nous allons nous embarquer et que nous avons visité l'avant-veille. Une fois arrivés au port, chacun de nous prend en main ses bagages peu encombrants qu'il désire conserver avec lui durant la traversée, et, sous la conduite du Père Beauté, se dirige vers les cabines de seconde. Mais là, comme au départ de Paris, surgit une difficulté ; une cabine est une petite chambre de deux ou trois mètres carrés ; de chaque côté deux lits superposés, à une distance de cinquante centimètres environ, et, au fond, un lavabo au-dessus duquel s'ouvre une fenêtre ronde et étroite appelée sabord, destinée à laisser arriver l'eau et la lumière. Une cabine de seconde ne peut donc recevoir que quatre passagers : huit d'entre nous pourront, par conséquent, remplir deux cabines ; mais le reste devra chercher asile avec d'autres passagers. Comme à Paris, le Père Schultz et moi, nous sommes désignés par la voix publique et acceptons, puisque le bon Dieu le veut, de nous séparer de nos confrères; nous habiterons d'ailleurs une cabine toute rapprochée des leurs : le seul inconvénient sera d'être en compagnie de laïques; mais, avec un peu de bonne volonté, on trouve le moyen de s'entendre avec tout le monde.

Après une installation sommaire, nous remontons sur le pont, qui est littéralement couvert de monde. Quelques instants après nous avons le plaisir de nous entretenir avec nos amis. Bientôt la cloche donne le signal et avertit que les passagers seuls doivent rester à bord; aussitôt les groupes se resserrent pour les derniers adieux: dans le nôtre on s'embrasse le sourire sur les lèvres, le cœur rempli d'une joie toute céleste et en se disant au revoir au ciel. Il n'en est pas de même de tous les passagers : beaucoup versent des larmes et semblent inconsolables; on voit bien que ceux-là ne partent pas pour le bon Dieu. Le son de la cloche de plus en plus pressant invite chacun à se hâter, et les passagers demeurent seuls. Bientôt les ancres sont levées, les câbles se détachent; un petit remorqueur vient prendre le *Yang-Tsé* pour le sortir du port; notre bateau, en effet, avec sa puissante machine, pourrait, dans un mouvement mal calculé, s'échouer sur les bas-fonds; il s'abandonne donc au remorqueur qui le conduit lentement, mais sûrement, jusqu'à l'extrémité de la jetée.

Là nos amis nous attendent sur une barque afin de nous saluer au passage; de chaque côté du port se trouve aussi une foule innombrable. Une fois libre de ses mouvements, le *Yang-*

Tsé s'élance et, longeant la côte, laisse à droite le château d'If et les îles de la Quarantaine. Groupés à l'arrière, nous regardons s'éloigner notre chère France. De la barque qu'ils montent, nos amis ne cessent de nous envoyer des saluts auxquels nous répondons ; puis les mouchoirs s'agitent une dernière fois. Marseille, Notre-Dame de la Garde, dont la main tutélaire nous bénit, disparaissent dans le lointain et la brume du soir qui commence à tomber ; pendant une heure encore nous distinguons le phare situé à l'entrée du port, puis rien, plus rien, si ce n'est le ciel, l'eau, et, dans la nuit, les noirs rochers des îles d'Hyères que nous longeons. Debout, à l'arrière, mon chapelet à la main, j'envoie une dernière pensée, un dernier souvenir, une dernière prière à ceux que je laisse en France ; pensée sans amertume, car l'espoir de les retrouver tous au ciel fait disparaître de mon cœur le voile de tristesse qui cherche à le couvrir malgré moi.

La cloche du bord nous appelle au dîner vers six heures : par une gracieuse attention, le maître d'hôtel nous a réservé dix places à l'extrémité de la table ; nous continuons ainsi à mener notre vie de famille si douce, si agréable, si consolante.

Mais déjà quelques confrères ont senti les atteintes du terrible mal de mer ; le ciel de la patrie, qui avait daigné nous sourire une fois encore avant notre départ de Marseille, s'est couvert subitement. La mer est devenue un peu agitée, et naturellement les estomacs délicats s'en ressentent. Tant mieux pour les poissons de la Méditerranée, qu'on aurait oubliés

sans doute et qui auront ainsi leur part de notre dîner. Quant
à moi, je ne songe guère à les nourrir, et surtout je ne
pousse pas la charité au même point que ce pauvre malheureux qui, non content de leur donner son souper, s'est précipité lui-même du pont dans la mer. C'était un jeune étudiant
en médecine qui revenait de Paris; il n'avait pas voulu pâlir
sur les livres, et la plupart de ses soirées avaient dû s'écouler
au fond des cafés borgnes ou sur les boulevards du Quartier
Latin plutôt que dans une studieuse retraite : la chance, sur
laquelle il comptait uniquement, lui avait refusé ses faveurs,
aussi revenait-il de la capitale absolument désespéré ; la nuit
porte conseil, dit-on : hélas ! le démon a profité de celle du
2 au 3 novembre pour inspirer à ce malheureux la plus triste
des résolutions. Le matin et durant la journée du 3 on le
chercha vainement : il a disparu pour toujours. Et voilà le
fruit des doctrines matérialistes dont on se fait gloire à la
Faculté de Paris !

Mais j'anticipe sur les événements : revenons un instant en
arrière. Après le dîner, vers 7 heures 1/2, nous remontons
sur le pont ; la nuit s'est faite complètement et nous dérobe
jusqu'à la noire silhouette des îles d'Hyères ; nous ne
soupçonnerions guère leur présence sans quelques phares
allumés çà et là pour avertir les marins du voisinage des
côtes. Assis vers le milieu du navire, nous devisons gaiement ;
naturellement la conversation roule sur la France, que nous
venons de quitter, sur nos parents, sur nos amis, sur nos

frères de la rue du Bac; il y a quelques instants à peine, nous semble-t-il, nous étions au milieu d'eux, et maintenant nous voguons vers la Chine. Ce changement si brusque nous a en quelque sorte abasourdis, et la réalité a peine à se faire jour dans notre esprit. Il faut pourtant se rendre à l'évidence : le mal de mer surtout est un argument auquel les plus sceptiques ne résistent guère ; juste au moment où nous doutons le plus, un de nos confrères est obligé de nous quitter quelques secondes pour aller faire part de son dîner aux poissons de la Méditerranée, acte de charité que le bon Dieu récompense comme tous les autres et qui est toujours suivi d'un grand soulagement chez celui qui l'a accompli.

Neuf heures sonnent à bord. Quelques-uns des confrères jugent à propos de gagner leurs cabines et d'aller réparer leurs forces un peu épuisées par le voyage et surtout par les émotions des jours précédents. Pour moi, je ne me sens guère disposé à imiter leur exemple ; ce n'est pas cependant que je craigne de faire *mauvais ménage* avec nos *conchambristes laïques* ; j'ai eu déjà l'occasion de les voir, de gagner leurs bonnes grâces, et nous sommes les meilleurs amis du monde, mais l'atmosphère lourde qui règne là-bas m'attire fort peu ; je préfère dormir sur le pont, à la belle étoile, au grand air, n'ayant d'autre abri que la voûte des cieux. Roulé dans ma couverture et étendu sur un fauteuil d'osier, je passe dans des rêves d'or une bonne partie de ma première nuit sur mer.

Vers onze heures, je suis réveillé en sursaut : le ciel, qui s'était couvert dès la veille, profite traîtreusement de l'ombre pour nous envoyer des torrents de pluie ; les flots sont plus ou moins agités ; mais je suis déjà un *vieux loup de mer*, et, uniquement afin de ne pas gâter ma couverture, je me contente de chercher un coin plus abrité. Là, au bout de cinq minutes, je dors de plus belle.

3 NOVEMBRE

Vers les 4 heures du matin, un bruit inusité vient soudain m'arracher au sommeil : des torrents d'eau, soulevés par des mains invisibles, retombent avec fracas sur le pont avec des flots d'écume qui rejaillissent jusqu'à moi ; un moment je crois à une invasion de la mer, mais je ne tarde pas à être rassuré. Ce sont tout simplement les matelots qui, chaque matin, longtemps avant l'aurore, viennent soigneusement laver le pont ; force m'est de reculer devant eux, et, après leur avoir disputé le terrain pied à pied, je dois regagner enfin ma cabine.

Dans leur lit, mes confrères dorment encore du sommeil des bienheureux, sommeil un peu troublé, il est vrai, chez quelques-uns, par le terrible mal de mer.

Tous se lèvent à mon arrivée ; les lits sont provisoirement recouverts, la cabine disposée dans un état convenable ; nous nous souvenons tous, en effet, que l'Église a renvoyé à ce jour la commémoration des fidèles défunts, et nous avons tous à cœur d'associer nos supplications aux siennes, et de faire monter vers le ciel nos prières et nos vœux pour le soulagement des pauvres âmes souffrantes du purgatoire. Mais malheureusement nos forces sont loin de répondre à notre bonne volonté ; parmi nous le plus grand nombre est absolument incapable d'offrir le Sacrifice auguste de nos autels : trois à peine peuvent même célébrer la sainte Messe ; de ce nombre, je suis le seul absolument valide ; on me désigne donc pour célébrer le premier ; après moi, un confrère, si ses forces le lui permettent, dira une messe d'action de grâces ; les autres se contenteront de communier, et quelques-uns même devront se priver de cette douce consolation.

Dans le fond de la cabine, un autel est dressé, autel bien primitif, bien simple, bien pauvre même : sur le lavabo, nous plaçons une caisse que nous recouvrons de notre plus belle couverture ; au-dessus, la pierre sacrée, les linges bénis, une modeste croix entre deux petits chandeliers : c'est presque le dénûment de Béthléem. Et, cependant, sur cet autel modeste, Jésus descendra avec le même amour que s'il était parsemé d'or et de pierreries ; il y descendra à ma voix, pauvre pécheur, qui l'ai tant offensé et qu'il a daigné élever, malgré cela, à la plus haute, à la plus sublime des dignités. Merci, ô Seigneur, merci ! Devrais-je vivre cent mille ans, jamais je n'oublierai cette première messe célébrée à bord du *Yang-Tsé* pour tous ceux qui me sont chers et spécialement pour les pauvres âmes qui, dans le lieu d'expiation, attendent de nous un soulagement à leurs cruelles peines.

Un de mes confrères a célébré après moi la sainte Messe, et nous venons de remettre chaque chose à sa place ; voici que tout à coup la porte s'ouvre : un Anglais, à la figure joufflue et d'un embonpoint respectable, malgré son jeune âge — il semble avoir vingt ans à peine, — un véritable John Bull enfin, s'avance jusqu'au milieu de la cabine ; là il se frotte les yeux, s'étire, bâille à se démonter la mâchoire ; croyant à une méprise, à cause de l'heure matinale, je lui demande, dans sa langue maternelle, s'il ne se trompe pas de cabine. Il élude la question, et, sans y répondre directement, il enlève son paletot, retrousse ses manches, et, avisant une cuvette, y verse de l'eau et se met à se laver tranquillement les mains ; une seule chose le gêne, c'est de ne point trouver du savon ; aussi, le réclame-t-il avec instance. En présence d'une pareille impertinence, je lui remets la serviette avec laquelle il vient d'essuyer ses doigts, et le prie de gagner sa cabine ; mais il n'est pas pressé, et il faut que le garçon vienne nous en débarrasser. Nous lui pardonnons volontiers, car le pauvre jeune homme, à ce qu'il paraît, n'est pas tout à fait responsable ; c'est un de ces millionnaires dont les rentes dépassent de beaucoup l'esprit, et qui abondent dans la Grande-Bretagne. La nuit dernière, il a renouvelé ses exploits, est allé chanter une sérénade aux matelots qui n'ont que quelques heures de repos et n'aiment pas, par conséquent, à le voir troublé ;

naturellement, il a rencontré un accueil qui ne l'engagera guère à recommencer.

Débarrassés de notre Anglais, nous remontons sur le pont ; le temps est couvert et pluvieux ; à quelques kilomètres, sur la gauche, la Corse commence à se montrer avec ses grands rochers et ses vastes maquis.

Bientôt, sur la droite, apparaît la Sardaigne ; nous entrons, vers midi, dans le détroit de Bonifacio qui sépare l'une de l'autre. Dans l'après-midi, pour être en quelque sorte plus près de la France et de vous tous, je viens m'asseoir à l'arrière du navire ; là, mes regards essayent de distinguer la Patrie à travers les espaces qui m'en séparent ; mais, si mes yeux ne l'aperçoivent pas, son image n'en demeure pas moins dans mon cœur ; et ce n'est pas un souvenir purement platonique que je vous donne en ce moment, vous avez une place particulière dans le bréviaire et le chapelet que je récite. Tout occupé à penser à vous, je ne m'aperçois pas que le mouvement de tangage est plus sensible à l'arrière qu'ailleurs, à cause de l'hélice qui se trouve au dessous ; bientôt la digestion est interrompue, une sorte de malaise me gagne, et, le soir, au souper, je ne puis presque rien prendre ; mais quelques minutes d'une promenade à l'air vif de la mer suffisent pour me ramener à l'état normal. Et voilà, en fait de mal de mer, tout ce que j'ai souffert. J'achève de me consoler de ce léger déboire et termine ma journée en me transportant par la pensée dans notre pauvre et chère église de la

Monselie où je passe quelques instants en adoration auprès de Jésus-Hostie.

Demain et les jours suivants, je continuerai mon pèlerinage aux autres chapelles non moins aimées de mon cœur, au Petit et au Grand Séminaire, à Meudon, à Paris, à Ferrières...

4 NOVEMBRE

A 4 heures du matin, les matelots viennent encore me réveiller avec leurs aspersions sur le pont où j'ai passé une nuit aussi bonne et plus tranquille que la première. Après avoir encore une fois célébré la sainte messe, je reviens contempler au passage les îles Lipari que nous laissons à droite, à l'exception du Stromboli dont le pic nuageux et fumant se dresse à notre gauche.

Vers 1 heure du soir, un spectacle magnifique se déroule à nos yeux : nous entrons dans le détroit de Messine, et de chaque côté les hauteurs escarpées de la Sicile et de la Calabre forment le sommet d'un tableau imposant ; sur les pentes, coupées par de larges torrents desséchés, apparaissent, au milieu de bouquets d'oliviers et de vignes, de charmantes maisonnettes et de jolis villages ; dans le fond enfin, Reggio à gauche, Messine à droite, disposées en amphithéâtre, complètent le tableau et viennent baigner dans la mer leurs élégantes constructions.

Nous ne nous lassons pas d'admirer ces merveilles semées à chaque pas par la nature et l'art ; mais nos cœurs s'élèvent plus haut ; dans cette Calabre, dont nos yeux considèrent la pittoresque beauté, ils voient un coin de ce domaine enlevé au Saint-Père par des mains sacrilèges, et, volant jusqu'à Rome, vont saluer dans sa prison l'auguste vieillard, successeur de saint Pierre et chef de l'Église universelle. Longtemps encore, nous longeons les côtes de l'Italie, et, au moment où nous allons les quitter, un arc-en-ciel magnifique se dessine entre elles et nous : symbole touchant de l'alliance du bon Dieu et des hommes, qui semble nous dire en ce moment que ce Dieu tout-puissant n'abandonnera jamais son Église, et nous rappeler aussi que notre plus grand soin doit être de rester toujours unis à notre sainte et bonne Mère, l'Église catholique, apostolique et romaine, devoirs bien chers à nos cœurs de chrétiens et de missionnaires, devoirs sacrés entre tous, que nous promettons de remplir fidèlement jusqu'à notre dernier soupir.

Comme celles de la Sicile, les côtes d'Italie disparaissent peu à peu à nos regards ; désormais, jusqu'à Alexandrie, où nous arriverons vendredi matin, nous n'apercevrons plus que le ciel et l'eau. Spectacle sublime et imposant que celui-là aussi ! Comme il parle bien de la majesté de Dieu et de sa puissance infinie ! *Benedicite, maria et flumina, Domino... Benedicite, cœli, Domino... Benedicite, sol et luna, Domino... Benedicite, stella cœli Domino...* Et le soleil, et la mer, et les étoiles, et tous les cieux, s'éclairant et se reflétant mutuellement, disent au Créateur ces mélodieux concerts dont le Psalmiste essayait vainement de rendre les accents sur sa lyre inspirée... Et nous, pauvres petits êtres perdus sur l'immensité des flots, nous essayons aussi de joindre notre voix à celle des grands éléments de la Création ; mais, hélas! les notes que nous donnons sont toujours bien faibles et souvent discordantes. Que tout ce qui nous entoure loue donc le Seigneur à notre place ; pour nous, nous nous contenterons de nous abîmer devant sa majesté infinie et de reconnaître notre misère et notre néant.

Et maintenant que les cieux et les mers, dociles, j'en suis sûr, à mon invitation, célèbrent leur Auteur avec un redoublement de splendeur, maintenant que je n'ai plus à vous montrer au passage les terres que nous rasons, je vais profiter de cet instant de répit pour vous faire connnaître mes frères des Missions étrangères qui s'en vont avec moi porter au loin la bonne nouvelle.

Notre groupe se compose de dix missionnaires, dont huit pour l'intérieur de la Chine, et deux pour le royaume de Siam.

Voyez d'abord ce jeune homme aux formes athlétiques, à la figure énergique : c'est le Père Schultz, destiné comme moi au Su-Tchuen oriental. L'Alsace l'a vu naître ; trop jeune encore, au moment de l'annexion de sa patrie, pour comprendre son malheur et s'éloigner des envahisseurs, il a rempli ce devoir sacré aussitôt qu'il a été libre de lui-même et, non content de redevenir Français, il va porter au loin le nom de sa patrie d'élection et de cœur avec la foi dont il a reçu les germes au fond de la catholique Alsace. Certes il frappera fort sur Satan et ses adeptes, car il a le poing ferme, et l'âme bien trempée.

Près de lui, se trouve un Lorrain, français de cœur et d'élection, aussi, d'une constitution moins forte, mais d'une énergie à toute épreuve. Il est également désigné pour le Su-Tchuen ainsi qu'un enfant du Rouergue, qui, comme le granit de ses montagnes, rompra peut-être, mais ne pliera jamais.

Le Midi donne encore au Su-Tchuen un de ses enfants et un autre au Rouy-Tcheou: ce sont les Pères Peuch et Laborde, les premiers et les plus fortement éprouvés par le mal de mer, mais qui, s'ils ne sont que de mauvais marins à l'heure actuelle, feront assurément, une fois à terre, de rudes *zouaves du bon Dieu.*

Le Yun-Nan, qui vient de perdre l'héroïque chevalier Godefroy Chicard [1] et son écuyer Parguel, peut se consoler : nous lui amenons un vieux soldat, le P. Piton, qui, après avoir servi la France durant cinq ans, a laissé l'épée pour se donner sans réserve au Roi des rois. Avec lui se trouve un enfant du Poitou, le P. Leparoux, qui a puisé à la même source que le P. Chicard les fortes convictions qui ont fait de lui un missionnaire décidé à marcher toujours sur les traces de son vaillant aîné.

[1] La vie admirable du P. Chicard a été publiée sous le titre : *Un chevalier apôtre.*

Si vous me demandez enfin quel est ce jeune imberbe à la figure réjouie, je vous répondrai que c'est le P. Contet, un poète celui-là, dont le menton est moins fécond que la verve, et que les coteaux de la Bourgogne ont nourri. Mais il a assurément plus de vertus et de qualités que de barbe au menton ; avec le P. Vallery, un enfant du Nord, il est appelé, j'en suis sûr, à faire un bien immense aux Siamois.

Vous connaissez maintenant mes compagnons, laissez-moi ajouter que nous vivons en frères, et que la tristesse est bannie de nos cœurs.

6 NOVEMBRE

Vous ne devineriez jamais avec quelle encre je termine ma lettre : avec celle d'un ministre protestant anglais ; voyant la mienne épuisée, il m'a gracieusement offert la sienne en me déclinant ses titres et qualités. Pauvre jeune homme, dimanche, à Marseille, il pleurait comme un enfant en quittant sa famille. Quelque chose me disait qu'il ne partait vraiment pas pour le bon Dieu. Mais il paraît avoir un excellent cœur. Puisse Jésus l'éclairer et le convertir.

Nous approchons d'Alexandrie. Je vous quitte afin de déposer ce soir ma lettre à la boîte.

Adieu, je vous embrasse tous.

A bord du *Yang-Tsé*, 6 novembre 1890.

TROISIÈME ÉTAPE

ALEXANDRIE. — LA MER ROUGE

Ubi crux, ibi patria!

J. M. J.   A. M. D. G.

LES AMES ! LE CIEL !

Parents bien-aimés,

En vérité, ne me trouvez-vous pas bien mal avisé et même un peu inhumain? Au lieu de vous déposer sur les rivages ensoleillés de l'Égypte et de vous faire oublier les fatigues d'une longue course à l'ombre d'un bouquet de palmiers où vous auriez goûté un repos bienfaisant et une agréable fraîcheur, en attendant mon retour, je vous abandonne en pleine mer, à plusieurs milles de la terre, et, sans paraître me soucier davantage de vous, je continue tranquillement ma route.

Un procédé si peu aimable suffirait à lui seul pour décourager des voyageurs moins persévérants ; mais vous, parents bien-aimés, vous tenez trop à faire, en compagnie de votre missionnaire, le voyage de Chine, pour ne pas lui pardonner volontiers les inadvertances du guide, d'ailleurs un peu novice. Sûr de votre indulgence, je reviens donc à vous et me hâte de quitter la surface mouvante de la Méditerranée pour vous transporter sur les bords plus solides de l'Égypte.

7 NOVEMBRE

Depuis deux heures du matin, nous courons des bordées en face du phare d'Alexandrie qui brille à l'entrée du port, séparé de nous par quelques milles à peine ; le *Yang-Tsé* aurait pu pénétrer dans la rade hier, vers dix heures du soir, mais à cause des écueils qui en parsèment les abords, elle est seulement abordable au grand jour et sous la direction d'un habile pilote. Fatigués d'évoluer sans cesse et inutilement, nous jetons l'ancre et attendons patiemment le lever du soleil.

A l'aurore, une barque légère se détache du rivage et se dirige vers nous ; secondée par le vent qui enfle sa voile, et conduite par deux rameurs expérimentés, elle est bientôt près du *Yang-Tsé :* on lui jette une échelle de corde, et quelques instants après un Arabe aux formes athlétiques est à notre bord : c'est le chef d'une famille nombreuse à laquelle est dévolu le privilège d'introduire dans le port les navires étrangers. Ce n'est pas certes uniquement pour l'amour du bon Dieu, ni même pour celui du grand Mahomet, que cette famille s'acquitte de ce soin ; le pilotage dans ces régions, comme d'ailleurs dans toutes celles de l'Orient, est un droit d'entrée des plus onéreux, auquel nul bateau ne peut se soustraire.

Parfaitement conscient et au-delà de sa haute importance, notre pilote met le pied sur le pont avec un air de supériorité tout oriental : un large turban roulé autour de la tête, son burnous rejeté en arrière et soulevé par la brise du matin, il va fièrement prendre place sur la dunette, à côté du capitaine ; là, c'est à peine s'il daigne honorer d'une poignée de main les principaux officiers. Debout au premier rang, il parcourt la rade à l'aide d'une longue vue et commande la manœuvre d'une voix brève et impérative. Autour de lui les officiers du bord sourient malicieusement de pitié : ils connaissent la passe aussi bien et mieux peut-être que ce fanfaron ; mais c'est une nécessité que leur imposent l'orgueil et la cupidité orientale, et ils la subissent de bonne grâce.

Enfin, grâce à notre habile pilote, nous sommes dans le port ; le *Yang-Tsé* jette ses ancres et fixe solidement ses amarres aux nombreuses bouées placées là tout exprès. Aussitôt nous sommes assaillis par une nuée de barques, et les

Arabes ne tardent pas à monter à l'abordage : agiles comme des singes, excités d'ailleurs par la cupidité, le moindre câble leur sert d'échelle : le pont ne tarde pas à être encombré d'une foule de bateliers qui vont, viennent, courent dans tous les sens, tiraillent les passagers et ne cessent de répéter dans toutes les langues ou plutôt dans les jargons les plus divers : « Moi, moi, porter vous à terre ; moi, bon garçon, moi, pas cher. » Mais parmi eux les filous ne manquent pas ; ce sont naturellement ceux qui crient le plus haut et font les offres les plus brillantes. Aviser une figure honnête n'est pas chose facile dans ces groupes où les visages sont ceux de vrais *démoniaques*. Quelques-uns cependant offrent une certaine garantie : ce sont ceux qui portent suspendues au cou de petites plaques de cuivre avec un numéro et des signes divers. Au moyen de cela, s'ils se montrent récalcitrants, il est facile d'appeler un policeman et de les faire mettre à la raison, à la condition toutefois que le policeman ne sera pas aussi peu délicat que ces maîtres filous.

La perspective de passer les deux ou trois heures d'arrêt à ce bord, où nous sommes déjà depuis près de cinq jours, ne nous sourit guère : Alexandrie est là avec ses constructions d'un nouveau genre, sa végétation printanière ; les bons Frères des écoles chrétiennes nous recevront à bras ouverts ; par-dessus tout, l'attrait de l'inconnu nous tente, attrait auquel tout homme, le missionnaire comme un autre, résiste difficilement. Trois jeunes Pères Franciscains destinés à la

Chine et deux sœurs du même Ordre, qui font route vers les Indes, se sont joints à nous. Après maints pourparlers, un boatman, à la plaque de cuivre, consent à nous descendre à terre et à nous ramener moyennant la modique somme de huit francs. Je dis modique, car chaque voyageur paye ordinairement ses deux francs pour aller seulement. Il est vrai que dans ce pays l'argent français perd au change quatre ou cinq sous par francs.

Enfin nous voilà installés quinze dans la même barque, et nos bateliers font force de rames vers la ville que nous apercevons à deux kilomètres environ.

Les maisons d'Alexandrie sont bien différentes des constructions européennes. Au sommet, pas de toit, mais une terrasse où l'on vient prendre le frais et se reposer de la fatigue lorsque la chaleur du jour est tombée. En ce moment, on se croirait volontiers au printemps ou du moins en plein été : la chaleur se fait déjà sentir malgré l'heure matinale ; de tous côtés des fleurs magnifiques, des roses, des œillets ; plus loin, des palmiers, des orangers, des oliviers pliant sous le poids de leurs fruits.

Un quart d'heure après avoir quitté le *Yang-Tsé*, nous mettons le pied sur le rivage. Là, nouvel assaut, de la part des voituriers, cette fois ; tous connaissent parfaitement la maison des Frères, tous sont les meilleurs hommes du monde, tous s'offrent à vous conduire avec la vitesse du vent. Nous louons deux fiacres à prix réduit. Aussitôt deux *cicerone*

ALEXANDRIE

(guides) offrent de prendre place à côté de nos cochers et de les aider de leurs lumières ; mais, prévenus d'avance et sachant fort bien que nous avons affaire à des filous, nous les remercions de leurs services. Nos Phaétons fouettent leurs chevaux, des *anciens pur sang arabes*, aujourd'hui au moins aussi durs et insensibles que les chevaux de fiacre de Paris. Naturellement, nous avons affaire à de rusés matois qui, pour remplir facilement l'heure, nous conduisent de chez les Lazaristes chez les Franciscains et après cela seulement à la maison des Frères, la plus populaire d'Alexandrie cependant et qui compte plusieurs centaines d'élèves.

Un des passagers du *Yang-Tsé*, notre compagnon de cabine, m'a prié d'envoyer pour lui une dépêche à Ismaïlia, petite ville située sur le canal de Suez. Après avoir salué les bons Frères, je laisse avec eux les autres missionnaires, et, accompagné d'un employé du pensionnat, je me rends au télégraphe ; au bureau anglais on me renvoie au bureau égyptien ; là ma dépêche est enfin reçue ; mais j'ai perdu à courir Alexandrie un temps considérable. De retour à l'école, je ne trouve plus mes confrères : craignant d'arriver après le départ du *Yang-Tsé*, ils ont repris le chemin du port ; héler une voiture qui passe et me jeter à leur poursuite est pour moi l'affaire d'un instant ; j'ai trouvé un bon cheval, qui en dix minutes me conduit à l'embarcadère ; seulement mes amis ont sans doute une avance considérable, puisque je ne les aperçois nulle part, ni sur le quai, ni dans le bassin. Je suis loin de me désoler

toutefois, et mon parti est vite pris : je vais louer une boîte
et me rendre au mouillage du *Yang-Tsé* ; si le paquebot
a déjà gagné le large, il me reste toujours la ressource du
train qui me conduira à Port-Saïd où j'arriverai longtemps
avant mes confrères. Mais je n'ai pas besoin d'en venir là ;
la barque légère qui me porte vogue rapidement sur les eaux
calmes du bassin et me permet bientôt d'apercevoir le
Yang-Tsé, toujours immobile sur ses ancres.

Un instant après je suis à bord, mais de confrères nulle
part ; l'Éthiopien qui m'a conduit m'a affirmé cependant qu'ils
m'avaient devancé ; seulement, peu habitué à distinguer entre
la robe des Franciscains et la soutane des Missionnaires, il a
pris les uns pour les autres ; et puis il avait tout intérêt à me
conduire dans sa barque. Je lui témoigne mon peu de satisfaction et le menace de ne pas lui donner un centime. Il avoue
son tort, mais me conjure d'avoir pitié de lui et de lui donner
quelque chose : un petit franc le rendrait le plus heureux des
hommes. J'aurais eu mauvaise grâce à le contrister pour si
peu, d'autant plus qu'il avait été lui-même trompé par les
apparences. J'accède donc à sa demande, à la condition cependant qu'il reconduira un bon Frère qui a bien voulu m'accompagner, et, pour éviter toute supercherie, je charge celui-
ci de le payer au débarcadère seulement.

Dix minutes après, mes confrères arrivent à leur tour : ils
m'ont attendu quelque temps dans un coin de l'embarcadère
et m'en veulent presque de l'ennui que je leur ai causé ; mais

bientôt tous ensemble nous rions de bon cœur de notre aventure, heureux d'en avoir été quittes à si bon marché.

Mais ce n'était assurément pas la peine de se presser ainsi : rentrés à bord vers 9 heures, nous stationnons encore à 10 heures dans le bassin, et la cloche nous a appelés au déjeuner avant que les ancres aient été levées. Les Arabes profitent de ce séjour prolongé pour vendre à des prix exorbitants une foule de riens, des colliers de faux corail, des vues d'Alexandrie, de Jérusalem, des roses qu'ils disent cueillies à Jéricho... que sais-je encore ?

En quittant la table, nous sommes tout étonnés de nous trouver en pleine mer ; pendant le repas, le *Yang-Tsé* a levé l'ancre , viré de bord, repris entre les écueils la route qu'il avait suivie pour pénétrer dans le bassin, puis, inclinant sur la droite, s'est dirigé vers l'est, le long des côtes, à une distance de plusieurs kilomètres.

La mer est toujours calme ; mais la couleur bleu de ciel qu'elle avait commence à devenir verdâtre : cela tient au voisinage des bouches du Nil dont les eaux, à cette époque de l'année surtout, où les crues deviennent très fortes, sont loin de rivaliser avec l'azur des cieux. Mais qu'importe la couleur des flots qui nous portent, pourvu que sur eux notre *Yang-Tsé* puisse glisser léger et rapide et nous rapprocher de cette Chine, la nouvelle patrie, si chère à tout cœur d'apôtre !

La nuit, d'ailleurs, vient bientôt, une fois encore, nous cacher les objets qui nous environnent. Avec quelques confrères, ennemis comme moi de l'atmosphère lourde des cabines, nous avons établi sur le pont notre quartier général. A 10 heures du soir, un bruit inusité vient nous tirer du sommeil : c'est un nouvel assaut que nous livrent non plus les bateliers d'Alexandrie, mais ceux de Port-Saïd, où le *Yang-Tsé* vient de jeter l'ancre pour faire du charbon, assaut peu fructueux, d'ailleurs, car un petit nombre de passagers seulement descendent à terre, et encore plusieurs ne tardent-ils pas à revenir, peu enchantés de leur expédition. Dans les rues de Port-Saïd ils ont essuyé trois coups de revolver et n'ont dû leur salut qu'à la fuite.

Mais voici un autre spectacle assez curieux : à notre arrivée, quatre énormes embarcations chargées de charbon se détachent du quai ; deux d'entre elles, conduites par un remorqueur, tournent le *Yang-Tsé* et vont se placer de l'autre côté ; aux deux autres on jette des cordes solidement amarrées au paquebot, et aussitôt une nuée d'Arabes, noirs comme des démons sortis de l'enfer, à peine à moitié couverts par une mauvaise gendoura, se précipitent sur ces cordes. De leurs poitrines s'échappe un chant rauque et cadencé pour donner de l'ensemble aux mouvements.

Bientôt leurs barques touchent le *Yang-Tsé ;* une ouverture est pratiquée dans le flanc du paquebot pour livrer passage au charbon, et alors commence une scène digne, à tous les points de vue, de figurer dans l'*Enfer* du Dante : les Arabes, leurs sacs à la main, se précipitent sur la masse du charbon, se relèvent tous à la fois et opèrent une espèce de course folle devant l'ouverture de la cale où ils laissent retomber leur fardeau pour en reprendre un autre aussitôt.

De cette foule confuse s'élèvent des cris sans nom, des *Allah* ininterrompus : les chefs ne cessent d'exciter de la voix et du geste ces malheureux à bout de forces : à la lueur de quatre grilles, remplies de charbons embrasés, qui, en jetant sur ce tableau une demi-clarté, achève de lui donner une apparence fantastique, on voit la sueur couler en noirs ruisseaux le long de ces membres hâves et décharnés. Et cela dure deux heures; puis, lorsque tout est fini, une pluie torrentielle vient inonder ces pauvres malheureux déjà tout en nage. Mais ils semblent faits à ce genre d'existence et se retirent avec le même chant monotone qui réglait leurs mouvements à l'arrivée. Plusieurs auront emporté de là le germe d'une maladie dont ils ne se seront pas relevés. Mais qu'importe à un maître barbare? L'esclave n'est pour lui qu'une bête de somme dont la vie ne lui est précieuse qu'autant qu'elle est utile et qu'il sacrifie volontiers à un gain sordide.

Heureux les pays et les hommes sur lesquels est passée et demeure la bienfaisante civilisation du christianisme !

8 NOVEMBRE

Minuit a sonné depuis longtemps lorsqu'a fini la dure tâche des Arabes. Avec du charbon, il faut aussi des provisions, de telle sorte que l'embarquement dure jusque vers 2 heures du matin. Nous n'avons pas attendu ce moment pour reprendre notre sommeil, et c'est en plein canal de Suez que nous nous réveillons le lendemain matin. Le *Yang-Tsé* a ralenti sa marche et fait à peine dix kilomètres à l'heure ; encore faut-il qu'il suive bien le milieu du canal, sans quoi il risquerait de s'embarrasser dans le sable. Des bouées, placées de distance en distance et de chaque côté, lui indiquent la voie sûre ; pour les distinguer durant la nuit, il avait à l'avant une forte lampe électrique, dont les rayons se projetaient à une cinquantaine de mètres.

Le grand jour arrive, et notre marche ne s'accentue guère. Encore si les beautés du paysage venaient charmer nos regards, nous nous consolerions facilement de la lenteur de la navigation. Malheureusement, rien de moins féerique que les abords du canal de Suez : de chaque côté, des landes vastes, marécageuses, parsemées de lacs. Çà et là, à peine quelques misérables huttes, construites en terre et en bois, d'où sortent, pour nous voir passer, des Arabes couverts de haillons sordides. Le long du canal, il est vrai, de distance en distance, on rencontre des habitations plus riches, plus élégantes, placées au milieu d'une oasis fertile et entourées de palmiers. C'est ordinairement la demeure d'un Européen employé dans l'administration du canal.

Vers midi, le paysage, sans devenir plus gai, se transforme sensiblement. Aux marais succèdent des plaines immenses de sable d'une blancheur comparable à celle de la neige. Mais les habitations sont toujours rares ; parfois, au loin, paraît un bédouin, monté sur son chameau, le fusil sur l'épaule, courant après les rares oiseaux qui habitent ces contrées ; il ne tarde pas à disparaître, et le désert reprend son apparence de mort complète.

A un moment, le canal s'élargit et se transforme en lac véritable ; à l'extrémité de ce lac, abritée derrière un petit bois de pins et d'eucalyptus, qui la protège contre le vent brûlant du désert, apparaît la petite ville d'Ismaïlia, la seule qui se trouve sur le canal, de Port-Saïd à Suez. Un léger vapeur s'avance bientôt vers nous ; il nous amène un pilote et reçoit à son bord quelques-uns de nos passagers.

Au sortir du lac d'Ismaïlia, le *Yang-Tsé* reprend la ligne étroite du canal ; la chaleur est devenue de plus en plus accablante et, cette fois, dans le désert qui s'étend à perte de vue, nous désespérons de saisir le moindre vestige de vie.

Mais voici que tout à coup, d'un monticule de sable qu'on aurait eu de la peine à prendre pour une hutte, sortent quelques enfants arabes. Une misérable gondoura, en toile blanche, qui tombe à peine jusqu'au-dessus des genoux, est leur unique vêtement. Sur leur tête un burnous, plus pauvre encore, les préserve un peu contre les rayons d'un soleil brûlant. Ils se mettent à courir le long du canal et à suivre le bateau, en criant de toutes leurs forces : « Barchicha, Barchicha ! » c'est-à-dire une gratification, une gratification !

Pour faire mieux agréer sa demande, l'un d'eux tire de sa gondoura une espèce de flûte des plus primitives, et se met à nous jouer un air assez peu harmonieux. Plus touchés de sa bonne volonté que de son instrument, les passagers lui jettent quelques gros sous; son œil de lynx sait les découvrir au milieu du sable et jusque dans le fond du canal; et alors ce sont des cris de joie, des gambades désordonnées, un nouvel air de flûte interrompu par de fréquents : Barchicha ! Barchicha !

Tout cela n'empêche pas notre Arabe de suivre le bateau sans perdre un pouce de terrain. Au bout de deux ou trois kilomètres, ses compagnons, voyant leurs efforts peu couronronnés de succès, ont abandonné la poursuite; lui continue toujours; il a jeté son turban, et les rayons de soleil, lui tombant maintenant d'aplomb sur la tête, font couler de son front des ruisseaux de sueur. Mais il oublie tout, et court après quelques misérables sous qui, pour lui, pauvre déshérité de la fortune, seront un vrai trésor et feront régner un instant l'abondance dans sa vie toute de privations. Il nous accompagne ainsi de ses sollicitations et de sa musique l'espace de dix kilomètres ; pour le récompenser, on lui jette une fois encore des sous en plus grande quantité et on lui fait signe de s'arrêter; il obéit, ramasse sa petite fortune, nous joue le plus beau morceau de son répertoire, salue une fois encore ses bienfaiteurs, et leur crie, avec l'accent de la plus vive reconnaissance: « Merci, moussiès, boun voyagi ! » puis il reprend le chemin de sa hutte en comptant les sous qu'il a recueillis.

Nous avons à peine perdu de vue notre Arabe, lorsque nos regards sont attirés par un spectacle d'un autre genre : devant nous, une nappe d'eau, immense et limpide comme du cristal, s'étend à perte de vue ; la ligne des bouées se continue une cinquantaine de mètres encore, puis c'est le large, la plaine liquide, vaste et profonde.

Libre enfin de ses mouvements, le *Yang-Tsé* vole sur ce bassin calme et uni avec la rapidité d'une flèche. Avec cette vitesse, la chaleur devient moins accablante, et une brise rafraîchissante, qui se lève fort à propos, achève de la rendre supportable. Le paysage environnant se transforme, lui aussi : les landes et les plaines de sable ont pris, avec l'éloignement, une teinte dorée, et, sous les rayons du soleil, elles ressemblent assez à des champs d'épis mûrs. Puis, au delà et bornant l'horizon, des hauteurs couronnées de palmiers, d'eucalyptus et de pins maritimes. C'est le commencement de l'Arabie Pétrée, encore un peu fertile en cet endroit, mais qui bientôt, tout à fait digne de son nom, ne nous offrira plus que des cimes escarpées et des rochers abrupts.

Il est 2 heures et demie : déjà à peu de distance nous apercevons l'autre rive du lac que nous traversons ; soudain le *Yang-Tsé* est arrêté dans sa marche rapide ; un bouillonnement se forme autour de lui ; l'eau est toute troublée de la vase soulevée en plusieurs endroits ; après quelques soubresauts, quelques mouvements en arrière, comme s'il voulait s'arracher à une étreinte, le bateau reste immobile. Tout le monde le croit échoué sur un banc de sable. Mais les matelots ne tardent pas à nous rassurer : on vient tout simplement de jeter l'ancre. De la rive opposée un signal a averti le pilote que plusieurs navires, venant vers nous, sont engagés dans le canal, et que, par conséquent, la voie n'est pas libre.

Nous stoppons une heure et demie ; enfin trois gros bateaux suivis d'une petite chaloupe à vapeur débouchent de la ligne des bouées, et nous pouvons nous y engager à notre tour. Un de mes voisins, homme à forte imagination, un artiste pour tout dire en un mot, ne cesse de multiplier, à mesure que nous avançons, les réflexions les plus originales : pour lui, toute la nature qui nous environne est morte ; seules les bouées, que les flots autour de nous agitent en tout sens, conservent une apparence de vie, et entre elles et les baigneurs de la mer il trouve une ressemblance des plus frappantes. Autant d'erreurs. Mais enfin des goûts et des couleurs, en ces matières-là, on ne discute pas. La ligne des bouées où nous sommes engagés, et qui de loin semblait avoir quelque cent mètres à peine, paraît maintenant interminable.

Le *Yang-Tsé*, il est vrai, redouble de précautions et, par suite, de lenteur ; autour de lui les bancs de sable se touchent, et se jeter dans l'un d'eux serait une faute considérable. Aussi mettons-nous une grosse heure à franchir la minime partie du lac qui nous sépare de l'entrée du canal.

Et tout n'est pas encore fini : avant de s'engager dans le passage étroit où deux paquebots ne pourraient jamais aller de front, il faut s'assurer que la voie est libre. Les signaux demeurent muets, et le commandant est obligé de suspendre la marche du navire pour les interroger. Enfin, une réponse favorable est donnée ; nous marchons toujours très lentement, mais, au moins, nous marchons.

Le *Yang-Tsé* glisse doucement, d'une manière à peine sensible ; à droite, derrière les hauteurs de la Nubie, le soleil vient de disparaître, laissant après lui une teinte dorée, à la limite de laquelle brille la première étoile : étoile qui, tout naturellement, éveille en nos cœurs la douce pensée de Marie, cette étoile de la mer dont la pure clarté illumine toujours les pauvres passagers engagés sur la mer de ce monde, lorsque le soleil de vérité semble pour toujours se cacher à leurs yeux ; et tous ensemble, de l'avant du navire où nous sommes groupés, nous redisons à demi-voix, afin de ne troubler personne, mais sûrs d'être entendus de notre Mère :

> Ave, maris stella,
> Dei mater alma,
> Atque semper virgo,
> Felix cœli porta.

Justement c'est un samedi, jour spécialement consacré à la Reine du Ciel et à la fin duquel, au Séminaire des Martyrs, nous ne manquions jamais de célébrer en chœur la gloire et la tendresse de la Reine des aspirants. Dans quelques heures, nos confrères de la rue du Bac, fidèles à garder pieusement les traditions de la famille, s'acquitteront de ce devoir de reconnaissance et d'amour. Du *Yang-Tsé* nous associons nos vœux aux leurs, et avec eux nous aimons à répéter : « Salut, honneur à notre Mère! » Peu à peu la nuit se fait, et des hauteurs voisines l'ombre descend vers nous ; le *Yang-Tsé*, à la clarté de sa lumière électrique, se dirige lentement vers Suez où nous arrivons vers huit heures.

Un escamoteur arabe profite de quelques instants d'arrêt pour venir nous amuser par ses tours et faire ample moisson de *barchicha*. Il n'est pas trop maladroit, mais on serait presque tenté de croire que le diable lui donne un coup de main, en l'entendant marmotter, au milieu de ses simagrées : « Cala, cala, cala, veni diabli, veni! » Chose peu surprenante, d'ailleurs, car Messire Satan sert toujours bien ceux qui le servent. Mais ce qui me frappe, c'est de trouver partout des vestiges de mon idiome maternel ; avec le patois d'Auvergne, bien mieux qu'avec le français et l'anglais, on est sûr de se faire à peu près comprendre. Vraiment, c'est la langue universelle.

L'obscurité au milieu de laquelle nous nous engageons dans la mer Rouge nous empêche d'apercevoir, même de loin, la fontaine de Moïse et le Sinaï, bien connus des matelots. Le lendemain, à l'aurore, nous n'avons plus sous les yeux que les cimes dentelées de l'Arabie Pétrée.

9 NOVEMBRE

La mer, d'abord très étroite, ne tarde pas à s'élargir et bientôt, de chaque côté, nous perdons la terre de vue. La chaleur devient accablante, et le thermomètre marque jusqu'à trente degrés à l'ombre. Et dire que là-haut, en Auvergne, vous grelottez presque, même au coin d'un bon feu.

C'est aujourd'hui dimanche, et, dès l'aurore, deux braves Abyssiniens, que nous avons d'abord pris pour deux sectateurs de Mahomet et qui ne sont ni plus ni moins que deux fervents chrétiens, probablement catholiques, nous invitent par leur exemple à la sanctification du saint jour. Pendant plusieurs heures, ils lisent des prières et récitent des psaumes de David avec une ferveur à faire rougir bien des catholiques français.

Pour nous, qui avons la noble prétention de ne pas nous laisser dépasser par de simples fidèles, nous voulons chanter les louanges du bon Dieu, autant que cela nous sera possible ; mais nous sommes réduits à le faire dans nos cabines.

Dès le matin, il y a une messe spéciale à laquelle nous avons tous assisté ; à une heure du soir, afin de suppléer d'une certaine manière aux offices du séminaire, nous psalmodions en chœur les vêpres et les complies. C'est justement l'anniversaire de la Dédicace de toutes les églises de France ; nous pouvons ainsi nous associer tout particulièrement à nos parents et à nos amis.

Ici, nous n'avons pas même une pauvre petite chapelle dont nous puissions célébrer la dédicace; mais chacun de nous possède un temple solennellement consacré à Jésus aux grands jours de la vie, au jour béni du Baptême, au jour heureux de la Première Communion, au jour solennel du Sous-Diaconat, au jour inoubliable de la Prêtrise.

Dans ce temple, le Dieu d'Amour, le Dieu fait Homme et Hostie sans tache, ne se contente pas d'habiter par sa grâce divine; il daigne encore y descendre chaque jour réellement, substantiellement, avec son corps, son âme, sa divinité. C'est ce temple que nous aimons à lui dédier une fois encore, en renouvelant des serments, hélas! trop souvent oubliés; c'est ce temple que nous le prions d'agréer après l'avoir purifié le matin même dans le bain toujours salutaire, toujours bienfaisant de la pénitence. Pour moi, j'ai eu la douce consolation de sentir la grâce de ce sacrement descendre en moi à la voix d'un confrère qui n'avait jamais encore exercé ce ministère divin; et il m'a semblé que cette première absolution de prêtre missionnaire faisait couler à flots sur mon âme les rosées célestes.

Ce grand jour de la Dédicace a été célébré bien modestement parmi nous; mais enfin Notre-Seigneur a dû avoir pour agréable notre bonne volonté, et il me semble qu'il veuille déjà nous en récompenser en diminuant les ardeurs d'un soleil qui nous brûle. Vers les deux heures du soir la brise se lève, la chaleur devient plus tolérable, et nous voguons agréablement sur la mer Rouge, qui, à l'heure actuelle, n'a de rouge que le nom et est pour le moins aussi bleue, aussi limpide que la Méditerranée aux flots d'azur.

Sur le soir, au moment où le soleil disparaît à l'horizon, je gagne, selon mon habitude, le gaillard d'avant, un peu plus élevé que le reste du navire. Mon voisin de la veille, l'artiste aux réflexions bizarres, ne tarde pas à venir m'y rejoindre ; observateur de profession, il n'est pas fâché de voir de près un missionnaire.

La conversation roule d'abord tout naturellement sur les pays lointains que nous allons évangéliser.

— Pour vous donner ainsi, me dit mon interlocuteur, pour vous donner tout entier à une œuvre souvent ingrate, à une œuvre dont le succès est parfois attaché à l'effusion même de votre sang, il faut que vous ayez au cœur une conviction bien forte, un dévouement sans bornes !

— Assurément, lui dis-je, mais tout homme qui a la foi est capable de faire ce que nous faisons.

— La foi ! reprend mon artiste en souriant, la foi ! je l'ai eue, moi aussi, mais un beau jour elle s'en est allée comme elle était venue ; la foi, voyez-vous, ne s'acquiert par aucun moyen de raisonnement, c'est un sentiment naturel qui ne se trouve pas dans les livres et que j'y chercherais en vain.

Pauvre jeune homme, il dit plus vrai qu'il ne pense ; la foi n'est pas seulement le fruit de l'étude, même impartiale : si elle n'est pas non plus précisément un sentiment naturel, elle est d'un surnaturel que le bon Dieu ne lui refuserait pas s'il savait seulement la lui demander.

La prière, tel est le moyen que je lui suggère discrètement, mais qui le fait presque sourire de pitié. Prier, lui ! mais c'est bon pour les enfants, les simples, les ignorants, et après ce beau mot, je m'empresse d'ajouter « et pour nous, bien entendu ».

— Vous, dit-il, vous êtes des braves et je vous admire ; entre vous et les ministres protestants, mon cœur ne balance pas, et je comprends à peine qu'on essaye de les comparer à vous ; ils sont ordinairement des représentants d'une maison de savon de Londres ou de Marseille, tout au plus des marchands de bibles, de vulgaires commis voyageurs du Christ ; j'aime mieux cela.

Involontairement, mon soi-disant incrédule parle comme un croyant ; les noms bénis du bon Dieu, de Notre-Seigneur, du paradis reviennent à chaque instant sur ses lèvres, toujours prononcés avec respect, et lorsque je lui fais malicieusement remarquer ses inconséquences, il s'esquive en disant que c'est par politesse pour moi qu'il les commet.

Sa théorie à lui sur la vie est celle de bien des gens de notre époque, c'est l'*égotisme*, pour ne pas dire l'égoïsme, c'est la recherche et la considération de soi-même en tout et partout.

— Eh bien ! lui dis-je, nous aussi nous faisons de l'égotisme, mais un égotisme surnaturel ; si nous quittons tout pour aller en Chine, c'est afin de sauver notre âme, c'est afin de nous assurer une place que nous occuperons éternellement dans le Paradis.

Ame, Paradis, autant de mots qui ne disent rien ou du moins semblent ne rien dire au cœur de mon artiste et qui le feraient sourire de pitié si ce n'était cette politesse tout humaine dont il ne veut pas se départir à mon égard.

Somme toute, j'ai affaire à un de ces pauvres égarés du siècle. Comme sans doute les mœurs chez lui ont d'abord fait naufrage, et la foi ensuite, par une conséquence toute naturelle, parce qu'elle était trop gênante !

Peut-être encore sommeille-t-elle à l'état inconscient, au fond de ce cœur un peu flétri, mais non encore perverti. Il a voulu que je lise un de ses articles, car, journaliste à ses heures, il collabore à une des feuilles les plus populaires de la capitale ; c'était d'une inspiration toute chrétienne, un ange s'envolant au ciel le soir de sa première communion.

Non, un homme sans ombre de foi n'écrit pas ainsi, et l'imagination seule ne trouvera jamais cet accent de vérité et de naturel.

Mon artiste a beau protester ; il se ment à lui-même ; je le lui ai dit : La foi sommeille dans votre cœur. Puisse le bon Dieu faire briller au grand jour cette étincelle bien près de s'éteindre peut-être !

10 NOVEMBRE

A mesure que nous avançons sur la mer Rouge, la chaleur devient plus intense : cette nuit, vers deux heures du matin, le thermomètre marquait 26 degrés. Tout à l'heure, à l'ombre, il montera à 36 degrés et en plein soleil il atteindra 56 degrés.

Pour la première fois depuis mon départ de Marseille, j'ai dû m'abstenir de célébrer la sainte Messe. A présent tout le monde est valide, et, comme nous avons peu de vin et d'hosties, deux messes seulement seront dites, chaque jour, à tour de rôle ; à ceux qui n'auront pas le bonheur de monter à l'autel, il restera toujours la douce consolation de faire la sainte communion et de puiser dans la réception de Jésus-Hostie la force et le courage de passer chrétiennement la journée.

Après le petit déjeuner, je monte sur le pont, où mon artiste de la veille ne tarde pas à venir me rejoindre ; il m'aborde d'un air souriant, mais légèrement railleur : « J'ai un petit reproche à vous faire, me dit-il ; hier au soir vous avez commis un léger péché de respect humain ; au lieu de dire votre *Benedicite* au réfectoire, vous l'avez récité sur le pont avec un de vos confrères. — Pardon, mon cher Monsieur, lui répondis-je, ce que nous récitions sur le pont, c'était l'*Angelus* ; quant au *Benedicite*, nous le disons toujours debout devant la table, sans ostentation, mais sans crainte. — Il n'est rien que je

ADEN

déteste comme le respect humain. » Ce qui veut dire que tout homme, prêtre ou laïque, ne peut que gagner à apporter dans tout ce qu'il fait la plus grande simplicité chrétienne.

Je vous quitte, parents bien-aimés, mais je n'ai garde de vous laisser en pleine mer Rouge, où vous regretteriez assurément le froid de l'Auvergne.

Entrez avec moi, par la pensée, si vous le voulez bien, dans la ville d'Aden où nous aborderons mercredi soir ou jeudi matin ; ou plutôt laissez-moi vous déposer dans les Cœurs sacrés de Jésus et de Marie : c'est encore là le meilleur asile, celui où vous attendrez le mieux et sans le moindre ennui que je vienne vous reprendre.

Adieu donc et à bientôt.

Je vous embrasse de tout cœur.

A bord du *Yang-Tsé*, le 11 novembre 1890.

QUATRIÈME ÉTAPE

ADEN. — COLOMBO

Le plus doux repos. — Une tempête. — Dernières pointes du continent Africain. — Le port d'Aden. — City-Point. — Aden. — Les Pères franciscains. — Les citernes. — Un soldat irlandais. — En route pour Colombo. — Saintes réflexions. — Caractères bien dépeints. — Anecdotes piquantes. — Se faire lire. — Présages de tempêtes. — L'île de Socotora. — Vous ne *faites* pas la messe aujourd'hui ? — Soirée artistique et musicale ? — Les distractions à bord. — Pauvre petit oiseau ! — Dans ma barbe! — Près de Colombo.

Ubi crux, ibi patria !

J. M. J.   A. M. D. G.

LES AMES ! LE CIEL !

Parents bien aimés,

N'est-ce pas que j'ai été cette fois mieux inspiré de ne point vous laisser au beau milieu des flots, comme après notre première course à travers la Méditerranée ? La plaine liquide est un terrain par trop mouvant et des moins favorables à une longue attente ; facilement l'âme y éprouverait un ennui mortel. Combien préférable est ce délicieux asile où je vous ai déposé tous, et où je me suis plu à venir moi-même goûter un instant de repos, en votre douce et chère compagnie ! Qu'il fait bon demeurer au fond de ces Cœurs sacrés de Jésus et de Marie ! Là règne à tout jamais une paix inexprimable, un calme profond, une parfaite quiétude ; c'est un port inaccessible aux tempêtes et aux orages ; les vents impétueux, les fortes tourmentes n'y sévissent point, et l'âme oublie volontiers le monde extérieur pour se plonger tout entière dans un océan d'amour et de pure félicité.

J'étais avec vous, je vous l'ai dit, dans ce port assuré, et je goûtais les charmes d'une agréable solitude ; mais, sans doute parce que je suis encore trop peu intérieur, parce que mon âme s'ouvre trop facilement aux choses du dehors, cela ne m'a pas empêché de ressentir les violentes secousses d'une tempête qui nous a assaillis en pleine mer Rouge. Il vous en souvient, selon ma promesse, je devais vous reprendre à Aden et vous conduire de là à travers l'océan Indien jusqu'à Colombo ; cette circonstance imprévue m'oblige à vous ramener de quelques jours en arrière, afin de ne vous laisser ignorer aucun des événements de notre long voyage.

12 NOVEMBRE

Depuis la veille au soir, un vent assez violent souffle du large et commence à balancer le *Yang-Tsé* ; à cela nous ne voyons d'abord pas grand mal ; sur nos têtes le ciel est des plus sereins, et ce léger mouvement imprimé au bateau a l'immense avantage de rendre plus tolérable la chaleur accablante qui nous a accueillis dès notre entrée dans la mer Rouge.

La nuit s'est faite, agréable, rafraîchissante comme toujours, et, doucement bercés par un tangage à peine sensible, nous oublions, dans un sommeil réparateur, les ardeurs et les fatigues de la journée.

Au réveil, quelle n'est pas notre surprise de voir autour de nous la mer courroucée ; le ciel n'a rien perdu de sa sérénité, le soleil se lève plus radieux que jamais ; seulement, dès l'aurore, le vent a redoublé de violence ; fouettés par son souffle, les flots se soulèvent en tous sens ; des abîmes se creusent autour de nous ; des vagues de plusieurs mètres de hauteur se dressent, courent, se brisent entre elles avec fracas, viennent heurter les flancs du *Yang-Tsé*.

Couvert d'écume, ruisselant d'eau de mer, notre bateau marche toujours ; parfois la violence du vent et des flots l'arrête un instant ; mais dans l'effort qu'il fait pour les vaincre, on dirait qu'il a puisé une nouvelle force ; il continue sa course plus rapide que jamais ; parfois aussi, une vague d'une hauteur prodigieuse passe par-dessus le bord et et le baigne de l'avant à l'arrière ; il disparaît alors sur des flots d'écume, mais pour se montrer une minute après au sommet d'une autre vague, tel qu'un coursier qui a retrouvé dans un bain rafraîchissant sa force et sa souplesse premières.

Dès le commencement de la tempête, je me suis transporté

à l'extrémité du gaillard d'avant. Là, élevé de plusieurs
mètres au-dessus des flots et dominant le reste du navire, je
puis suivre en pleine sécurité toutes les phases de ce spectacle grandiose.

Au port de Marseille, en voyant quelques vagues bien
faibles venir mourir au pied de la jetée, je m'écriais déjà :
« *Mirabiles elationes maris :* admirables sont les soulèvements de la mer ! »

Combien plus spontanément aujourd'hui cette exclamation
monte de mon cœur à mes lèvres ! Car, je vous l'assure, il
n'est rien comme une tempête, même la plus bénigne, qui
nous mette au cœur une sorte d'enthousiasme auquel on
résiste difficilement.

Mais le feu sacré, allumé dans mon âme par ce tableau
grandiose que je contemple pour la première fois, ne tarde
pas à être refroidi soudain et pour cause ; durant une demi-
heure les vagues se contentent de bondir à droite ou à gauche,
à quelques mètres derrière moi, tout en respectant la pointe
que j'occupe ; soudain l'une d'elles, plus haute que les autres,
se rue sur l'avant du *Yang-Tsé* et m'administre un baptême
des mieux conditionnés.

Amplement satisfait de cette première expérience, je ne
juge pas opportun d'en attendre une seconde et m'empresse de
gagner ma cabine, afin de réparer les suites de ce petit
désastre.

Déjà je suis à demi consolé de ma légère infortune, lorsqu'une scène du même genre, dont je suis cette fois non plus le héros, mais le témoin égayé, vient achever de me la faire oublier. La porte de ma cabine s'ouvre sur le salon des secondes ; juste en cet endroit, le plafond de celui-ci est percé d'une large ouverture par laquelle l'air nous arrive du pont.

Au moment où je me dispose à remonter, presque au-dessus de ma tête, un brave Chinois, occupé à nettoyer consciencieusement les panneaux de cette ouverture, ne semble guère se soucier de la tempête ; mais voici qu'une vague formidable le saisit et le lance la tête en bas : il a à peine le temps de s'accrocher à une tringle qui se trouve là providentiellement. Et tout le monde de se précipiter vers lui pour lui porter secours ; mais, en le voyant le premier rire de son malheur et grimper lestement le long de l'ouverture, ruisselant d'eau de mer, chacun ne peut s'empêcher de s'associer à son hilarité, et pour ma part je ne suis pas trop fâché d'avoir un compagnon d'infortune. Et voilà comment dans la vie on se console aisément des petites misères comme des grandes, en voyant que les autres n'en sont pas exempts. Ce n'est peut-être pas la conduite dictée par une charité parfaite, mais dans les choses où le côté risible dépasse de beaucoup le côté sérieux, au point même de le faire disparaître, il n'y a pas grand mal, je crois, à se laisser aller à une bonne humeur des plus naturelles.

A dix heures, suivant son habitude, la cloche du bord annonce le déjeuner ; mais rares sont les passagers qui

répondent à l'appel ; le mal de mer, un instant vaincu, a
retrouvé toutes ses forces au milieu de la tempête et fait de
nouvelles victimes. De plus les abords des cabines, par lesquels se fait en grande partie l'aération des réfectoires, sont
restés fermés depuis hier soir, de telle sorte que, malgré les
ventilateurs, il y règne une atmosphère fort lourde.

Pour ma part, toujours inaccessible au mal de mer, j'ai
gagné à mon aspersion matinale un excellent appétit ; mais,
à peine suis-je descendu que, saisi à la gorge par un air à
peu près vicié, je me vois obligé de remonter afin de ne pas
suffoquer. Sur le pont, une âme charitable veut bien m'apporter quelques provisions et je fais ainsi le meilleur déjeuner du
monde.

Il va sans dire que le matin nous n'avons pu célébrer la
sainte Messe ; agir autrement aurait été exposer le Sacrement
à la profanation ; le *Yang-Tsé* est trop ballotté, en effet, pour
qu'un calice, placé sur un simple autel portatif, ne coure pas
à chaque instant le risque d'être renversé. Cette privation de
l'auguste sacrifice nous est bien sensible ; il était si doux à
nos cœurs de recevoir chaque matin la visite et les bénédictions de Jésus. Mais, enfin, il faut nous résigner à la volonté
de Dieu ; nous nous dédommageons d'une certaine manière
en donnant à nos exercices ordinaires un peu plus d'extension,
et surtout en faisant dans notre oraison une bonne communion
spirituelle. Demain, nous l'espérons, le calme sera revenu, et
Jésus nous rendra sa présence réelle ; et puis, s'il faut encore

soupirer après sa venue, ce sera un sacrifice de plus, moins méritoire sans doute que le sacrifice auguste de nos autels, mais enfin un sacrifice toujours agréable au divin Maître. Ce sera aussi un pas de plus dans la voie du renoncement à tout, même aux consolations les plus légitimes et les plus saintes.

A l'heure actuelle, déjà, nous ne pouvons pas comme autrefois venir, à la fin de notre journée, passer quelques instants auprès de Notre-Seigneur et lui offrir ce sacrifice du soir, *sacrificium vespertinum*, comme l'appellent les âmes saintement esclaves de la visite au saint Sacrement ; parfois même, à cause d'un événement imprévu, il faut nous abstenir du sacrifice plus grand encore du matin ; dans la suite, cette privation sera peut-être quotidienne et cela pendant longtemps, sur le fleuve Bleu d'abord, au milieu des régions païennes, dans un bateau païen et d'ailleurs trop mal conditionné.

Comment dresser là même un modeste autel ? Et puis, qui sait ce que nous réserve l'apostolat ? Soumis donc à la volonté du bon Dieu, nous acceptons tout ce qu'il nous envoie, les douceurs comme les privations, et, sans songer à scruter l'avenir, nous sommes certains que ce que fait ce divin Maître est pour notre plus grand bien.

Cependant, la bourrasque que nous essuyons se continue toujours ; mais le *Yang-Tsé* est un bateau solide qui ne la redoute guère, et puis on dirait que la mer veut plutôt déployer à nos yeux ses grandeurs que nous faire courir un réel danger; elle a entendu la prière que lui ont adressée nos frères, à notre départ de Paris :

> Respecte, ô mer, leur mission sublime ;
> Garde-les bien, sois pour eux sans écueils,
> Et sous ces pieds qu'un si beau zèle anime
> De tes flots abaisse l'orgueil.

Et, sensible à cette prière, elles emble n'élever ses flots que pour les humilier ensuite davantage devant notre beau *Yang-Tsé*, qui, soutenu par la main du bon Dieu au-dessus des abîmes, continue à nous emporter à toute vapeur vers la Chine.

Sur le soir, nous entrons dans le détroit de Babel-Mandeb ; la mer se calme un peu par suite du voisinage des terres, qui atténue la violence du vent.

Pour la dernière fois, nous apercevons quelques points du continent Africain proprement dit. L'Abyssinie a succédé à la Nubie, mais ce sont toujours les mêmes pics sauvages et arides.

Du côté opposé, l'Arabie est loin d'être devenue plus fertile ; demain surtout nous pourrons en juger à notre descente à Aden.

13 NOVEMBRE

L'Abyssinie a disparu complètement à nos yeux ; durant la nuit, nous avons salué au passage Obock [1], dont les feux se

[1] Petite possession française.

montraient dans le lointain. De la tempête il ne reste plus
rien ! on se croirait sur les eaux calmes d'un bassin ; le
Yang-Tsé, inclinant légèrement vers la gauche, a mis le cap
sur Aden, dont les hauteurs se montrent déjà illuminées par
les premiers rayons du soleil levant.

Il nous tarde presque de mettre pied à terre ; depuis dix
jours, en effet, que nous sommes sur le *Yang-Tsé*, c'est à
peine si nous avons pu passer une demi-heure à Alexandrie ;
ici nous espérons être plus heureux ; le navire doit s'arrêter
douze heures environ pour faire du charbon et recruter parmi
les Arabes des chauffeurs et des hommes de peine ; c'est un
personnel difficile à constituer, plus difficile encore à garder
longtemps, à cause surtout de l'entêtement de ces hommes
qui n'obéissent guère qu'à la force brutale et ne connaissent
d'autre argument que celui du bâton ; il faut donc faire des
changements fréquents et, même après cela, les résultats obte-
nus ne sont pas merveilleux.

Mais enfin, faute de mieux, il faut bien se contenter de
cela, car en France on trouverait peu d'ouvriers décidés à
faire un labeur si pénible ; des hommes habitués à une température torride peuvent seuls supporter la chaleur qui
règne aux abords d'une machine comme celle d'un grand
vapeur.

Peu à peu cependant nous approchons d'Aden ; à huit
heures, notre bateau est en face du port ; ici la main des
hommes a eu peu à faire. La Nature, ou plutôt la main de cet

Ouvrier admirable qui dispose chaque chose suavement et
divinement s'est chargée de tout ; si le bon Dieu a refusé à ce
coin de terre la fertilité et la richesse, il lui a donné un port
des plus assurés et des mieux placés ; des rochers élevés de
20 mètres au moins au-dessus du niveau de la mer s'avancent
au loin dans les flots et forment une jetée naturelle des plus
magnifiques ; le bassin ainsi enfermé a plusieurs kilomètres
carrés d'étendue, et, du côté de la terre comme de celui de
la mer, se trouve protégé par une couronne de pointes
abruptes.

Ici, la rade, bien différente sur ce point de celle d'Alexandrie, n'est aucunement semée d'écueils, et les navires peuvent
y pénétrer à toute heure du jour et de la nuit.

Cela n'empêche pas un pilote de venir à notre bord ; ce
n'est plus un Arabe cette fois, c'est un Anglais ; mais sur le
terrain du lucre nos voisins d'outre-mer rivalisent volontiers
avec les enfants de l'Afrique et leur ravissent même la
palme.

Un des premiers objets qui frappe notre vue à l'entrée du
port, ce sont les deux mâts de la *Nadir* qui émerge des flots ;
ce bateau mouillait à la même place, il y a deux ans, lorsque,
par une fausse manœuvre, un autre paquebot vint le heurter
violemment et le couper en deux ; on eut à peine le temps de
sauver les passagers. Quelques minutes après, la *Nadir* cou-
lait à fond, et toute la cargaison était perdue ; un grand
nombre de caisses, remplies d'ornements que les âmes chari-

tables destinaient aux Missions, sont encore ensevelies au fond du golfe.

Ce n'est pas encore la ville d'Aden que nous avons sous les yeux : sur une étroite bande de terrain qui s'étend du rivage à la ligne des rochers, à peine éloignée de quelque deux cents mètres, nous apercevons des constructions assez élégantes : plusieurs hôtels, des magasins, l'agence des Messageries maritimes et un couvent de Franciscains. Tout cela, c'est City-Point, la ville de la pointe, dont la population est peu considérable ; nous traversons la place, et une bande de petits gamins vient nous assaillir et solliciter des *barchicha*. La plupart sont à demi vêtus, quelques autres sont nus ou, s'ils possèdent une ceinture, ils la portent sur l'épaule, à la main, aussi bien qu'autour des reins.

A la maison des Franciscains, nous sommes reçus avec cette charité simple, franche et cordiale qui règne entre les missionnaires du monde entier, à quelque Ordre, à quelque Société qu'ils appartiennent.

Ce couvent des bons Pères est pauvre : un terrain leur a été concédé par le gouvernement anglais, et ils sont parvenus à y dresser quelques murailles encore bien nues. Sous leur toit modeste, ils reçoivent les enfants du pays, Arabes, Somalis, Portugais, et s'efforcent de leur inculquer, avec une instruction proportionnée à leur rang social, les principes de la religion catholique.

Mais leur tâche est difficile : dans ces régions lointaines, les Européens perdent souvent leur foi, et les soldats irlandais qu'on y envoie en garnison sont les seuls à leur donner quelques consolations ; quant aux Mahométans, il est à peu près impossible de les arracher à leur fanatisme aveugle.

Le bon Père qui nous a reçus n'a vu encore qu'une seule femme embrasser la religion catholique.

Cependant le temps s'écoule au milieu d'intéressantes causeries ; le *Yang-Tsé* doit repartir à huit heures du soir, et nous voudrions auparavant visiter la ville d'Aden, située à 10 kilomètres environ. Avec ce soleil de plomb qui tombe sur nos têtes, il ne faut pas songer à parcourir à pied une si longue route. Le Père nous fait venir trois voitures, et en avant. Le long du chemin nous pouvons faire plus ample connaissance avec le paysage ; il n'est guère enchanteur, il faut l'avouer. Quelqu'un, s'autorisant de la prononciation anglaise du mot Aden (Eden) a voulu voir ici un coin du paradis terrestre ; si la chose était vraie, on serait obligé de convenir qu'il a perdu beaucoup de son antique splendeur, et qu'il ne lui reste plus rien de ses délices ; les *fruits défendus* n'y abondent pas plus que les autres, et les fleurs y sont inconnues. Et, cependant, ce pays si pauvre est riche pour la science : au milieu des rochers de City-Point et d'Aden, un botaniste découvrait tout récemment, paraît-il, plus de deux cents plantes nouvelles. Nul d'entre nous n'a eu la curiosité d'aller constater le fait. La botanique n'est pas notre fort à aucun, que je sache, et puis la chaleur, déjà accablante dans une voiture couverte,. doit être intolérable sur ces hauteurs désertes où vous ne trouvez pas l'ombre du plus petit arbuste.

Les voitures qui nous emportent vers Aden commencent à gravir la côte : à droite et à gauche des landes désertes ou des pierres, taillées pour la plupart en forme de croissant, indiquent la tombe d'un mahométan ; c'est un terrain battu, ouvert à tout le monde ; passants et bêtes de somme le foulent continuellement. Quelle différence avec nos cimetières catholiques si religieusement entretenus et où chacun ne vient que pour pleurer les siens et prier sur leur tombe !

La nouveauté d'un paysage assez sauvage et assez peu varié, il est vrai, mais enfin intéressant dans son genre, nous a fait oublier la longueur du chemin ; voilà que déjà nous touchons la ligne de rochers au-delà de laquelle, nous a-t-on dit, se trouve Aden. Devant nous, une immense muraille naturelle, mais qui semble, au premier abord, n'offrir aucun passage. Nous sommes déjà à nous demander comment nous franchirons cet obstacle. Notre embarras n'est pas de longue durée ; à un détour du chemin, entre deux forts couronnés de canons, une énorme percée, qui, sans doute, a demandé plusieurs années de travail s'offre à nos regards.

Nos voitures s'y engagent et, au delà, commencent à descendre vers Aden ; la petite ville est sise là-bas au fond d'un vallon creux ou plus justement au fond d'un vaste entonnoir. De tous les côtés, des rochers de basalte surplombent, se dressent à pic et lui forment une couronne sauvage, sans doute, mais on ne peut plus grandiose. De distance en distance, à la crête, des fortins garnis de canons achèvent de rendre cette position imprenable.

En dehors de son site, Aden n'a guère de remarquable que ses citernes. Ce sont de vastes réservoirs creusés avec art au pied des rochers, pouvant contenir des millions de mètres cubes d'eau et servant à alimenter tous les environs ; chaque matin, des chars chargés de tonneaux et des chameaux portant des outres pleines se dirigent d'Aden vers les villages voisins où règne en tout temps la sécheresse la plus complète ; l'eau devient ainsi l'objet d'un véritable commerce, et on est obligé d'en user avec la plus grande parcimonie.

Les abords des citernes, moins stériles que le reste du pays, conservent encore un peu de verdure ; on en a fait un jardin public, planté d'arbres, et sur le frontispice duquel on lit cette devise : « Dieu est mon droit. »

Un *policeman* d'origine arabe s'offre à nous le faire visiter, et, malgré nos remerciements réitérés, s'obstine à nous précéder, bien entendu pour nous servir ensuite l'éternel *barchicha*.

Des citernes nous nous rendons chez les Franciscains ; ils possèdent à Aden un second couvent plus ancien, mais aussi pauvre que celui de City-Point. A côté d'eux, sur une hauteur, les protestants, avec leurs millions, ont bâti une église belle, assurément, mais froide comme tout ce qui touche à leur secte ; comme toujours, ils ont profité de la voie que leur avaient ouverte les missionnaires catholiques et pris la première place. Mais le bon Dieu a jugé depuis longtemps entre les orgueilleux marchands de bibles et les humbles Capucins ! tandis que leurs temples et leurs écoles sont à peine fréquentés par les familles des employés civils, l'orphelinat des Pères regorge de pauvres délaissés.

Au départ, un soldat en uniforme s'incline devant nous en portant la main à son front, il a reconnu et vénéré avec bonheur le costume du missionnaire ; c'est certainement un enfant de la catholique Irlande dont l'Angleterre envoie presque tous les fils dépérir là-bas par le climat meurtrier de ses colonies. Et lui, fidèle aux traditions de sa race, conserve pure et intacte la foi qu'il a puisée dans la famille. Faut-il le dire, il n'en est pas ainsi trop souvent pour le soldat français dans nos colonies ; il est arrivé maintes fois à plusieurs de nos frères de se voir lâchement insultés par ceux-là même qui se disent catholiques et Français comme eux et qui se glorifient de porter au loin l'influence et le drapeau de la France. C'est triste à dire pour notre honneur national, mais enfin c'est la vérité. Si seulement nous savions profiter des nombreuses leçons que nous donnent à chaque instant tous les peuples voisins !

Comme vous n'en doutez pas, au salut de ce brave soldat irlandais, nous avons répondu avec un élan et une cordialité tout apostoliques, heureux de trouver dans ces pays, où le bon

Dieu est si peu connu et aimé, un cœur qui battît à l'unisson du nôtre.

A City-Point, notre première visite a été pour la modeste chapelle des Pères Franciscains ; à Aden, notre dernier salut est aussi pour Jésus-Hostie, et tout heureux, tout satisfaits d'une promenade commencée sous les auspices de Notre-Seigneur et terminée sous son regard divin, nous regagnons le *Yang-Tsé*. Ces deux haltes, bien courtes, il est vrai, à la source du véritable bonheur, ont embaumé notre journée d'un suave parfum ; mais, hélas ! c'est à peu près tout ce que nous avons donné au bon Maître. Au retour, après la récitation du saint office et du chapelet, la lassitude s'empare de nous : on n'affronte pas impunément un soleil de feu et une terre que ses rayons rendent presque aussi brûlante. Pour ma part, c'est à peine si je puis remplacer mes lectures habituelles d'Écriture Sainte et de piété par la récitation du *Magnificat*, de l'*Ave maris stella* et de l'*Adoro te devote* : c'est bien peu de chose, en vérité ; mais, si je commençais un de ces exercices avec l'intention de lui consacrer le même temps que les autres jours, je m'exposerais à le terminer dans le pays des songes.

14 NOVEMBRE

Le *Yang-Tsé* a laissé bien loin derrière lui les côtes de l'Arabie et vogue maintenant sur les flots de l'océan Indien ; à la brise de la nuit a succédé un vent assez violent ; néanmoins la mer est calme. La chaleur, naguère presque intolérable, devient plus tempérée, et l'on éprouve une véritable satisfaction à sortir de cette zone de feu qui s'étend de Suez à Aden.

Une fois de plus, le ciel et l'eau pour unique spectacle : spectacle grandiose, toujours majestueux, où l'œil découvre sans cesse des beautés nouvelles, mais qui ne laisse pas de parler moins vivement au cœur le plus poétique, à l'âme la plus sensible, la plus religieuse, lorsqu'on le contemple depuis longtemps. Telle est la condition des choses humaines: elles s'usent bien vite, elles nous fatiguent en peu de jours ; seule, la Beauté éternelle, l'Océan sans fond ni limites offrira à nos yeux des splendeurs toujours nouvelles et produira en nous des ravissements inconnus jusque-là, pendant l'Éternité tout entière.

Mais si, au dehors, durant cette longue course à travers l'océan Indien, peu de choses viennent charmer les regards, il semble que l'âme devrait se replier sur elle-même et profiter de ce temps pour se recueillir aux pieds du bon Dieu. Hélas ! c'est presque le contraire qui arrive. Rien de moins favorable que le bord d'un paquebot au développement de la vie intérieure. Les saints trouvaient le secret de se créer une solitude au milieu du monde ; pour moi, évidemment parce que je ne suis pas un saint, j'ai beaucoup à faire pour en arriver là. Ici, il est vrai, se trouvent réunis à peu près tous les obstacles ; sur un espace fort restreint vous voyez rassemblés les éléments les plus divers, les natures les plus opposées : l'Anglais froid, flegmatique, sans gêne, s'établissant partout comme chez lui ; le Français, plus correct, mais grand causeur, grand rieur, parfois même un peu tapageur ; l'Allemand, raide, empesé, à la mine dure et peu sympathique ; l'Italien et l'Espagnol, aux allures légèrement molles et efféminées, etc. etc... Tout ce monde va, vient, s'installe à sa manière, de sorte qu'il est bien difficile d'avoir même un tout petit coin à soi.

Avez-vous réussi à le trouver, aussitôt une bande d'enfants volages vous y accompagne de ses cris, de ses rires, de ses pleurs, musique peu agréable, peu faite pour vous porter au recueillement, à l'esprit intérieur. Notre rendez-vous le plus ordinaire, l'endroit que nous affectionnons entre tous, c'est le gaillard d'arrière ; là, nous jouissons d'un calme relatif ; là, on vient moins nous déranger, à cause du mouvement du tangage plus sensible que partout ailleurs ; nous y récitons le saint office, nous y faisons nos exercices de piété, la plupart du temps seul à seul, afin de ne déranger personne ; si nos voisins sont parfois bien incommodes, notre devoir à nous est de prendre patience et de marcher sur les traces de Celui qui chercha toujours à se faire oublier et à passer inaperçu aux yeux des hommes.

Je vous ai parlé d'un jeune artiste parisien ; comme nous et pour des motifs non moins louables — je dois le supposer charitablement — il aime et recherche la solitude. Presque chaque jour nous le voyons prendre une place tout près de notre groupe et lire ou écrire de longues pages. Puis, il se lève tout à coup, vient vers moi — vous n'avez pas oublié que nous sommes déjà une paire d'amis, — et m'invite à faire un tour en sa compagnie. « Vous écriviez ? lui dis-je comme préambule. — Oui, un article pour l'*Écho de Paris.* — Ah ! j'espère que du moins vous y avez mis un peu de ce feu sacré, de cette flamme sainte qui brûlait en vous, lorsque vous racontiez la mort édifiante de ce jeune communiant, aux derniers instants duquel vous m'avez fait assister. — De feu sacré, reprend-il, je n'en ai plus, de flamme sainte pas davantage ; peut-être néanmoins ma plume serait capable d'en créer un peu de factice ; mais, voyez-vous, avant tout, il faut se faire lire, et aujourd'hui la piété n'est plus de mise dans le milieu pour lequel j'écris. » — Se faire lire, voilà la seule ambition de la plupart de nos écrivains modernes, et à ce dieu ils immolent tout : conscience, honneur, religion, tout ce qu'il y a de beau et de grand.

J'ai beau dire, j'ai beau essayer de vouloir ramener quelques nobles principes dans cette âme de sceptique, elle est insensible à tout. Point de discussions ! voilà son mot favori qui arrête tout. A son avis, nous autres croyants, nous ne devrions jamais essayer de répondre aux incrédules. La raison, il ne la donne pas, mais elle est facile à deviner : l'homme qui est toujours dans l'erreur éprouve une grande peine à se l'avouer à lui-même, et une plus grande encore à en convenir, lorsqu'on lui prouve clairement sa folie : c'est l'éternelle histoire de l'esprit humain, faible dans ses lumières, mais toujours enflé par une forte dose d'orgueil et de présomption. J'espère bien peu ramener mon artiste à de meilleurs sentiments : trop d'attaches secrètes le retiennent dans la voie où il s'est engagé ; mais, à l'occasion, je ne suis pas fâché de déposer dans son âme quelques germes qui, un jour peut-être, avec le temps et la grâce du bon Dieu, se développeront et produiront des fruits salutaires.

15 NOVEMBRE

La mer nous apparaît aujourd'hui calme et unie comme un miroir ; pas la moindre vague, pas le plus léger pli à sa surface ; jamais nous ne l'avions vue ainsi.

Ce calme plat n'est pas de bon augure ; c'est ordinairement le pronostic assuré d'une violente tempête ; au ciel d'ailleurs se forment et montent progressivement de gros nuages blanchâtres d'une forme peu rassurante. Les matelots, en prévision d'une tourmente, descendent les vergues, afin que le bateau donne au vent et à l'orage le moins de prise possible.

En attendant, le *Yang-Tsé* ne perd pas une minute : c'est un excellent marcheur, qui, au fort de la tempête comme dans le calme, laisse bien loin derrière lui tous les autres bateaux.

Vers une heure du soir, un petit accident vient suspendre sa course rapide : une des pièces indispensables de la machine s'est brisée, et, pour la remplacer, trente ouvriers travaillent l'espace d'une cinquantaine de minutes.

Cet arrêt nous permet de contempler à loisir l'île de Socotora, sise en face de nous, à deux kilomètres environ, mais dont les rochers se perdent dans une épaisse brume.

Quelques passagers, en attendant le départ, se livrent à l'exercice de la pêche : deux Anglais entre autres se sont procuré dans ce but une longue ficelle ; avant d'y fixer un hameçon, ils tirent dessus de toutes leurs forces, sans doute pour s'assurer qu'elle est capable de hisser à bord un des grands cétacés de l'*océan Indien*. Précaution inutile ; ils ont beau descendre leur appât à une profondeur de plus de 50 mètres, rien ne vient, pas même un petit poisson, se prendre à leur ligne improvisée.

La machine est enfin réparée, et le *Yang-Tsé* reprend sa marche : les heures s'écoulent, et la tempête annoncée semble vouloir encore nous tenir quittes pour aujourd'hui.

Le soir, après le souper, réunis au gaillard d'arrière, nous chantons ensemble les gloires de Marie, comme nous le faisions, autrefois, chaque samedi, à l'oratoire du Séminaire.

L'*Ave maris stella*, les invocations *Regina Apostolorum*, *Regina Martyrum*, le *Memorare*, le *Sub tuum*, telles sont les prières que nous faisons monter vers notre Reine. Pour-

rions-nous en trouver de plus douces à son cœur de mère et
de plus chères à nos cœurs d'enfants dévoués?

Ce pieux hommage rendu à la sainte Vierge, nous installons nos lits de camp, et nous nous disposons à prendre un peu de repos sous son regard béni et protecteur. Mais voici que tout à coup un déluge d'eau s'engouffre sous la tente du pont, nous inonde et nous force à chercher un refuge à l'autre extrémité ; là, du moins, nous nous croyons en sûreté, mais le vent a tourné et nous envoie des torrents de pluie qui aspergent une fois encore les dormeurs de la plus belle manière ; une dernière ressource nous reste : prendre position au beau milieu du pont ; nous y recourons, et, mis enfin à l'abri de la bourrasque, nous la laissons aller son train tout le reste de la nuit.

16 NOVEMBRE

C'est le second dimanche que nous passons à bord. Deux de nos confrères ont déjà célébré la sainte Messe, un troisième doit la dire à 9 heures. En attendant, je récite mes heures sur le pont. Un jeune homme vient tout à coup vers moi, c'est un professeur de français qui se rend à Saïgon : « Pardon, mon Père, me dit-il, vous ne *faites* pas la messe aujourd'hui? — Mais si, lui répondis-je, deux messes ont déjà été dites ce matin, et la troisième aura lieu dans un instant. — Très bien, reprend mon interlocuteur; seulement ce que nous désirerions, ce serait une messe célébrée, comme cela avait lieu autrefois, dans la batterie du *Yang-Tsé*. Demandez plutôt à Monsieur qui a déjà fait la traversée. » Et en même temps il me désigne un de ses amis, originaire du Puy-de-Dôme et employé de commerce à Saïgon.

Je félicite ces jeunes gens de leurs sentiments fort louables, et je les assure que nous serions les premiers heureux d'une messe célébrée en public à bord du *Yang-Tsé*; mais la chose ne peut se faire sans l'autorisation du commandant; demander cette autorisation serait peut-être une indiscrétion de notre part; que les passagers catholiques prennent les devants; leur démarche aboutira très probablement, et alors nous nous mettrons à leur entière disposition avec un réel plaisir.

Nos deux jeunes gens sont prêts à porter leur requête au commandant, mais un nouvel embarras surgit alors; celui-ci ne sera guère visible avant neuf heures et demie, et, comme le déjeuner sonne à dix heures, il sera un peu tard pour dresser un autel.

Impossible donc de songer aujourd'hui à une messe dite en public.

Aux deux braves jeunes gens se joignent un autre professeur et un Basque, et tous ensemble viennent dans notre cabine assister au saint Sacrifice. Ils n'ont pas pour cela renoncé à leur premier projet; durant la semaine, ils s'adresseront au commandant, et dimanche prochain nous espérons avoir la consolation d'une messe solennelle à bord du *Yang-Tsé*.

Cette démarche, à laquelle nous étions loin de nous attendre et qui nous édifie tous profondément, vient embaumer un instant notre dimanche et jeter un reflet de bonheur sur cette journée toujours plus triste que les autres à bord du *Yang-Tsé*. Mais, hélas! où sont les beaux offices de notre Séminaire, où tous ensemble nous chantions les louanges du bon Dieu? Où sont les solennités si simples et si imposantes à la fois dont notre humble chapelle était le théâtre béni? Où sont les pieux fidèles qui venaient, nombreux et empressés, nous édifier par une ferveur angélique? Où sont encore la grande solitude et le religieux silence de nos campagnes chrétiennes, dans lesquelles toute la vie semble concentrée, le dimanche, autour du saint autel? Ici, ce jour sacré ne se distingue presque pas des autres, si ce n'est pour quelques âmes d'élite. Et il en sera ainsi durant de longs mois encore, jusqu'à l'heure bénie où nous toucherons le sol du Su-Tchuen, et où il nous sera donné de retrouver parmi nos chrétiens fervents ces exemples de vertu qui faisaient notre bonheur sur la terre de France.

17 NOVEMBRE

Que signifie ce mouvement soudain à bord du *Yang-Tsé?* Une vaste toile est tendue contre le gaillard d'arrière et tapissée de drapeaux ; au centre, l'étoile de la mer ; à droite et à gauche, les couleurs de la France et des Messageries maritimes ; puis, s'échelonnant de chaque côté, les pavillons des autres puissances masquent de leurs vives couleurs tout ce qui pourrait choquer le regard. On se croirait au milieu d'un sanctuaire paré pour les jours de fête, et, afin que l'illusion soit complète, dans le fond une vaste table ornée plus somptueusement encore produit l'effet d'un véritable autel.

Dans quel but ces préparatifs ? Les passagers du *Yang-Tsé*, touchés enfin d'un regret un peu tardif, il est vrai, mais toujours salutaire, voudraient-ils réparer leur négligence par un solennel hommage rendu au Roi des mers et à la Reine des flots ? Hélas ! non malheureusement. Ces hommes, hier encore de glace pour leur Dieu, ne se sont pas enflammés en un jour d'un si beau feu. Ce qu'ils cherchent, ce n'est qu'une vaine satisfaction de mondains désœuvrés. Ils ont beau le couvrir du voile de la charité, prétendre que leur fête est uniquement organisée au profit des veuves et des orphelins des marins, tout homme impartial et de bon sens sait ce que cela signifie. Lisez, d'ailleurs, le programme qu'ils étalent aux yeux de tous : *Soirée artistique et musicale.* Le titre se passe de commentaire ; les morceaux de chants et de débit sont honnêtes — aux yeux du monde, cela s'entend ; — mais ce *grand bal*, qui doit clore la séance, et qui s'annonce en lettres majuscules, serait-il donné par hasard pour égayer un peu

les affligés qui pleurent un père ou un époux? Non, la charité chrétienne, la seule digne de ce nom, ne s'exerce jamais
ainsi.

Sur le *Yang-Tsé* cependant, tout le monde n'envisage pas
la chose au même point de vue ; il est des âmes qui se préoc-
cupent peu de la fête mondaine, la blâment même et ne voient
qu'une amère dérision dans la conduite de ces personnes qui
vont s'égayer, chanter, danser, sous le spécieux prétexte de
consoler ceux qui sont dans les larmes ; mais elles ne refusent
pas pour cela de participer à l'œuvre de charité ; elles don-
neront suivant leurs moyens, plus abondamment peut-être
que ceux qui manifestent bien haut leurs sentiments philan-
thropiques ; mais, petite ou grande, leur aumône aura le
mérite de celle de la veuve de l'Évangile : elle sera chrétienne et inspirée par des vues surnaturelles. Bien entendu,
les missionnaires sont de ce nombre ; ils versent leur obole
pour procurer du pain aux veuves et aux orphelins, et, pendant que les mondains prolongent leur fête jusqu'à *une* heure
du matin, ils prient à l'écart et demandent à Notre-Seigneur
d'ouvrir sa main divine et d'accorder aux indigents, avec la
subsistance quotidienne, ses grâces les plus abondantes et les
plus efficaces.

18 NOVEMBRE

Le pont est à peu près désert pendant la majeure partie
de la matinée; les amateurs de musique et de bal se reposent
encore de leurs émotions de la nuit. Tant mieux; au moins,
en attendant leur réveil, on jouit d'un peu de calme et de
tranquillité : à quelque chose malheur est bon, et Dieu sait
tirer le bien de là même où on ne le soupçonnerait guère.

Cette journée et la suivante s'écoulent sans que rien d'extraordinaire vienne rompre la monotonie du voyage. De temps
à autre un vapeur passe au large et nous envoie un salut ami-
cal; le *Yang-Tsé* y répond en arborant les couleurs de la
France, et tous nous confions par la pensée au bateau qui
s'éloigne nos sentiments et nos vœux les meilleurs pour le
pays natal.

Au sein de cette vie uniforme et un peu désœuvrée que l'on
mène à bord, surtout lorsque la terre ne se montre plus à
l'horizon, la moindre chose revêt pour tous un intérêt majeur :
on s'arrêtera des heures entières à suivre des yeux une épave
ballottée par les flots; une légion de poissons qui, prenant le
Yang-Tsé pour un monstre marin, bondissent hors des flots
à son approche, étendent leurs nageoires en forme d'ailes et
vont retomber à quelques mètres plus loin ; parfois, c'est un
petit oiseau qui captive l'attention : égaré, loin des terres, il
s'en va, au hasard, du côté où le vent le porte, harassé,
tirant de l'aile, près de se laisser tomber au milieu des flots ;

un navire se montre-t-il à l'horizon, il prend sur lui son essor, afin de se reposer un instant sur la mâture ; mais le pauvret n'est pas encore au bout de ses peines : un mousse sans pitié le poursuit le long des cordages, jusqu'à l'extrémité des vergues, et il faut alors ou qu'il se laisse prendre ou qu'il cherche de nouveau un refuge à travers cette immensité pour lui sans limite connue.

Il arrive souvent qu'à bout de forces le malheureux oisillon ne cherche même plus à fuir son adversaire ; cramponné à son dernier refuge, il l'attend sans faire le moindre mouvement, s'il ne court de lui-même se livrer entre ses mains. Tout récemment, l'un d'eux, poursuivi par un des novices, est venu se réfugier... dans ma barbe — ne riez pas, c'est la vérité même, — je me serais empressé de lui rendre sa chère liberté ; mais à bord du *Yang-Tsé* on fait à ces égarés une situation toute spéciale, qui vaut assurément leur existence errante à travers l'Océan.

Sur l'ordre du commandant, une grande volière a été confectionnée, et là un nombre considérable d'oiseaux, des espèces les plus variées, vivent dans l'abondance et égayent les passagers par leur chant joyeux.

20 NOVEMBRE

Ce matin un orage formidable nous a délogés du pont à 3 heures 1/2 : torrents de pluie, éclairs, coups de tonnerre, rien ne manquait.

La mer s'est même un peu courroucée; on dirait que chaque fois que nous allons la quitter pour quelques instants, elle se repent de s'être montrée trop clémente à notre égard et veut nous faire payer chèrement ses faveurs passées.

Enfin nous espérons nous en tirer encore avec les honneurs de la guerre. Dans la nuit nous serons à Colombo.

Je vous quitte, mes bien-aimés, en me recommandant plus que jamais à vos bonnes prières; lorsque vous lirez ces lignes, j'aurai déjà probablement foulé le sol de la Chine et me disposerai à remonter le fleuve Bleu.

Adieu ! je vous embrasse tous.

A vous dans les SS. Cœurs de Jésus et de Marie.

A bord du *Yang-Tsé*, 20 novembre 1890.

CINQUIÈME ÉTAPE

COLOMBO. --- SINGAPORE

Ubi crux, ibi patria!

J. M. J.   A. M. D. G.

LES AMES! LE CIEL!

Parents bien-aimés,

Encore une longue course de Colombo à Singapore, et
puis nous irons, par petites étapes, de Singapore à Saïgon,
de Saïgon à Hong-Kong, de Hong-Kong à Shang-Haï. Le
Yang-Tsé, à mesure qu'il approche du but, semble éprouver
la nécessité de se reposer plus souvent et multiplie ses escales.
Ces arrêts fréquents ne laisseraient pas de nous contrarier un
peu, car tous nous brûlons de fouler au plus tôt le sol de
notre nouvelle patrie; mais nous savons y voir un bienfait
spécial, une aimable attention de la divine Providence, et

notre cœur alors les accepte avec plaisir et reconnaissance. Rien de plus salutaire, en effet, et pour le corps et pour l'âme, que les stations même courtes sur la terre ferme après une traversée de plusieurs jours. Là, on puise en quelques instants comme une vie nouvelle ; on retrempe sa ferveur dans un de ces sanctuaires riches ou pauvres que Jésus anime et embaume de sa présence continuelle ; on renaît au contact des missionnaires qui vous reçoivent avec une cordialité fraternelle et éprouvent un bonheur indicible à vous parler de la France et à vous en entendre parler.

Et encore, jusqu'ici n'avons-nous touché qu'aux rivages où des ouvriers apostoliques des autres congrégations ont planté la Croix du Sauveur Jésus et défrichent ou cultivent à son ombre salutaire le champ du Père de famille. La première terre confiée aux soins de notre Société, sur le chemin de l'Extrême Orient, est celle des Indes ; et cette terre, nous l'avons laissée bien loin, à notre gauche ; à peine nous a-t-il été donné de la contempler au passage et d'envoyer un salut fraternel à ceux qui travaillent avec tant de succès à Pondi- chéry, au Mayssour et au Coïmbatour.

Désormais, à toutes les haltes, nos frères, nos vrais frères, les enfants des *Missions étrangères*, placés un peu partout comme des sentinelles avancées sur les côtes et dans l'intérieur des terres depuis l'Hindoustan jusqu'au Japon, désormais, dis-je, nos Frères seront sur le rivage à nous attendre ou viendront même nous chercher à bord du *Yang-Tsé*. Auprès d'eux nous goûterons quelques instants les joies pures de la famille, en attendant qu'elles revivent, pour ne s'éteindre jamais, dans la Mission bien-aimée, que le bon Dieu destine à chacun de nous.

Mais la considération de l'avenir me fait oublier le présent. Notre course est longue pourtant, je vous l'ai déjà dit, presque aussi longue que la précédente. De Colombo à Singapore il y a quinze cent milles au moins, c'est-à-dire de cinq à six cents lieues. Il est vrai que le trajet s'annonce agréable. Pendant quelque temps, sans doute, nous ne verrons guère que le ciel et l'eau, mais lorsqu'à l'horizon une terre se montrera, ce ne sera plus la terre maudite et désolée des fils de Cham : partout, ou à peu près partout, un sol fertile, couvert d'arbres, de fleurs, de fruits. Colombo est le vestibule de cet Éden à travers lequel je me propose de vous mener désormais : arrêtons-nous-y un instant et admirons-en les beautés.

20 NOVEMBRE

Colombo ! Colombo ! tel est le cri qui retentit du pont jusqu'au fond du réfectoire et vient nous apprendre, à l'heure où nous nous y attendions le moins, que nous allons une fois encore toucher la terre. On comptait arriver le lendemain seulement, mais on est tout heureux de se trouver en avance.

Il est sept heures et demie ; le souper touche à sa fin, chacun se hâte de le terminer et de gagner le pont. La nuit s'est

faite complètement ; mais deux phares mobiles, placés à l'extrémité de la jetée, nous indiquent la position de la ville. Au-
dessus de Colombo, le ciel est noir et chargé de gros nuages ;
de temps en temps ce voile épais se déchire ; des éclairs
éblouissants s'en échappent et ne tardent pas à se succéder
presque sans interruption ; le tonnerre gronde dans le lointain ; de larges gouttes d'eau commencent à tomber et nous
obligent à quitter le gaillard d'avant où nous avions pris place
pour mieux jouir du spectacle. C'est un orage qui se prépare ;
dans ces régions voisines de l'Équateur, ils sont à peu près
quotidiens, surtout à certaines époques. En quelques minutes
un coin du ciel se couvre pendant que le reste demeure serein,
l'air est saturé d'électricité ; ce sont des décharges terribles,
de longues traînées de feu, et, pendant la nuit, une lueur
phosphorescente à peu près continuelle ; la pluie tombe par
torrents, mais cela dure à peine, et un instant après tout
rentre dans le calme le plus complet.

C'est ce qui arrive pour nous ; au bout de cinq minutes,
nous pourrions sans inconvénient reprendre notre poste d'observation ; mais les matelots l'occupent maintenant, prêts à la
manœuvre, et ils n'aiment guère qu'on vienne les déranger.
Nous nous résignons donc à rester sous la tente du pont, où
la vue d'ensemble n'est plus si parfaite.

Le *Yang-Tsé* vient de hisser au sommet du mât de misaine
les feux multicolores qui annoncent la poste ; son office de

privilège d'être introduit dans le port avant eux. Mais cela ne
suffit pas ; il faut encore déclarer sa nationalité : un feu de
Bengale, allumé sur la dunette, indique par sa couleur que
nous sommes Français et que nous venons de France. A ce
feu on doit répondre du phare ; mais les Anglais ne semblent
pas pressés de nous rendre notre salut ; ils le font enfin, avec
leur flegme habituel, au bout de trois ou quatre minutes
seulement.

Un second feu de Bengale avertit le pilote que le *Yang-
Tsé* l'attend ; mais ce monsieur, pas plus que ses congénères,
ne déroge à l'impassibilité britannique ; il se fait désirer une
bonne demi-heure et nous oblige à stopper en attendant son
arrivée. Tout à l'heure, il ne sera certainement pas en retard,
lorsque le moment sera venu de réclamer les *belles piastres
sonnantes* pour prix de ses *services émérites*.

Enfin, toutes les formalités sont remplies, et nous pouvons
pénétrer dans le port ; le *Yang-Tsé* va jeter l'ancre à quelques
encâblures du rivage. Il est près de 9 heures, et demain, à
10 heures précises, nous reprendrons la mer. La plupart des
passagers se disposent à descendre ; parmi nous les avis sont
partagés. Chacun serait bien heureux de célébrer la sainte messe
le jour de la Présentation de la très sainte Vierge, mais
l'heure avancée, la perspective de s'engager dans une ville
inconnue, la crainte de déranger les bons Oblats de Marie,
qui donnent généralement l'hospitalité à nos missionnaires,
font hésiter les plus décidés. Enfin, le désir de célébrer la

sainte Messe l'emporte. Nous montons dans deux barques, et...
vogue au bonheur !

Du *Yang-Tsé* au port, la distance est peu considérable ;
mais la nuit est noire et une foule d'embarcations sillonnent
le bassin. Nos bateliers ont eu la précaution de se munir
d'une lanterne, et nous naviguons ainsi sans encombre ; ceux
qui conduisent le reste de notre groupe ont été moins avisés,
et, par une imprudence inconcevable, ils essayent de nous
gagner de vitesse au milieu d'une obscurité complète. Une
barque venant du rivage, avec une rapidité égale, les heurte
de front, et, un moment, nous croyons tout le monde à l'eau.
Heureusement les nôtres en sont quittes pour la peur, et leurs
bateliers pour quelques avirons cassés, ce qui ne les empêche
pas de reprendre leur course de plus belle et d'arriver à terre
avant nous.

Une fois au port, tout n'est pas fini : la maison des Oblats
est à une bonne demi-heure ; les voitures abondent, il est
vrai, et une foule de cochers nous offrent leurs services,
mais aucun ne connaît le français. Choisi comme interprète
de la bande, je m'efforce de leur faire entendre raison en
anglais et d'obtenir des conditions acceptables. Mais mon
vocabulaire est vite épuisé, et nos maîtres filous ne démordent
pas de leur prix. Heureusement pour nous, se présente un
brave policeman : c'est un Français celui-là et un enfant de la
catholique Bretagne ; ancien soldat de 1870, il sollicite en
vain depuis longtemps, une place dans nos colonies, et se voit

contraint, en attendant qu'elle vienne, de louer ses services à
nos voisins d'outre-Manche qu'il ne semble pas affectionner
beaucoup. Sous notre costume et à la manière dont je *baragouine* l'anglais, il a vite reconnu des compatriotes. Il s'avance
vers nous, avise deux voitures, nous fait monter cinq dans
chacune, et pour moins de 8 francs nous sommes conduits
chez les Oblats.

Les bons Pères dorment déjà. Sur le pas de la porte, deux
boys, étendus en travers, se lèvent à notre approche et veulent
d'abord nous barrer le passage. Je leur dis de mon mieux,
en anglais, qui nous sommes, ce que nous désirons, et, moins
revêches que les cochers, ils s'empressent de nous introduire.
Le Père Supérieur arrive bientôt : c'est un Lorrain, depuis
dix ans missionnaire à Ceylan. Il ne veut même pas écouter
les excuses que nous essayons de lui présenter d'être venus
ainsi à une heure indue : « Parlez-moi plutôt de la France,
nous dit-il, » et il prend plaisir aux moindres détails que nous
lui donnons sur cette commune patrie.

La salle où nous avons été introduits s'ouvre sur la cour
intérieure ; depuis le commencement de notre entretien, un
Cingalais, au teint bronzé, une plaque de cuivre sur la poi-
trine, se tient appuyé contre le montant de la porte. Nous
supposons que c'est un domestique de la maison, et le Père,
lui, n'y prend pas garde. Enfin ses yeux tombent sur cet individu : « Que fais-tu là ? » lui demande-t-il dans la langue du

s'incline et explique sa présence. A l'entendre, nous l'avons accepté comme guide, et il réclame à présent son salaire. Grand est notre ébahissement ; ceux de nos confrères qui se trouvaient dans la première voiture avaient bien vu un individu grimper à côté du cocher, mais, le prenant pour un compère de celui-ci, ils ne s'en étaient pas préoccupés outre mesure. Le Père a beau lui affirmer que nous n'avons aucunement fait appel à ses services ; il persiste dans son affirmation et s'obstine à ne pas remuer ; quelques pièces de monnaie que nous lui donnons ont seules assez d'éloquence pour nous débarrasser de sa présence.

Et ils sont tous ainsi, ces *braves bouddhistes*, voleurs comme des pies-grièches. Le Père nous le dit, le premier commandement de leur catéchisme, celui qu'ils observent avec le plus de fidélité et de religion est le suivant :

> Le bien d'autrui tu voleras
> Et retiendras, tant que tu pourras.

Et cependant de ces hommes cupides, qui ne connaissent d'autre amour que celui de l'argent, le christianisme fait des enfants de l'Église, dévoués corps et âme au missionnaire. Ils sont 40,000 à Colombo, sur une population de 150,000 âmes, et Dieu sait quels chrétiens ! Si le missionnaire leur disait : « Allez brûler le temple bouddhiste ou l'église jacobite, » ils se lèveraient en masse, à l'instant même, et des monuments de l'erreur et de la superstition il ne resterait bientôt plus qu'un monceau de ruines. Il n'est même pas besoin qu'on excite leur zèle plus ardent que discret. Ils ont gardé après leur conversion un esprit de fanatisme peu conforme à la mansuétude évangélique, et que le missionnaire est obligé de réprimer. Lisez plutôt le trait suivant : Le grand bonze de Colombo venait de mourir, et ses adeptes s'étaient promis de lui faire une incinération magnifique.

Un cortège des plus imposants se dirigeait dans ce but vers une montagne voisine de la ville. Dix mille chrétiens se portent à leur rencontre : les cailloux du chemin, les tuiles des maisons volent de tous côtés et pleuvent sur les bouddhistes. Encore un peu, et les trop fervents néophytes feront l'incinération à leur manière avec force hécatombes. Heureusement pour leurs adversaires que les missionnaires avertis arrivent en toute hâte et parviennent, non sans peine, à arrêter l'ardeur belliqueuse de leurs chrétiens. Il va sans dire que les sectateurs de Bouddha se hâtèrent de rentrer dans la ville, et renoncèrent à leur démonstration religieuse.

Cet acte des chrétiens cingalais, blâmable comme tous les excès, prouve néanmoins leur foi ardente. Au milieu de tels hommes, le ministère apostolique est plein de consolations.

Le Père qui nous donne ces détails ne se lasse pas de nous les répéter, et nous oublions, à l'écouter, et la fatigue et l'heure avancée.

Enfin on vient nous prévenir que les lits nous attendent. Nous gravissons un étage et nous arrivons à deux vastes pièces qui communiquent entre elles. Ce sont les anciens appartements de l'archevêque, et aujourd'hui, pas plus qu'autrefois, ils ne brillent guère par le luxe et la richesse de l'ameublement ; il n'y a même pas de plafond et, au-dessus de nos têtes, la charpente qui soutient le toit apparaît dans toute sa nudité ; autour de nous quelques chaises et une modeste table. Dans ces deux chambres on a disposé pour la circonstance neuf lits selon la coutume de l'Orient : sur un treillis en rotin ou en osier, élevé de cinquante centimètres environ et soutenu par quatre supports, on étend une natte et une couverture, et puis c'est tout. Ce genre de couchette n'a rien de nouveau pour moi, car depuis le départ de Marseille j'ai dormi chaque nuit sur le pont du navire, roulé dans ma couverture et n'ayant d'autre lit qu'un fauteuil en rotin, ou même les planches nues ; avec la chaleur qu'il fait dans ces régions on reposerait difficilement sur un matelas bien doux. Je me trouve donc en pays de connaissance ainsi que plusieurs confrères qui ont suivi mon exemple.

Pour la première fois depuis bien longtemps, nous aurons le bonheur de reposer tout près du divin Maître. A quelques pas de nous, au fond du tabernacle de la cathédrale, à laquelle notre chambre est contiguë, Jésus dort lui aussi, de ce sommeil apparent de l'Eucharistie, au milieu duquel il peut dire : *Ego dormio, sed cor meum vigilat.* Je dors, mais mon cœur veille. Il dort pour ne pas nous effrayer, pour ne pas nous éblouir par sa splendeur et sa magnificence ; mais son cœur ne cesse de veiller sur ceux qu'il aime et de leur faire sentir partout les effets de son divin amour.

Saintement heureux de la présence de Notre-Seigneur, je me laisse aller à un sommeil paisible d'abord, mais qui ne tarde pas à devenir agité; il me semble qu'une bande de bouddhistes cingalais, acharnés à ma perte, me poursuit à travers les rues de la ville; je fuis devant eux avec toute la vitesse dont je suis capable, mais leurs armes, d'une nature spéciale, ne cessent de m'atteindre et me font aux bras, aux mains, au front, aux yeux surtout de cruelles blessures. Sans interrompre ma course, j'essaye d'arracher les mille traits dont ils me percent, mais c'est en vain, je ne puis rien saisir, et mes tentatives n'ont d'autre résultat que de rendre la douleur plus cuisante. Cependant la souffrance que j'éprouve m'a donné des ailes; je vais, je vais toujours.

Bientôt, à deux pas de moi, se dresse la maison des Oblats; une haute muraille l'entoure, mais en songe les plus sérieux obstacles ne comptent guère : d'un bond je franchis celui-ci, et je me trouve dans la cour intérieure. Ce dernier effort m'a réveillé, et quel n'est pas mon étonnement de me sentir, non plus sur le pavé froid, mais sur les planches de ma chambre. J'essaye d'ouvrir les yeux : impossible, mes paupières sont démesurément enflées; au front et aux mains je ressens comme un feu dévorant; il me faut quelques secondes de réflexion pour me rendre bien compte de la vérité. Enfin, à un bourdonnement continuel, à une espèce de sifflement qui se fait autour de moi, je comprends ce qui m'est arrivé : ce n'est pas contre les *bouddhistes*, mais seulement contre les *moustiques* cingalais que j'ai soutenu cette lutte acharnée ; à chaque nouvelle piqûre, je m'efforçais d'arracher leur dard invisible, et je ne faisais qu'enflammer la plaie et provoquer une démangeaison presque insupportable. Enfin, en voulant franchir le mur d'enceinte, je me suis tout simplement précipité en bas de mon lit.

Toute la fureur des moustiques s'est probablement tournée contre moi. Mes confrères, eux, ne semblent guère se douter de la présence de ces terribles adversaires et ronflent à qui mieux mieux. Le plus doucement possible, je me dirige à tâtons vers l'endroit où la veille j'ai aperçu une cuvette remplie d'eau ; je m'inonde le visage et les mains à plusieurs reprises, et ce bain me procure un grand soulagement.

Alors seulement il m'est possible d'ouvrir à demi les yeux ; à la pâle clarté de la lune, je consulte ma montre : il est minuit à peine. Dans le lointain, un chrétien, que nous avons déjà entendu avant de nous coucher, continue à chanter ses prières sur ce ton un peu monotone, doucement plaintif et rempli d'expression que l'on retrouve partout dans l'Extrême Orient.

J'ai regagné mon lit et, bercé par cette musique sentimentale, qui ne manque pas de charmes et va droit au cœur, je ne tarde pas à m'endormir de nouveau, mais non, cette fois, sans m'être roulé de la tête jusqu'aux pieds dans

ma couverture ; mieux vaut encore souffrir un peu de la chaleur que de se laisser dévorer vivant par les moustiques.

21 NOVEMBRE

Au réveil, l'enflure des paupières, du front et des mains a
un peu disparu. Tout le monde rit de ma piteuse mine, et je
m'associe volontiers à l'hilarité générale ; je consens même
à égayer tout à l'heure le déjeuner par le récit de ma petite
aventure. Pour le moment, il faut songer à la célébration de
la sainte messe. Après l'oraison, nous nous rendons à la
cathédrale ; elle est construite en briques et en plâtre, dans le
style oriental ; on y travaille encore, mais lorsqu'elle sera
terminée, elle sera fort belle.

Nous admirons la simplicité grandiose de ce beau monument, mais ce qui attire bien plus encore notre attention, ce
qui ravit davantage nos cœurs, c'est la tenue édifiante des
fidèles ; ils sont venus en foule dès la première heure, et là,
mêlés, confondus, hommes, femmes, enfants, riches et
pauvres, Cingalais, Européens, Indiens, ils se pressent autour de chaque autel où se célèbre une messe. A genoux
sur les dalles nues du sanctuaire, quelques-uns même pros-
ternés le front dans la poussière, ils récitent ou chantent
leurs prières avec une ferveur qui n'a rien de terrestre ; avec
leur teint bronzé et leurs vêtements blancs, vous les prendriez
facilement pour ces statues de chérubins que l'on représente

en adoration devant Jésus-Hostie, si les accents d'amour qui montent de leurs poitrines ne vous disaient que, sous ce bronze froid et insensible, en apparence, bat un cœur sensible et capable des plus grands dévouements.

Au milieu de ces assistants si pieux, si recueillis, au milieu de ces âmes dont les saintes ardeurs se communiquent à la vôtre, comme il fait bon prier, comme il fait bon surtout offrir le divin Sacrifice ! Ce Sacrifice, mes bien-aimés, c'est pour vous tous que j'ai voulu l'offrir, et j'ai demandé à la Victime adorable, par l'intercession de Marie dont nous célébrons la Présentation, je lui ai demandé de vous combler de ses bénédictions les plus abondantes et de vous faire oublier, au milieu des suavités de ses consolations, les amertumes de cet autre sacrifice qui, pour vous, se renouvelle chaque jour, ou plutôt ne cesse jamais.

Après une légère réfection, dans laquelle le récit de mes *luttes épiques* ne laisse pas de faire régner beaucoup de gaieté, nous prenons le chemin de l'hôpital général où deux Sœurs franciscaines, venues de Marseille avec nous, doivent nous remettre des hosties et des cierges pour la célébration de la sainte Messe. Cette course nous permet de voir un peu Colombo.

En ce moment, nous traversons la partie cingalaise, et vraiment on a peine à se croire dans une ville de 150,000 âmes. Quelle différence avec nos cités européennes où l'on ne voit guère que de longues files de maisons, des rues succédant à des rues, sans le moindre vestige de végétation ! Ici, de chaque côté du chemin, des bouquets de bananiers, de cocotiers, de mangaliers et au milieu, sous ce frais ombrage, une petite habitation carrée, sans fenêtres ni cheminée, car ici l'on n'a garde de laisser la fumée s'échapper en haut ; elle doit d'abord remplir la maison et prendre ensuite le chemin de la porte : c'est le seul moyen de chasser les moustiques, procédé assez original, qui peut-être refroidirait mon enthousiasme pour les sites des maisons cingalaises, si j'étais obligé de les habiter quelque temps. Enfin, peu importe, de l'extérieur le coup d'œil est charmant.

Nous avançons : sur tout le parcours, à droite et à gauche, des petits lacs, tantôt coupés par de longues bandes de terre semées d'arbres, tantôt émaillés çà et là de magnifiques ilots de verdure. Sur ces lacs, des barques légères vont et viennent, transportant les marchandises ou les voyageurs d'un bout de la ville à l'autre ; ce n'est pas le moyen de véhiculation le plus rapide, mais c'est assurément le plus agréable, et nous l'emploierions volontiers si nous étions moins pressés. Aux abords de l'hôpital, le tableau change un peu : les habitations, toujours encadrées dans la verdure, sont rassemblées par groupes de quinze à vingt et placées sur une même ligne près du chemin; c'est le quartier commerçant et industriel ; sur le seuil des maisons sont étalées les productions du pays : ananas, bananes, oranges, mangales, etc. ; ici, un perruquier tresse artistement les longs cheveux de ses clients et leur

donne un beau luisant en prodiguant force huile de coco ; là,
un sculpteur émérite travaille l'ébène et de ses mains sortent
des cannes superbes, et le reste. Parfois, un marchand se
lève du seuil de sa boutique, un ouvrier laisse là sa tâche
et, joignant les mains, s'incline profondément à notre passage ; c'est la manière pour les chrétiens de saluer ainsi le
missionnaire.

Nos voitures viennent de s'arrêter, après une demi-heure
de course, en face d'un grand portail ; c'est l'entrée de l'Hôpital tenu par les Sœurs franciscaines. Celles qui étaient avec
nous sur le *Yang-Tsé* viennent à notre rencontre et nous
présentent à la supérieure. Nous ne disposons que de quelques
minutes et, comme c'est notre dernière station dans la ville
de Colombo, nous demandons aux bonnes Sœurs de pouvoir offrir, une fois encore, nos hommages à Jésus et à Marie
dans leur modeste chapelle. Nos chants sont ceux que l'Église
a consacrés et qu'elle met dans la bouche de ses enfants
lorsqu'ils s'approchent de la divine Eucharistie : « O victime de salut, qui nous ouvrez la porte des cieux, de terribles
ennemis nous menacent, donnez-nous votre force, accordez-
nous votre secours. » Et comme la voie la plus sûre pour
arriver à Jésus est de passer par Marie, notre dernière
prière est un appel pressant à cette Vierge sainte et bonne :
« Nous nous réfugions sous votre protection, sainte Mère
de Dieu, ne rejetez pas les prières que nous vous adressons
dans nos pressants besoins, mais délivrez-nous toujours des

dangers qui nous environnent, ô Vierge comblée de gloire et de bénédictions. » Et, sûrs que notre invocation a été entendue, nous reprenons le chemin du port.

Ce n'est plus le quartier cingalais que nous traversons cette fois, mais bien la ville anglaise ; on voit facilement que la main des Européens a passé par là. Presque plus de verdure, presque plus d'arbres, si ce n'est dans les squares et les jardins ; à la place des maisons à deux ou trois étages, des hôtels splendides, de vastes et riches magasins. Mais j'aimais encore mieux l'autre côté de la ville. Ce n'est pas que je veuille m'insurger contre les progrès des arts, du commerce et de l'industrie, non, loin de moi une telle pensée.

Néanmoins, je crois que, lorsque l'homme se mêle de vouloir trop retoucher l'œuvre du bon Dieu, il arrive simplement à la défigurer. Le Dieu Ouvrier n'a jamais songé à nous défendre de modifier, selon nos besoins, les détails de sa création admirable ; mais cette modification ne doit jamais excéder une certaine limite, sous peine d'enlever à la partie modifiée son caractère de beauté d'un ordre supérieur, pour lui en substituer un autre qui n'a de beauté que le nom et change avec les caprices des hommes sur lesquels il repose.

Nous passons vite à travers le quartier anglais, qui offre peu de choses nouvelles pour nous, car dans quelques minutes le *Yang-Tsé* lèvera l'ancre. A bord, nous retrouvons les *éternels changeurs* avec leurs roupies, les marchands de dentelles, de jouets, de verroteries et de mille *autres riens*

que les milords anglais payent des prix fous ; les petits
plongeurs criant à tue-tête : A la mer, à la mer ! Un Cingalais, grand *charmeur* de serpents, vient *charmer* nos loisirs
en attendant le départ du bateau. Ses talents sont très variés ;
il peut indifféremment, suivant votre désir, vous métamor-
phoser, en moins de rien, un lapin en petit crocodile, faire
pousser un arbuste à la place d'un morceau de bois sec,
au milieu d'un tas de sable.., des miracles de premier ordre,
me dit d'un air malin mon *artiste* présent à la séance, en
m'invitant à en faire autant. Je lui réponds que de tels pro-
diges sont l'apanage des grands saints et ne sauraient être
accomplis par un pauvre pécheur comme moi ; il trouve
l'argument sans réplique et n'insiste pas.

A dix heures, le *Yang-Tsé* s'ébranle, quitte le port et se
dirige vers le Sud, en longeant l'île de Ceylan, à trois kilomètres à peine de la côte. Partout, sur les bords de la mer,
des forêts immenses de cocotiers et de mangaliers ; au delà
commence la région montagneuse dont les sommets se
perdent au milieu de gros nuages blanchâtres, avant-cou-
reurs de l'orage. Peu à peu ces nuages montent et courent
dans le ciel, au-dessus de nos têtes ; une espèce de brouillard
se forme et nous dérobe la vue de la terre ; nous n'apercevons plus autour de nous que les petites barques des
pêcheurs qui essayent de gagner le port avant l'orage.

Le soleil a disparu derrière les nuages, mais la chaleur
n'a pas diminué pour cela. Nous appelons la pluie de tous

nos vœux ; elle vient par torrents, accompagnée d'éclairs et de tonnerre. Comme toujours, c'est l'affaire de quelques minutes, mais cela suffit pour rafraîchir l'air et rendre tenable le pont du *Yang-Tsé*.

L'un des premiers soins des passagers, après chaque escale, est de se compter, de voir si le nombre des nouveaux venus est égal à celui des absents. A Colombo nous avons perdu relativement peu de monde : quelques commis voyageurs aux idées plus ou moins saines, nous ne les regrettons pas.

Notre petite église est privée des deux bonnes Sœurs qui apportaient un si grand zèle à réparer les accidents arrivés à nos pauvres soutanes: En revanche, nous avons reçu à bord quatre Frères des Écoles chrétiennes qui ne pourront nous rendre les mêmes services, mais ils grossiront du moins nos rangs. Une grande partie de la soirée se passe à lier connaissance avec ces bons Frères. Tous sont français, à l'exception d'un qui est natif de l'Irlande ; ils vont à Saïgon et à Hong-Kong consacrer le reste de leur vie à l'instruction des petits enfants, tâche doublement rude dans ces régions lointaines ! Où sont les instituteurs laïques qui voudraient la remplir, comme eux, *gratis pro Deo?*...

Cependant la soirée touche à sa fin : elle a passé vite, au milieu d'intéressantes causeries avec nos nouveaux compagons de voyage. Le *Yang-Tsé* a doublé la pointe de l'île et repris sa course vers le sud-est. Au loin, le dernier phare de Ceylan disparaît dans l'obscurité ; jusqu'à lundi soir nous n'apercevrons plus de terre.

22 NOVEMBRE

La pluie n'a cessé de tomber pendant toute la nuit ; sur le pont c'était une inondation véritable ; chassés d'un côté, nous cherchions un refuge à l'autre extrémité, pour la quitter cinq minutes après.

De guerre lasse, quelques-uns des nôtres ont gagné leur cabine ; les braves seuls sont restés et ont fini par dénicher un petit coin abrité d'où le vent et la pluie n'ont pu les déloger, malgré toute leur rage.

La bourrasque sévit encore une bonne partie de la matinée ; aussi les passagers ne se montrent guère. Seuls, les Anglais envahissent le pont dès la première heure ; ordinairement, ils ne quittent pas le lit aussi vite, mais, aujourd'hui, ils se sont fait violence pour jouir de la fraîcheur. A les voir arriver, les uns à la file des autres, avec un grand négligé, les pieds nus, les pantalons retroussés jusqu'au dessus des genoux ; à les voir se dandiner majestueusement, la tête négligemment rejetée en arrière ou penchée sur l'épaule ; à les voir surtout patauger dans les flaques d'eau avec d'*ineffables délices*, on ne peut s'empêcher de songer à une bande de canards qui se hâte de gagner la mare voisine après une pluie d'orage.

Vers les neuf heures, la pluie cesse, mais le temps reste toujours un peu couvert et passablement orageux ; de plus en plus on sent le voisinage de l'équateur.

A mesure que nous allons vers l'est, l'heure avance progressivement, et cela est facile à comprendre : comme la terre est ronde et que, pour parler comme on parle communément, le soleil se lève du côté de l'Orient, il est tout naturel que ses rayons nous éclairent avant de luire en France. A chaque degré de longitude que nous franchissons, nous gagnons quatre minutes, ce qui fait qu'en ce moment nous avons plus de six heures d'avance sur Paris et la Monselie. Cette avance deviendra plus considérable encore jusqu'à Shang-Haï et diminuera ensuite lorsque nous remonterons le fleuve Bleu pour gagner le Su-Tchuen oriental.

Ainsi donc, sur le *Yang-Tsé*, notre journée est à son milieu, lorsque la vôtre commence à peine. Mais cela ne nous empêche pas de suivre du regard et par la pensée ceux que nous avons laissés en France. Pour plus de facilité, nous avons conservé l'heure exacte du séminaire. De temps en temps, l'un de nous tire sa montre et dit : « En ce moment, nos confrères sont à la méditation, à l'examen particulier, en récréation... »

Et nous allons ainsi avec eux, partout où la cloche les appelle, à la salle des exercices, à celle des martyrs, à la chapelle, au jardin ;... et il nous semble vivre encore de leur vie, goûter les joies pures du Séminaire, partager avec eux les grâces innombrables et les douces consolations que le bon Dieu leur prodigue.

Mais ce n'est pas seulement au délicieux et saint asile de la rue du Bac que j'aime ainsi à me reporter ; il est pour moi un autre coin de terre non moins cher, une autre maison que j'affectionne entre toutes, la maison où j'ai grandi et qui abrite encore ceux que j'aime le plus ici-bas. Vous aussi, ô mes bons parents, je me plais à vous suivre du *Yang-Tsé* par le cœur et la pensée. Sans doute vos journées n'ont pas, comme celles de ma famille spirituelle, une règle qui fixe jusqu'aux moindres actions ; mais cela ne m'empêche pas de vous accompagner. Le dimanche, en particulier, j'entends la cloche de notre église vous appeler aux offices ; à sa voix bien connue, vous répondez tous ; le long des sentiers escarpés et glacés, vous vous acheminez vers le lieu saint ; mes regards vous y suivent avec une sainte joie, car à cette heure, je le sais, dans l'assemblée des pieux fidèles, vous priez pour votre missionnaire d'une manière plus spéciale.

Chaque jour aussi, vers les trois heures du matin, lorsque les matelots viennent interrompre mon sommeil sur le pont, je suis tout heureux de laisser un instant envoler ma pensée vers la maison paternelle. C'est l'heure où, réunis au foyer de la famille, vous passez ensemble de longues veillées d'hiver ; alors, j'en suis sûr, vous parlez de l'absent : une larme silencieuse glisse le long des joues amaigries de la pauvre grand'mère, et, de vos cœurs à tous, monte vers le bon Dieu une ardente prière pour celui dont la place, peut-être, restera toujours vide, mais que vous espérez du moins revoir au Ciel.

Avec vous, parents bien-aimés, il y a quelques âmes de notre paroisse auxquelles je m'associe souvent. Ces âmes, je ne l'ai pas oublié, ont la pieuse habitude d'aller chaque jour, un peu avant le coucher du soleil, remercier Jésus-Hostie des faveurs qu'il leur a accordées depuis le matin. Lorsqu'elles s'acquittent de ce pieux devoir, il est dix heures environ à bord du *Yang-Tsé*, et je suis sur le point d'aller prendre un peu de repos ; mais auparavant je suis heureux de me joindre à elles et de visiter Notre-Seigneur en esprit dans l'église de ma paroisse.

Et ainsi, parents bien-aimés, quoique loin de la France, de la maison paternelle et du Séminaire, je ne cesse de vivre au milieu de vous tous. C'est Jésus, c'est Marie qui me procurent cette douce faveur ; remercions-les ensemble et efforçons-nous de reconnaître leurs bienfaits par une reconnaissance continuelle.

23 NOVEMBRE

La pluie est maintenant chose quotidienne pour nous, ou plutôt il ne se passe pas de nuit sans qu'elle nous honore de sa visite et nous apporte un peu de fraîcheur pour la journée suivante.

C'est le troisième dimanche que nous passons à bord. Un moment nous avions compté sur une messe célébrée en public. Pour des *raisons spéciales*, on n'a pas demandé l'autorisation. Mais nos braves jeunes gens sont restés fidèles : leur exemple a été même suivi par un Hollandais et deux Espagnols. Chose étonnante et tout à fait digne de remarque, l'impulsion a été donnée par un *professeur laïque* et un *commis voyageur*; en France, on en trouverait bien peu animés de tels sentiments et capables de braver le respect humain. Ces deux jeunes gens ont agi bien simplement, avec franchise, et leurs compagnons de voyage, dont les idées sont pourtant bien différentes, ne leur ont pas fait la moindre observation; ils semblent même les estimer davantage. Pour nous, nous nous faisons un devoir de leur témoigner toute la sympathie qu'ils méritent.

Il y aurait eu encore quelques passagers, entre autres des dames, pour assister à la messe; mais la chose est impossible, vu l'exiguïté des cabines. Dieu tiendra compte à ces âmes de leur bonne volonté.

Parmi les matelots, nous remarquons avec satisfaction un certain air de dimanche; ils ont fait juste les travaux nécessaires et gardent maintenant le repos du saint jour. Ce sont d'excellentes natures, la plupart disposés à remplir leurs devoirs; mais, presque toujours sur mer, ils perdent l'habitude des pratiques religieuses. Quelle triste vie, mon Dieu!...

24 NOVEMBRE

Journée agréable, douce, fraîche, sans incidents notables. Vers trois heures du soir, nous apercevons Sumatra [1] avec ses hauteurs volcaniques. Une forte odeur de substances carbonisées nous arrive portée par la brise. A gauche les îles Nicolas; la plus rapprochée est à peine à une portée de fusil; pas le moindre vestige d'habitation; rien qu'une immense forêt vierge dont les arbres gigantesques s'échelonnent sur des pentes presque à pic.

Demain nous serons dans le détroit et mercredi nous aborderons à Singapore.

Adieu, parents bien-aimés, je vous embrasse tous de cœur. Écrivez-moi souvent, afin qu'à mon arrivée au Su-Tchuen je trouve toute une provision de lettres.

A bord du *Yang-Tsé*, 24 novembre 1890.

[1] Possession hollandaise.

SIXIÈME ÉTAPE

Les merveilles des bords de l'océan Indien. — Bonté du Père céleste. — Le peintre divin. — Le port de Singapore. — Incident à noter. — Surprises. — Aspect de la ville. — Comme les *colleurs* auvergnats. — Oh ! le bon évêque, la bonne soirée ! — Amertume des séparations successives. — Notre compatriote le P. Usse. — Un cimetière chinois. — Repêchage d'un buffle. — A bord.

Ubi crux, ibi patria !

J. M. J.   A. M. D. G.

LES AMES ! LE CIEL !

Parents bien-aimés,

Je vous promettais naguère de vous mener désormais à travers un *Eden véritable ;* c'est ainsi que je me plaisais à appeler les îles de l'océan Indien et les côtes méridionales de l'Asie ; et certes quel autre nom pourrait-on leur donner si on les compare aux plages désertes et arides de l'Afrique ? Vous avez visité Colombo avec moi, admiré la riche végétation et les productions variées d'une terre où presque tout vient sans culture, et je suis certain que Ceylan vous a paru

un coin du paradis terrestre à côté d'Aden et des bords
désolés de la mer Rouge. Mais suivez-moi, venez à Singapore, et je vous montrerai encore d'autres merveilles.

26 NOVEMBRE, DEUX HEURES DU SOIR

Le *Yang-Tsé* vogue, à toute vitesse, sur les eaux calmes
et unies du détroit de Malacca ; depuis plusieurs heures déjà,
nous devrions être à Singapore ; mais, avant-hier, le voisinage des îles Nicobar a ralenti pour quelque temps la marche
du bateau ; ce jour-là nous avons fait à peine 275 milles au
lieu de 320 que nous parcourons ordinairement.

Peu à peu un diorama ravissant se déroule à nos yeux :
une à une émergent des flots de petites îles, aux contours
arrondis, taillées en forme de cône ; on dirait tout autant de
bouquets de verdure et de fleurs que la mer nous offre au
passage. Quelques-unes paraissent désertes : au milieu
d'autres, à demi cachées par les palmiers et les orangers,
nous apercevons de coquettes habitations aux murs d'une
blancheur éclatante ou d'un bleu qui rivalise avec l'azur des
cieux, aux toits rouges un peu écrasés surmontés de décors
fantaisistes. Ce sont d'opulentes villas où les *heureux de la
terre*, milords anglais, Chinois enrichis, viennent promener
leurs grâces et chercher des distractions. Nous sommes loin
d'envier leur *félicité*, et ce que nous admirons plus encore que
le tableau qui s'offre à nos regards, c'est la miséricorde

infinie du bon Dieu qui fait lever son soleil sur les justes et sur les pécheurs, qui donne les trésors d'ici-bas à ceux qui ne le servent pas, aussi bien qu'à ceux qui le servent, peut-être même en plus grande abondance à ses ennemis qu'à ses amis. Et c'est *justice*, car il faut bien leur accorder quelque chose : eux aussi sont les enfants de la famille, enfants égarés et coupables sans doute, mais le Père les aime encore malgré leur ingratitude, et souvent il leur laisse les biens d'ici-bas parce qu'il sait que Là-Haut sa justice ne lui permettra de leur rien donner... rien que des châtiments éternels, digne récompense de leur vie criminelle. Pour nous, déshérités de la fortune, obligés de gagner notre pain à la sueur de notre front, consolons-nous, nos trésors sont Là-Haut, le bon Dieu nous les tient en réserve, et, au grand jour, il saura nous dédommager amplement des privations supportées sur la terre avec patience et résignation.

Mais je suis déjà bien loin des îles qui parsèment le détroit de Malacca : mon regard s'est plu à monter insensiblement, à s'élever au-dessus de ce tableau charmant, à contempler et à bénir la main du Peintre Divin qui en a tracé les lignes gracieuses et disposé les brillantes couleurs. C'est ainsi que nous devons toujours faire en présence des beautés de la Création : le bon Dieu les a placées sur notre chemin afin de permettre à nos yeux matériels et terrestres de se fixer sur Lui à travers un voile sensible. Aimons à profiter de cette disposition admirable de la Providence ; que notre admiration n'ait jamais pour terme les objets créés, elle serait presque sacrilège ou du moins stérile ; rapportée à l'Auteur de toutes choses, elle deviendra une prière continuelle, un acte d'amour perpétuel...

Revenons au *Yang-Tsé ;* docile à la main qui le dirige, il s'avance maintenant avec lenteur et majesté au milieu des ilots de verdure et pénètre dans le port où deux bateaux des Messageries Maritimes, le *Natal* et le *Godavery*, sont déjà à l'ancre. Dans quelques instants, le premier quittera Singapore et emportera nos lettres vers la France. Des trois paquebots les chapeaux et les mouchoirs s'agitent. A cette distance de la patrie on est toujours heureux de pouvoir saluer des compatriotes que l'on regarde alors comme des frères.

Cependant le *Yang-Tsé*, au lieu de mouiller en pleine rade, se rapproche peu à peu du quai : tout le long de celui-ci un immense ponton est disposé pour le débarquement. Nous pourrons ainsi prendre terre sans avoir besoin de recourir aux barques, ce qui n'est pas un petit avantage. De notre bord un câble énorme est jeté aux Chinois qui encombrent le ponton et fixé à une amarre ; bientôt nous touchons le quai ; il ne reste plus qu'à disposer un escalier : c'est l'affaire de quelques minutes.

En attendant l'arrivée des missionnaires de Singapore qui doivent venir nous prendre, nous pouvons admirer à loisir l'activité des Chinois qui sont là sous nos yeux : on dirait que tout le Céleste Empire s'est donné rendez-vous dans ce port ; à peine si nous apercevons quelques Malais et quelques Indiens : au contraire, des milliers d'individus, à la tête à moitié rasée avec une touffe de cheveux tressés en forme de nattes. Et c'est ainsi sur toute la côte jusqu'à Hong-Kong.

Le Chinois est le juif de l'Extrême Orient : il s'introduit partout, accapare tout, agriculture, commerce, industrie... S'il va de ce pas, un jour ou l'autre, il arrivera jusqu'en France et alors : gare à nous ! Ne croyez pas que je veuille plaisanter en disant cela : aux États-Unis on a été obligé de fermer les portes aux émigrants chinois ; ils arrivaient en si grand nombre et réussissaient si bien que toute l'Amérique du Nord était menacée de subir une transformation complète. Les Malais ont été moins avisés : aussi la population indigène tend-elle de plus en plus à disparaître devant l'élément chinois.

En présence de la foule compacte des ouvriers du port, nous nous croyons déjà presque dans notre nouvelle patrie.

Mais voici qu'au milieu de tout ce peuple apparaît un nouveau personnage au costume absolument différent : sur sa tête un gros chapeau blanc qui lui couvre la moitié de la figure et laisse à peine voir une barbe noire, courte, mais bien fournie ; une soutane ample le couvre jusqu'aux pieds, pas assez cependant pour empêcher de distinguer un pantalon blanc ; pas de ceinture autour des reins, pas de rabat. Nous devinons un missionnaire, mais sous cet accoutrement il nous est difficile de placer un nom ; il est à deux pas et per-

sonne ne l'a reconnu ; alors il lève son chapeau en éclatant
de rire : c'est un de nos confrères qui nous a quittés depuis
un an à peine. Mais, si nous avons eu de la peine à voir
même le bout de son nez, à notre tour nous pouvons jouir
de son embarras : bien que nous soyons en plein jour, nos
barbes nous ont tellement changés qu'il ne remet presque
aucune physionomie ; aussi, il faut entendre avec quelle justesse il distribue les noms...

Autre surprise : je viens de prendre mon parapluie et mon
chapeau et je suis le couloir qui mène des cabines à l'escalier
du pont. Du côté opposé, un étranger s'avance ; la demi-obs-
curité dans laquelle il se trouve m'empêche de distinguer la
forme de son habit ; mais son col rabattu, son chapeau à
larges bords sous lequel apparaît une figure rasée de frais, lui
donnent un air *réussi* de ministre protestant ; il vient à moi les
bras tendus en s'écriant : « En voilà un qui a bien la tournure des nôtres ! » Craignant une méprise, je me contente de
le saluer avec réserve et de toucher la main qu'il me présente :
« Tous les mêmes, reprend-il alors, ils ne veulent pas me reconnaître pour un des leurs !... Attendez donc, votre procureur
vous soignera comme vous le méritez... » Et, riant aux éclats,
il va recommencer plus loin avec un autre confrère et jouir
de sa surprise. C'est le P. Couvreur, notre procureur à Singapore. Contrairement aux habitudes de nos missionnaires,
il ne porte pas la barbe et garde l'ancien costume du clergé
de Malacca ; aussi, à chaque passage de confrères, tout le

monde le regarde avec surprise, et il a toutes les peines du monde à faire admettre son identité.

Pour nous, après un moment d'hésitation, nous nous sommes enfin rendus à l'évidence. A la suite des deux Pères, nous quittons le *Yang-Tsé* et, quelques minutes après, trois voitures attelées de petits chevaux malais vigoureux et agiles nous emportent vers Singapore. La ville est située à 4 kilomètres environ de l'endroit où nous avons débarqué ; elle est bâtie sur l'île de même nom au milieu d'une terre autrefois très fertile et aujourd'hui à peu près épuisée par la culture ; aux abords de la cité, le sol garde néanmoins quelque chose de son ancienne richesse et de sa fécondité : la végétation naturelle y est presque luxuriante, et les fruits les plus recherchés : ananas, bananes, oranges même, y poussent à merveille.

A quelques centaines de mètres du port, nous rencontrons un tramway à vapeur ; aucune des inventions modernes n'est ignorée ici, et les Chinois, moins arriérés que ceux de Pékin, les acceptent volontiers. Nous croyions tout le Céleste Empire réuni au port : c'est bien autre chose maintenant ; sur le chemin, partout des Chinois, les uns chargés de paniers de charbon, les autres conduisant des chars attelés de buffles, d'autres tirant eux-mêmes une petite voiture à une place, d'autres encore cuisant la brique... A l'entrée de la ville les premières habitations qui frappent nos regards sont celles des Chinois : avec leur couleur bleu de ciel et leurs inscriptions

habilement dessinées, elles font un effet charmant. A quelques
pas plus loin, nous traversons un marché chinois ; il n'est pas
précisément embaumé, mais le coup d'œil ne laisse pas d'être
curieux.

Ici une dizaine d'individus, assis par terre et les jambes
croisées, mangent habilement avec leurs baguettes un bol de
riz acheté chez le marchand du coin ; c'est comme à Paris
pour les pommes de terres frites. Avec deux sous, on fait un
dîner passable. Là un barbier rase les têtes *sans savon* et
tresse les queues avec une dextérité à nulle autre pareille.
Plus loin un vendeur à l'encan trône au milieu de ses clients
et ne croyez pas qu'il va *s'égosiller* à faire valoir sa marchandise, à l'exemple de nos *colleurs* d'Auvergne et d'ailleurs.
Non, au contraire : ici, tout se passe au milieu d'un calme
parfait : le vendeur est debout, au centre, sa marchandise
devant lui ; les acheteurs lui forment une couronne ; de temps
en temps l'un d'eux s'approche, lui glisse un mot à l'oreille ;
c'est une offre de prix : la figure du vendeur reste impassible.
Mais il n'a pas fini d'entendre le premier acheteur qu'un
second le tire de son côté, lui parle à son tour à l'oreille, et
ainsi de suite jusqu'à ce que le prix offert lui convienne. Il
faut avouer que ces tiraillements continuels et dans tous les
sens ne sont guère agréables ; autant vaudrait, je crois, pour
le marchand chinois, crier à tue-tête comme les nôtres dans
les foires.

En quittant le marché, nous pénétrons dans le quartier

Européen. Notre première visite est pour la résidence épis-
copale. Monseigneur est absent, appelé dans les Indes pour
l'érection d'une statue à saint François-Xavier. Nous trouvons à sa place plusieurs missionnaires et le vieil évêque
de la Birmanie septentrionale, Mgr Bourdon, qui s'est
déchargé sur des épaules plus jeunes du fardeau de l'épiscopat et est venu continuer à exercer le ministère apostolique à
Malacca où le climat est moins meurtrier qu'à Mandalay. Il
nous accueille avec sa bonté paternelle, nous appelle ses
chers confrères, et dès ce moment nous sommes en famille.

De l'évêché nous passons à la cathédrale : elle est
modeste, bien modeste, surtout à côté de la superbe église
protestante, mais elle est propre, convenable, et c'est l'essentiel. Le divin Hôte du tabernacle habite avec le même bonheur et dans un pauvre sanctuaire et dans un monument
superbe. Ce qu'il demande, ce sont moins des tabernacles
éblouissants de pierreries que des cœurs où brille l'or pur
de la charité chrétienne.

Ces cœurs, hélas ! sont peu nombreux à Singapore; ils
se comptaient à Colombo par quarante mille sur une population de cent vingt mille âmes, et c'étaient des cœurs ardents,
embrasés d'amour pour le divin Maître, tout entiers à son
service. Ici trois ou quatre mille chrétiens à peine sur deux
cent mille habitants, et ces chrétiens se ressentent trop souvent du voisinage des Européens, tièdes et relâchés, à côté
desquels ils vivent.

La diversité de la population de Singapore a nécessité la
création de plusieurs paroisses. Outre la cathédrale, il y a
l'église chinoise et l'église indienne; de plus, quelques portugais desservent une chapelle fréquentée par les chrétiens de
leur nationalité.

Nous visitons ces divers sanctuaires, tous bien pauvres, et
c'est après cela seulement que nous prenons le chemin de la
procure. Celle-ci possède un petit oratoire; notre premier
soin, à l'arrivée, c'est d'y passer une demi-heure aux pieds
de Notre-Seigneur. Il y a si longtemps que nous n'avons pu
faire ce saint exercice, comme autrefois au Séminaire des
Missions étrangères. Notre cœur a besoin de s'ouvrir, de
s'épancher à loisir : il lui tarde de demander au Maître
l'oubli des infidélités auxquelles la dissipation d'un voyage
sur mer ne le porte que trop. Il désire surtout implorer de
nouvelles grâces, des bénédictions plus abondantes, un secours
plus efficace. Ses regrets, ses vœux, ses aspirations, il confie
tout à Jésus et s'éloigne du tabernacle consolé et réconforté.

Le souper vient de sonner; il est simple et frugal; mais
c'est une petite réunion de famille à laquelle sont présents
tous les missionnaires de la ville. Une gaîté franche et cordiale, la gaîté des vrais enfants du bon Dieu, règne parmi
nous. Nous parlons de la France que nous avons tous quittée
et que nous ne cessons d'aimer; du Séminaire, qui nous est
si cher; on nous communique les nouvelles de nos missions
respectives; celles qui arrivent du Su-Tchuen oriental sont

bien de nature à me faire bénir le bon Dieu de m'avoir choisi
pour y travailler [1].

A la fin du souper on se réunit dans la grande salle commune. Le bon vieil évêque nous rappelle qu'aux fêtes de
famille du Séminaire chacun vient à son tour égayer la
société et chanter sa petite romance. Il nous invite donc à
faire revivre cette aimable tradition sur la terre Malaise :
lui-même veut bien nous donner l'exemple et, de sa voix un
peu cassée, mais encore pleine d'expression et de sentiment,
il nous dit l'histoire du vieux curé de la paroisse qui donne
tout à un malheureux, tout, jusqu'au déjeuner servi sur la
table et répond aux objections de sa servante peu rassurée
pour l'avenir :

> Allons Marguerite
> Vite, vite, vite,
> Fais ce que je dis :
> Mourant à jeun
> J'en serai quitte
> Pour mieux dîner au Paradis.

Après le bon évêque, un enfant du Béarn nous montre à
la veille d'une bataille un jeune soldat rêvant à sa chaumière,
à ses parents bien-aimés que peut-être il ne reverra plus. Ce
soldat pour nous, c'est bien le missionnaire, toujours sur le
qui-vive. Écoutez plutôt quelques accents de cette romance,

---

[1] Langage d'apôtre ! La persécution sévissait, en ce moment, au Su-Tchuen.

et jugez si ce n'est pas le chant du soldat du Christ comme
celui du soldat de la France :

Qui vive, holà !
Qui vive, rien, rien,
C'est le vent qui gémit,
Ou le bruit de mes pas,
Ou bien de mon pays
Un écho qui m'arrive
Et d'une voix plaintive
Vient me dire tout bas :
Pauvre enfant du village
On pense à toi là-bas, là-bas !
Pauvre enfant du village
On pense, on pense à toi là-bas !

C'est le moment où toute la famille,
Après un jour de labeur vient s'asseoir,
Et devant l'âtre où le foyer pétille
On va servir l'humble repas du soir.
Je vois d'ici ma place restée vide
Entre mon père et ma mère si doux !
Ah ! tous les deux ont la paupière humide
En se disant quand le reverrons-nous ?

Pendant ce chant rendu avec âme, chacun de nous sent
son cœur se serrer douloureusement, et je vous avoue que je
n'ai pu transcrire ces vers si vrais pour moi sans éprouver
une vive émotion. Mais enfin c'est pour le bon Dieu que
nous avons fait le grand sacrifice. Consolons-nous en son-
geant qu'il nous réunira. Aux dernières paroles de la

romance je réponds : « Vous me reverrez au Ciel durant l'Éternité entière. »

Au jeune soldat succède le vieux maître d'école d'Alsace. Resté fidèle à la France dans le fond de son cœur, il dit aux enfants de la classe :

> La patrouille allemande passe,
> Baissez la voix, mes chers petits,
> Parler français n'est plus permis
> Aux petits enfants de l'Alsace.

L'espoir est loin d'être éteint au fond du cœur de ce digne patriote : il attend l'heure de la délivrance comme l'attendent tous les fils de l'Alsace et de la Lorraine :

> Un jour, la langue du pays,
> Nous la parlerons en Alsace.

Ainsi se passe la soirée au milieu de chants gracieux et dans la plus douce intimité.

Cependant la soirée s'avance : depuis un moment d'ailleurs presque plus de vie ni d'animation, les musiciens semblent avoir perdu la voix, et les poètes leur verve ; c'est que la pensée des adieux un instant oubliée au milieu des joies de la famille est revenue plus vivante et a jeté sur nos cœurs un voile de tristesse. Vous le dirai-je ? Eh bien ! ces séparations successives qui se font ainsi sur le chemin des missions paraissent plus sensibles et sont plus pénibles que les grandes séparations. On quitte le séminaire le cœur un peu gros, sans doute, mais à cette peine il y a un adoucissement.

Longtemps encore on ira avec ceux que l'on a connus et aimés ; la vie de famille se continuera durant la traversée. Mais, lorsque vous voyez vos frères bien-aimés vous quitter un à un, alors une tristesse indicible envahit votre âme...

Cette tristesse, je la ressens aujourd'hui plus que tout autre ; dans l'un des deux chers confrères qui nous quittent demain, je perds le confident de mes pensées intimes, le directeur de mon âme. En quittant le séminaire, nous nous étions promis de nous rendre ce mutuel office de charité et, depuis ce moment, il n'était pas une peine, pas un ennui, pas une joie de l'un qui ne devînt la peine, l'ennui, la joie de l'autre.

Mai enfin, si la vie du missionnaire doit être une suite non interrompue de séparations, du moins le bon Dieu nous restera toujours, et jamais son assistance ne nous fera défaut ; il sera tout entier avec chacun de nous, pourvu que nous soyons fidèles à sa grâce. C'est la pensée qui nous console et nous consolera sans cesse au milieu des amertumes grandes et petites de notre existence.

Encore un chant, le *Désir du martyre*, et nous passons de la salle commune à l'oratoire où la cloche nous appelle pour la prière du soir ; elle se fait en commun, tout comme au séminaire, et à la même heure ; le *Salve Regina* en est la conclusion.

Les chambres qui nous sont assignées sont bien modestes,

mais très agréables. Au lieu de croisées une porte s'ou-
vrant sur un balcon qui occupe, de chaque côté, toute la longueur du bâtiment et où on peut aller respirer l'air frais de
la nuit. L'ameublement est aussi simple qu'à Colombo, les
lits construits sur le même modèle, mais garnis d'un mous-
tiquaire : c'est un grand tissu de couleur blanche, assez semblable à la mousseline et très fin ; il est tendu autour du lit et
au dessus et vous protège à merveille contre toute espèce
d'insectes. Je suis heureux de trouver ici cet accessoire fort
utile, car je n'ai aucune envie de recommencer avec les
moustiques de Singapore les luttes homériques soutenues
contre ceux de Colombo.

27 NOVEMBRE

La petite cloche de la procure vient nous tirer du sommeil
dès cinq heures du matin ; j'ai passé une nuit excellente ;
au début, les moustiques faisaient rage ; je les entendais sonner la charge avec une fureur à nulle autre pareille, mais
tous leurs efforts venaient se briser contre le léger tissu qui
les arrêtait.

Je ne dois célébrer la sainte messe qu'à sept heures, après
mon oraison et la récitation des petites heures. Je profite de
quelques instants de loisir pour envoyer un salut fraternel et
un remerciement cordial au P. Usse, missionnaire en Birmanie. Ce bon Père, originaire de Saint-Jacques-des-Blats, an-

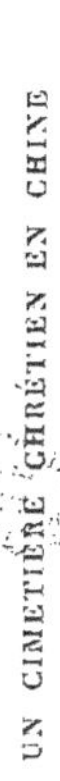

UN CIMETIÈRE CHRÉTIEN EN CHINE

cien élève de Saint-Flour, où tout le monde garde encore le
souvenir de sa piété suave, m'avait écrit une charmante lettre
quelques jours avant l'ordination. Il désirait vivement connaître ma mission, et je suis convaincu que ses saintes prières
m'aideront à correspondre fidèlement aux desseins du bon
Dieu et à faire un peu de bien dans notre cher Su-Tchuen
oriental [1].

L'heure de célébrer la sainte messe est arrivée : je descends
à la chapelle et je suis tout heureux d'apercevoir au milieu de
mes confrères un jeune homme les yeux pieusement attachés
sur son livre de prières. C'est un Hollandais, celui-là même
qui, dimanche dernier, a voulu entendre la messe dans notre
cabine. Il se rend à Batavia pour y établir une plantation de
tabac ; mais là-bas les églises et les missionnaires sont rares ;
avec la meilleure volonté du monde, on ne peut que difficilement remplir ses devoirs de chrétien. Avant de nous quitter
il a à cœur de donner au bon Dieu un grand témoignage
d'amour et de fidélité ; hier, un de nos confrères a entendu sa
confession et, aujourd'hui, il est venu du port à la procure
afin d'assister à la sainte Messe et de faire la communion.
Brave jeune homme, que le bon Dieu le bénisse et le protège
toujours !

A huit heures, toutes les messes sont finies ; nous déjeunons
ensemble et, accompagnés du P. Couvreur, nous retournons

---

[1] Ce passage n'est pas surfait. Les lettres du P. Usse dénotent la plus
éminente vertu.

au *Yang-Tsé* qui doit lever l'ancre à dix heures. La route que nous suivons longe le cimetière chinois ; il occupe un petit monticule, ouvert de tous les côtés ; chaque tombe, marquée par une pierre, ressemble assez à une de ces fontaines-bornes que l'on rencontre au coin des rues dans les grandes villes.

Extérieurement, pas de décors, pas de fleurs, rien que des caractères chinois indiquant le nom et la qualité du défunt [1].

Un peu plus loin, une petite cité lacustre attire notre attention ; les maisons y sont bâties sur pilotis ; c'est le quartier le plus pauvre ; il est habité en grande partie par des Indiens et des Malais dont la seule industrie consiste à fabriquer des paniers en osier ou en rotin.

A notre arrivée au port, nous trouvons une foule de Chinois massés sur la berge, criant et gesticulant à qui mieux mieux ; entre la terre ferme et le ponton s'étend une espèce de canal large et profond ; nous croyons d'abord que quelqu'un vient d'y tomber. Mais l'accident n'est pas si grave : un Chinois vient tout simplement d'y précipiter son char et ses deux buffles. L'un d'eux, resté suspendu au timon, a pu être *repêché* à l'instant même ; l'autre a d'abord coulé au fond, puis est revenu à la surface ; on a saisi la corde fixée à son museau et servant à le conduire. Mais comment le remonter sur la berge : les Chinois crient, se démènent ; tout

---

[1] Les cimetières chrétiens, comme l'indique notre gravure, ont la même disposition. Mais une sorte de calvaire en marbre blanc, surmonté d'une croix, domine les dalles et rangées de tombes.

ce qu'ils peuvent faire, c'est de lui maintenir la tête au-dessus de l'eau et de l'empêcher d'être noyé. Enfin, un plongeur malais arrive et passe à la pauvre bête une corde sous le ventre; un cri de triomphe retentit au milieu des Chinois; ils tirent de toutes leurs forces, et le buffle est hissé sur la berge, à la vive allégresse de son propriétaire qui, tout à l'heure, se tordait les bras de désespoir, et maintenant ne se possède pas de joie.

Après avoir assisté à cette petite scène assez divertissante, nous remontons sur le *Yang-Tsé*; nos deux Siamois nous y accompagnent, et là on s'embrasse une dernière fois; le souhait mutuel que nous nous faisons, c'est de ne plus nous revoir sur cette terre, mais seulement au ciel!

A dix heures, un petit vapeur vient prendre le *Yang-Tsé* et le remorquer jusqu'à une centaine de mètres, afin que dans un faux mouvement il ne vienne pas buter contre le ponton. Dans les autres stations, le port n'ayant qu'une entrée, on était obligé de revenir sur ses pas. Ici, il est fermé par un groupe d'îles et s'ouvre de tous les côtés. Nous pouvons donc immédiatement reprendre notre marche vers l'est; elle se continue ainsi pendant quelque temps : autour de nous des barques vont et viennent, se croisent dans tous les sens; elles se rendent de Singapore aux îles voisines pour en rapporter des fruits et autres productions.

Bientôt les derniers ilots de verdure disparaissent derrière nous : le *Yang-Tsé*, appuyant à gauche, se dirige maintenant à toute vapeur vers Saïgon situé à 600 milles à peine ; c'est une petite traversée de deux jours ; samedi soir nous toucherons de nouveau la terre.

A Singapore, la plupart des Anglais qui étaient à bord du *Yang-Tsé* sont descendus. Il ne reste plus que le ministre protestant dont je vous ai parlé. C'est une âme douce, sensible, qui doit souffrir, je crois, dans cette religion de glace. Mais l'heure du bon Dieu ne paraît pas encore venue. Puisse-t-elle sonner bientôt ! Puisse ce pauvre égaré revenir sans retard à sa vraie Mère, qui oubliera tout pour ne songer qu'au bonheur d'avoir retrouvé un fils perdu !

Je vous embrasse de cœur.

A bord du *Yang-Tsé*, le 20 novembre 1890.

SEPTIÈME ÉTAPE

SAÏGON

La langue de la patrie. — La Baie des Cocotiers. — Débarquement. — Incidents de voiture ; *Bucéphale !* — La douane ; eau de Lourdes ? — Le
P. Le Mée. — La cathédrale. — La ville. — Importune migraine. — La messe
à la cathédrale ; fortifiantes impressions. — Bonté de l'évêque. — Écoles,
hôpital militaire. — Départ pour Hong-Kong.

Ubi crux, ibi patria !

J. M. J.   A. M. D. G.

LES AMES ! LE CIEL !

Parents bien-aimés,

Elles étaient belles, elles étaient riches, les côtes de Ceylan
que nous suivions, il y a quelques jours. Colombo et Singapore nous charmaient par leurs sites gracieux, leurs
coquettes habitations ; mais nous avions beau prêter l'oreille,
partout autour de nous on parlait un idiome étranger ; pas un
accent, pas un seul de cette langue si belle, si chère à nos
cœurs, la langue du peuple français ; ou plutôt, si nous la
trouvions encore dans la bouche de quelques missionnaires,
on voyait bien qu'ils ne l'employaient pas habituellement.

Mais pour une fois, au moins, il n'en sera plus ainsi ; les possessions anglaises ont disparu dans le lointain, et là-bas, devant nous, commencent à se montrer les hauteurs de l'Annam ; c'est une terre française, c'est la *Nouvelle France*, et nous la saluons comme la saluait jadis un de nos plus héroïques martyrs, Théophane Vénard :

> Poussés par la brise légère,
> Nous touchons le port désiré.
> Salut, salut, nouvelle terre !
> Salut, salut, sol vénéré !
> D'Annam ils sont beaux les rivages
> Comme un jardin délicieux,
> Grandioses ses paysages
> De monts entassés jusqu'aux cieux.

Sans doute, nous ne pourrions pas ajouter comme lui :

> Noble Tong-King, terre par Dieu bénie,
> Des héros de la Foi glorieuse patrie,
> Je viens aussi pour te servir,
> Heureux pour toi de vivre et de mourir.

Nous ne pourrions pas ajouter ces paroles, car c'est bien loin du Tong-King et plus loin encore de la Cochinchine que le bon Dieu nous appelle à travailler ; mais cela ne nous empêche pas de vénérer une terre doublement chère à nos cœurs de fils de la France et de fils de l'Église, une terre arrosée par le sang des soldats français et des soldats du Christ.

C'est sur ce sol vénérable que nous allons mettre le pied, si vous voulez bien, chers parents, m'accompagner jusqu'à Saïgon [1].

29 NOVEMBRE

A midi, nous touchons au cap Saint-Jacques, situé à la pointe méridionale de Cochinchine ; Saïgon est à 60 kilomètres de là, dans l'intérieur des terres, et, pour y arriver, il faut remonter le Donaï pendant quatre heures.

Laissant le cap à droite, le *Yang-Tsé* s'avance vers l'embouchure du fleuve ; la mer est calme maintenant, à cause du voisinage des terres ; tous les passagers, même les plus abattus par le terrible mal de mer, ont retrouvé leur vigueur première et arrivent sur le pont pour admirer le paysage qui va se dérouler devant nos yeux. Avant de s'engager dans le fleuve, le *Yang-Tsé* s'est arrêté dans une petite baie charmante ; là-bas, en face de nous, caché entre deux montagnes. apparaît un petit village dont les gracieuses habitations s'étalent sur le bord de la mer, à l'ombre de magnifiques cocotiers. A cause du nombre et de la beauté particulière de ces arbres, la baie porte le nom de Baie des Cocotiers. C'est une station balnéaire des plus fréquentées en Cochinchine.

A notre arrivée, une barque s'est détachée du rivage et nous amène un pilote pour remonter le fleuve. Ici ce n'est

[1] On sait que Saïgon est la capitale de la Cochinchine française.

pas une précaution inutile : le trajet est considérable ; de nombreux bancs de sable parsèment le Donaï, se déplaçant très souvent ; il faut donc un homme qui vive habituellement sur les lieux et les connaisse d'une manière parfaite.

Le *Yang-Tsé* s'est remis en marche et a pénétré dans la rivière ; c'est d'abord un véritable bras de mer, de plusieurs kilomètres de large ; puis elle se rétrécit sensiblement, mais pour se diviser en une infinité d'affluents parfois aussi importants que le cours principal.

Partout des barques de pêcheurs qui s'écartent à notre passage ; elles sont toutes construites sur le même modèle : longues et effilées à chaque bout, elles ont au milieu un abri formé par un toit d'osier tressé en demi-cercle. C'est là que réside souvent la famille entière ; c'est là que l'on fait cuire le riz et griller le poisson ; c'est là aussi que l'on dort pendant la nuit, sur une simple natte.

De chaque côté de la rivière s'étendent à perte de vue de vastes forêts de palétuviers. Au milieu des arbres, on aperçoit de temps à autre le toit arrondi d'une pauvre hutte en bambous. Puis, aux bois succèdent de verdoyantes rizières ; vous diriez au premier abord des prairies immenses. Encore quelques misérables cabanes qui deviennent cependant plus rares à mesure que nous approchons de Saïgon et font place aux constructions en pierre.

A quelques kilomètres de la cité, sur la rive gauche du fleuve, nous saluons la première chapelle qui se soit montrée à nos yeux sur la terre cochinchinoise ; elle se dresse là au milieu d'un petit village d'une centaine d'âmes et est desservie par un prêtre annamite.

Cependant le *Yang-Tsé* vient d'annoncer son arrivée par un coup de canon : à ce signal, une foule d'indigènes accourent sur le rivage : ils viennent d'abord pour tirer à terre et fixer à des anneaux énormes les trois gros câbles qu'on va leur jeter du bord et qui serviront à nous amarrer le long des pontons ; et puis, comme le paquebot doit déposer ici beaucoup de passagers et sept mille colis environ, il faut un nombre considérable d'hommes de peine.

Les voitures, débouchant de la rue principale qui aboutit au port, se pressent, elles aussi, de venir se ranger sur le quai : de quelques-unes descendent des Français qui accourent au *Yang-Tsé* saluer des parents, des amis, des connaissances.

Mais nous avons beau chercher des yeux : de missionnaire nulle part. La chose est loin de nous surprendre outre mesure ; nos confrères de la ville, nous le savons, n'ont pas beaucoup de loisirs : les soins du ministère, le collège, l'hôpital prennent tout leur temps, et ils ont même de la peine à venir à bout d'une tâche si pénible.

Si nous étions seuls, notre parti serait bientôt pris ; nous monterions en voiture et en route pour la cathédrale ; mais avec nous se trouvent trois Pères Franciscains qui n'ont pas de confrères à Saïgon ; les laisser à bord pendant trente-six

heures serait vraiment par trop peu charitable ; d'un autre
côté, le P. Le Mée pourra-t-il nous loger tous, et n'est-ce pas
une indiscrétion de lui arriver ainsi onze missionnaires à
cinq heures du soir ? Telle est la question qui se pose. Nous
aurions beau l'agiter entre nous, personne n'arriverait à la
résoudre. Le plus sûr, en pareil cas, est de consulter l'au-
torité compétente. Avec trois confrères je suis député vers le
P. Le Mée afin de connaître sa décision.

Nous prenons une des nombreuses voitures qui stationnent
sur le quai : le cocher comprend assez bien le français et le
parle d'une manière passable.

Le long du chemin, on le plaisante un peu sur son cheval
qui n'a guère que la peau et les os : « Tu as là une bête
splendide, mon brave ! combien te coûte ce pur sang annamite ? »

Et lui de répondre tout fier : « Oh ! coûte cher, coûte cher,
cinq piastres (50 francs de notre monnaie environ) ; lui pas
gras, pas gras, mais bon, bon... ; lui marcher comme le
vent. »

Et, afin de nous donner une preuve de ce qu'il avance, il lui
applique un vigoureux coup de fouet.

La *pauvre haridelle* bondit et, faisant un effort surhu-
main, trotte pendant une quinzaine de mètres ; mais cela a
suffi pour l'épuiser ; elle s'arrête tout court devant une petite
montée à peine sensible. Le brave Annamite a beau jouer du
fouet, son cheval ne bouge pas de place. Il prend alors un

air consterné : « Malade, mon cheval, malade…, lui marcher
si bien d'habitude…, lui conduire jusqu'à six personnes. »

Nous faisons semblant de croire à tout ce qu'il nous dit et
nous offrons même de mettre pied à terre jusqu'au bout de la
butte. Mais il ne veut pas y consentir : faire descendre quatre
étrangers de voiture, ne serait-ce pas s'exposer à la risée
générale ? « Attendez, nous dit-il, je vois ce qu'il y a. » Et,
quittant son siège, il enlève devant la roue un caillou qui
est supposé avoir arrêté le véhicule dans sa course ; puis,
prenant, d'une main, la bride du cheval et, de l'autre, l'un
des brancards de la voiture, il donne une forte impulsion ; le
noble animal, ainsi soulagé, fait un nouvel effort et arrive
jusqu'au haut de la butte. L'Annamite remonte triomphant
sur son siège et nous regarde d'un air qui signifie : Quand
je vous le disais !… Mais voici bien une autre affaire : à la
descente, la voiture, qui, tout à l'heure, s'obstinait à ne pas
avancer, menace de passer par-dessus le cheval.

Nous n'y tenons plus cette fois ; notre hilarité éclate *sur*
toute la ligne : « Eh ! l'ami, attention, ton *Bucéphale* va
prendre le mors aux dents… » L'Annamite voit bien alors
que nous ne croyons pas un mot de ce qu'il nous a raconté
des qualités de son cheval ; il prend le parti le plus sage,
celui de rire avec nous, et, tout heureux d'avoir affaire à des
voyageurs qui, au lieu de le laisser là avec sa *Rossinante*,
ne font que s'en égayer assez innocemment, il saute de nouveau à terre et, soutenant sa bête, exécute à côté d'elle les

gambades les plus excentriques afin de porter notre gaîté à son comble. C'est presque l'« entrée du Portugal », comme dit la chanson, « la bête sinon sur, du moins près de l'animal... »

Enfin, nous voilà au bas de la descente ; tout à coup la voiture s'arrête ; nous croyons à un nouvel accident. Mais il n'en est rien. Un jeune Annamite ouvre la portière et me présente une carte ; elle porte le nom du Père Le Mée qui envoie son *boy* au-devant de nous. Mais cela ne simplifie guère la question, il reste toujours à savoir si les Pères Franciscains pourront être reçus. Le jeune Annamite a une voiture et un bon cheval ; je laisse mes trois confrères se tirer d'affaire, et dans cinq minutes je suis à la cure. Le Père Le Mée est absent : « Amenez tout le monde, me dit son vicaire, un jeune prêtre indigène qui parle très bien le français ; on trouvera toujours de la place. »

Je reprends en toute hâte le chemin du port : à cinquante mètres de la cure, une voiture nous croise et s'éloigne rapidement. J'ai eu cependant le temps de distinguer trois capuchons. Seraient-ce nos bons Franciscains qui, lassés d'attendre mon retour, ont pris le parti de venir eux-mêmes demander l'hospitalité ? Dans l'incertitude, je continue mon chemin. Un peu plus loin, une seconde voiture passe à côté de la nôtre sans s'arrêter : cette fois, j'ai reconnu deux de mes confrères restés au port. Je ne sais plus que penser : fidèle néanmoins à la consigne, je vais toujours ; à quelques mètres du quai, je rencontre une voiture avec les autres confrères.

Ceux-ci, au moins, s'arrêtent en me voyant venir et me donnent le mot de l'énigme. En mon absence, le procureur de la Mission s'est rendu au port, a commencé par emmener les Franciscains qui ne connaissent pas un mot de Français, et le reste de la troupe apostolique suit à peu de distance.

Enfin, voilà tout notre monde dirigé sur le presbytère : c'est l'essentiel. Je prends place dans la dernière voiture qui part à toute vitesse pour regagner le temps perdu. Mais nous n'avons pas encore parcouru cent mètres qu'un individu fait signe au cocher d'arrêter. Sur sa manche, je ne sais quel galon ou quelle plaque indique un surveillant des douanes ; son œil perspicace a découvert deux petites caisses dont le contenu l'intrigue vivement. Nous avons beau lui faire expliquer par le *boy* annamite qu'elles renferment tout simplement de l'eau de Lourdes, il n'en veut rien croire ou plutôt demeure persuadé que, sous ce titre, absolument nouveau pour lui, se cache un produit rare et soumis, sans doute, à des droits extraordinaires. Bon gré mal gré, il nous faut l'accompagner au bureau des douanes.

L'employé — un Français celui-là, pourtant — demeure presque aussi intrigué que l'indigène, lorsque nous lui déclarons le contenu des caisses.

— Avez-vous un congé ? nous demande-t-il.

— Un congé ? Vous oubliez, sans doute, Monsieur, que l'eau de Lourdes n'est pas un article de commerce ?

Le brave homme semble tomber des nues.

— Oh ! alors, très bien, se contente-t-il d'ajouter, vous pouvez passer, Messieurs.

Et il reste là tout pensif, regardant la voiture s'éloigner et paraissant murmurer entre ses dents :

— De l'eau de Lourdes ! de l'eau de Lourdes ! Qu'est-ce que cela peut bien être?

Enfin, il faut excuser ces bons employés ; il y a si long-temps, sans doute, qu'ils ont quitté la France !

A ces distances un *petit oubli* est bien permis, d'autant plus que les *Annales* de la Grotte miraculeuse doivent aller s'égarer moins facilement au fond d'un bureau de douane que certaines autres feuilles à l'ordre du jour...

Débarrassés des *gabelous*, nous pouvons continuer notre marche vers la cure : tout le monde y est rassemblé, et on nous attend avec une certaine impatience. Le bon Père Le Mée, avec sa longue barbe blanche qui lui donne un air de patriarche, nous fait un accueil plein de cordialité ; il voudrait bien nous garder tous auprès de lui, mais sa maison est trop exiguë pour loger onze personnes. Les trois Pères Franciscains et deux des nôtres se rendent donc au collège ; je reste au presbytère avec cinq de mes confrères.

Notre premier soin est d'aller visiter la cathédrale. Elle se dresse à deux pas de la cure, au milieu d'une place assez étendue : c'est une magnifique construction en briques et en pierres de taille. Bâtie en trente mois par les soins du gouvernement français, elle a été inaugurée en 1880. Avec son

sanctuaire, entouré d'une belle grille en fer, ses trois nefs
soutenues par des colonnes habilement travaillées, son pavé
en grande partie de marbre, sa sonnerie puissante d'une
harmonie et d'un accord parfaits, elle serait capable de l'emporter sur beaucoup de nos cathédrales de France. Le long
des nefs latérales quatorze autels sont distribués, et au-dessus
de chacun on a représenté une des stations de la Voie dou-
loureuse. C'est une disposition nouvelle que je n'avais encore
trouvée nulle part, mais qui est parfaitement conforme, ce me
semble, à la doctrine de la sainte Église : entre le sacrifice
de la Croix et celui de la Messe existent les liens les plus
étroits, ou plutôt ils ne sont tous les deux qu'un seul et
même sacrifice offert d'une manière différente. N'est-ce pas
une pensée pieuse et éminemment chrétienne que d'unir, que
d'identifier le Calvaire et l'Autel en reproduisant les scènes
diverses du grand drame de la Rédemption à l'endroit même
où chaque jour le prêtre renouvelle réellement, quoique sans
effusion de sang, l'immolation de l'auguste Victime?

Oui, c'est bien là une heureuse inspiration de la foi chrétienne ; et que j'aime à la voir ainsi traduite et exprimée dans
un sanctuaire des missions lointaines ! Là, en effet, plus que
partout, le ministre du Seigneur doit se souvenir qu'à l'exemple de son divin Maître il lui faut s'immoler sans cesse et
n'être pas seulement prêtre, mais encore victime. Ce devoir
sacré, il pourrait l'oublier au milieu des grandeurs du sacerdoce, il pourrait l'oublier même en présence du sacrifice eu-

charistique où les espèces du pain et du vin voilent le corps
et le sang de son Dieu : il ne l'oubliera pas ou, du moins, il se
le rappellera vite, lorsque, sur ce même autel où il célèbre,
ses yeux verront retracées les souffrances et la mort du Sauveur.

Heureuse donc a été la pensée de l'architecte chrétien qui
a tracé le plan et ordonné les détails de la cathédrale de Saïgon : c'est une grande et belle œuvre qui honore notre pays
et n'a pas peu contribué à le faire aimer et respecter dans
ces lointaines contrées!

Mais quittons un instant ce sanctuaire ; demain, les cloches
sonnant à toute volée, dès la première heure, nous y ramè-
neront pour les saints offices. Allons maintenant visiter un
peu la ville qui s'étend autour de la cathédrale, dans toutes
les directions. Ce n'est qu'une petite promenade que je vous
propose.

Par où commencer? Tenez, en face de nous, voyez la rue
Catinat : elle est large et s'étend presque à perte de vue. Sui-
vons-la, nous aurons ainsi une idée de ce qu'est Saïgon.

Voici d'abord à gauche le bureau de poste, c'est un bâtiment assez vieux où le bois abonde plus que la pierre de taille ;
il a fait son temps de service, et on en prépare un nouveau
qui promet d'être splendide ; il s'élèvera sur la place, tout près
de la cathédrale, et servira de pendant au presbytère, construit
lui aussi aux frais du gouvernement.

Après le bureau de poste, toujours dans la rue Catinat,

commence une série de maisons bourgeoises généralement à un seul étage ; puis viennent les maisons, les boutiques, les ateliers ; beaucoup sont tenus par des Français. Mais à Saïgon, comme dans toutes les villes de l'Extrême Orient, les Chinois ont aussi *planté leur tente* et acquis droit de cité ; tailleurs, cordonniers, orfèvres, bijoutiers, grands négociants, ils sont tout ce que vous voudrez, pourvu que le métier soit lucratif.

Nous entrons chez quelques-uns : la plupart écorchent le français, d'une manière intelligible cependant ; on aurait mauvaise grâce à désirer davantage. Mais il faut voir comme ils s'entendent à faire le commerce : d'abord vous êtes sûr qu'ils vous demanderont le double du prix courant et, si vous protestez, ce sont des plaintes, des gémissements, des larmes presque ; pour peu, afin de mieux vous convaincre, ils s'arracheraient les cheveux, — la place où ils sont rasés, bien entendu.

On gagne si *petit, petit, petit* dans le commerce. C'est l'expression consacrée et dont tout Chinois qui baragouine un peu le français ne manque pas de faire usage. A le croire, tout ce qui pourrait tourner à son avantage et le faire passer pour un richard est *petit, petit, petit*. Mais tenez bon devant votre roué commerçant et, si le prix que vous offrez est raisonnable, il ne vous laissera jamais aller sans avoir échangé sa marchandise contre votre argent. Vraiment, si tous les habitants du Céleste Empire ressemblent aux Chi-

nois de Saïgon, je crois que le christianisme doit avoir fort à
faire pour les transformer un peu.

Des boutiques chinoises nous passons aux bazars français,
et là encore nous pouvons nous convaincre que les disciples
de Lao-Tseu et de Confucius ne sont pas les seuls à vous faire
des prix exorbitants. Nos compatriotes s'y entendent, eux
aussi, à merveille, mais nous n'avons garde de nous laisser
prendre ; nous sommes, d'ailleurs, venu voir plutôt qu'acheter, et c'est uniquement pour la forme qu'on demande la valeur
de tel ou tel article.

Quelques-uns d'entre nous cependant désireraient plusieurs
objets ; mais ces objets ne se trouvent nulle part. Les Chinois
nous renvoient aux Français, les Français aux Malabars ;
cette troisième classe de marchands est établie dans une rue
latérale ; nous visitons leurs boutiques peu différentes, d'ailleurs de celles des Chinois, mais nos recherches sont infructueuses.

Cependant la nuit est arrivée, l'heure du souper approche ;
à la pâle lueur des quinquets, placés de distance en distance,
nous nous dirigeons vers le côté de la ville où nous supposons être le presbytère, et le hasard, ou plutôt la Providence
aidant, nous y arrivons au moment où sept heures sonnent à
la grande horloge de la cathédrale.

« Eh bien ! comment avez-vous trouvé notre ville ?
demande le P. Le Mée. — Charmante, Père, charmante,
répondent en chœur tous les confrères : c'est un petit Paris !

— Tiens, reprend le Père, en voyant que je garde le silence, on dirait que vous ne partagez pas l'avis des autres !

— Assurément si, Père, à condition toutefois que vous me permettrez d'excepter les boutiques de vos Chinois fumeurs d'opium, où j'ai attrappé un mal de tête furieux. — Ah ! ah ! voilà ce que c'est que d'être trop curieux et de vouloir faire connaissance avant l'heure avec les habitants du Céleste Empire. Je suis porté à croire néanmoins que vous avez pris votre migraine au soleil brûlant de Saïgon plutôt que dans une boutique chinoise. »

Quoi qu'il en soit de l'origine de mon mal, il ne laisse pas de m'incommoder beaucoup : je fais peu d'honneur au souper du Père et me contente d'une tasse de thé ; c'est le meilleur remède dans les indispositions de ce genre. Puis, pendant que tout le monde passe dans la salle commune, je juge plus opportun d'aller me coucher.

30 NOVEMBRE

La cloche de la cathédrale sonnant l'*Angelus* me réveille à cinq heures du matin. De ma migraine de la veille, il reste encore une douleur sourde, mais je l'oublie vite pour ne songer qu'au bonheur de passer comme autrefois le saint jour du Seigneur au milieu du concours des fidèles, des chants pieux et des cérémonies liturgiques.

A sept heures commence la messe de paroisse ; elle est

célébrée par le P. Le Mée ; le résident général y assiste avec sa femme ; une foule nombreuse, au milieu de laquelle on distingue beaucoup d'officiers, se presse dans la grande nef. Des voies fraîches et pures, des voix d'enfants, entonnent le cantique :

> Venez, divin Messie,
> Sauver nos jours infortunés ;
> Venez, Source de vie,
> Venez, venez, venez.

C'est le premier dimanche de l'Avent, et l'Église entière, de l'Orient à l'Occident, dans le plus pauvre sanctuaire comme dans la cathédrale la plus magnifique, commence à soupirer après la venue du Rédempteur. Ce chant de désir, je l'avais entendu bien des fois, mais jamais il n'avait touché mon cœur comme en ce moment où il résonne à mon oreille dans la langue du pays, si loin de notre bien-aimée France… Je viens de commencer la célébration de la Sainte Messe et je suis obligé de m'arrêter, doucement troublé, incapable de continuer, emporté malgré moi vers un passé lointain. Il me semble être encore dans la chapelle du Petit Séminaire, aux jours bénis où, jeune enfant, je joignais ma voix à celle de mes camarades, et tous ensemble nous disions aussi :

> Venez, divin Messie…

Mon illusion ne cesse qu'avec le pieux cantique qui l'a

provoquée, et encore, pendant tout le reste du saint sacrifice, mon esprit est loin de posséder le calme et le recueillement que demande l'auguste mystère.

Après l'Évangile, le P. Le Mée a gravi les degrés de la chaire ; il prêche sur la nécessité de la prière et il le fait dans la langue de la France qui est celle de la majorité de ses auditeurs. La paroisse de Saïgon compte relativement peu d'Annamites, et ceux-ci, d'ailleurs groupés à l'extrémité de la nef, ont eu avant la messe une courte instruction, dans l'idiome de leurs pères. Le missionnaire n'a garde de négliger aucune des brebis de son troupeau ; à toutes il donne la nourriture qui leur convient et après laquelle elles soupirent. Ainsi faisait le Divin Pasteur, ainsi doivent faire ceux qu'il a appelés à l'honneur de l'apostolat.

Après le sermon, les chants recommencent, et les mêmes voix qui tout à l'heure appelaient le Messie d'Israël invoquent maintenant la protection de Celle par qui Jésus nous a été donné :

> Salut, ô Vierge Immaculée,
> Brillante étoile du matin,
> Refuge de l'âme brisée,
> Conduis nos pas dans le chemin.

Et, pendant que le prêtre récite le dernier Évangile, de toutes ces poitrines monte vers le bon Dieu une dernière invocation : *Domine, salvam fac rempublicam...* Seigneur, écoutez notre prière et répandez vos bénédictions sur tout ce qui touche à la France.

La messe paroissiale est finie. Dans un instant commencera celle de Monseigneur : elle n'aura pas toute la solennité qu'on donne habituellement aux messes pontificales. Mais il faut, autant que possible, se mettre à la portée de ceux au milieu desquels on vit ; c'est la réalisation parfaite de l'*omnia omnibus factus sum* de l'Apôtre : « Je me suis fait tout à tous pour les gagner tous à Jésus-Christ. » Or, à Saïgon, je vous l'ai dit, la paroisse est composée en majeure partie de Français et non pas toujours des plus fervents. Beaucoup vont encore à une messe basse qui n'y assisteraient pas du tout si elle était chantée : on réserve donc les offices solennels pour les grandes fêtes, et aux dimanches ordinaires on se contente de chants pieux qui n'ajoutent pas à la durée du saint Sacrifice.

À huit heures, Mgr Colombert sort de la sacristie ; deux diacres et quelques clercs indigènes l'assistent. Les élèves du Petit et du Grand Séminaire ont pris la place des enfants de l'école Taberd, tenue par les Frères : aux cantiques français succèdent les beaux chants de notre sainte liturgie :

« *Rorate, Cœli, desuper et nubes pluant Justum.* — O Cieux, laisser tomber sur nous votre rosée, et vous, nuées, ouvrez-vous, et que le Juste nous arrive comme une pluie bienfaisante. »

Puis c'est l'histoire de l'Incarnation qui se déroule majes-

tueusement sous les grandes voûtes de la cathédrale : les
Cieux semblent avoir été sensibles à la prière qui leur était
faite : le Verbe désiré des nations s'est fait chair, et une voix
pleine et sonore redit sa génération :

« *Angelus Domini nuntiavit Mariæ et concepit de Spiritu
Sancto.* L'ange du Seigneur annonça à Marie qu'elle serait
la mère du Sauveur. » Et un chœur de voix angéliques s'unit
à celle du messager céleste pour répéter : « *Ave, Maria,
gratia plena...* Je vous salue, Marie, pleine de grâce... »

Vraiment nos chants liturgiques ont une beauté à laquelle
on est surtout sensible lorsqu'on a été privé de les entendre
pendant quelque temps !

C'est encore une prière pour la France qui termine cette
seconde messe, puis le peuple s'écoule peu à peu ; au passage, nous remarquons avec plaisir quelques personnes du
Yang-Tsé.

Il est neuf heures ; nous regagnons le presbytère où un
petit déjeuner nous attend ; nos confrères qui ont passé la nuit
au Séminaire sont venus nous rejoindre avec les Pères Franciscains. C'est le moment le plus favorable pour aller présenter nos respects à Monseigneur. L'évêché est à peine à
quelques centaines de mètres derrière la cathédrale.

Sa Grandeur nous reçoit avec la plus grande bienveillance ;
elle nous parle de sa mission, des obstacles que l'œuvre du
bon Dieu y rencontre, de ses espérances pour l'avenir... Elle
appelle les bénédictions du Ciel sur notre apostolat, et tous

ensemble nous formons le souhait de ne plus nous retrouver que Là-Haut.

De l'évêché nous nous dirigeons vers le collège ; il renferme le grand et le petit séminaire et compte près de deux cents élèves, dont une soixantaine portent la soutane et sont destinés à la prêtrise.

L'heure du dîner nous ramène au presbytère ; en route nous avons visité le jardin des plantes ; rien n'y manque et, pour la disposition, le nombre des produits rares et des animaux, il est en état de rivaliser avec celui de Paris.

La partie de l'après-midi qui n'est pas consacrée aux offices se passe à visiter l'école Taberd et l'hôpital militaire.

La première compte plus de deux cents élèves : fondée par Mgr Taberd, elle était d'abord dirigée par des missionnaires ; mais une fois en voie de prospérité, elle a été confiée aux soins des Frères et n'a pas beaucoup de peine aujourd'hui à éclipser les divers collèges et institutions municipaux. Le gouvernement, sur la demande réitérée des pères de famille, a été obligé déjà d'accorder des bourses à une soixantaine d'élèves, et il faudra bien qu'il donne encore davantage sous peine de mécontenter la majorité des électeurs.

L'hôpital militaire est tenu par les bonnes Sœurs de Saint-Paul-de-Chartres, qui prodiguent leurs soins maternels à nos pauvres soldats. Il faut voir avec quel dévouement elles se donnent tout entières à cette noble tâche ; parfois elles meurent à la peine, et toujours leur santé est fortement alté-

rée au milieu d'une atmosphère souvent viciée et sous un climat des plus meurtriers.

Ainsi remplie par les offices et quelques courses en ville,
notre journée a passé bien vite : il faut reprendre le chemin
du *Yang-Tsé*, car demain, à trois heures du matin, le paquebot lèvera l'ancre.

A notre arrivée, nous trouvons le pont envahi par une
véritable armée de Chinois; ils sont là une centaine au moins,
marchands pour la plupart, établis avec leurs caisses et leurs
bagages. Il n'y a pas moyen de circuler, et de cette foule
s'exhale une odeur qui n'est pas celle de la rose...

1ᵉʳ DÉCEMBRE

A trois heures du matin, le *Yang-Tsé* se met en marche et
redescend le fleuve. Tout dort autour de nous: les rizières
sont désertes, les grandes forêts de palétuviers silencieuses ;
une forte brise vous apporte les parfums des bois, et on les res-
pire à pleins poumons, avec délices.

Au petit jour le paysage s'anime: les coqs sauvages
éveillent les échos des forêts, les oiseaux commencent leur
ramage ; du fond des petites baies sortent des barques
de pêcheurs. Comme il ferait bon naviguer au milieu de cette
riante nature...

A huit heures, nous reprenons la mer, et le *Yang-Tsé* commence de nouveau à être passablement secoué. Cette journée
et la suivante sont mauvaises pour les estomacs débiles.

3 DÉCEMBRE

Saint François-Xavier nous a amené quelques heures de calme, juste le temps de célébrer deux messes; j'ai eu le bonheur d'en dire une : *Deo gratias!* Le tangage a repris de plus belle, mais demain nous serons à Hong-Kong.

Je vous embrasse tous. Adieu.

A bord du *Yang-Tsé*, 3 décembre, huit heures du soir.

HUITIÈME ÉTAPE

HONG-KONG

Court exposé. — L'île de Hong-Kong. — Encore le divin Ouvrier. — Tapage
et *propreté* des Chinois. — La chaise à porteur. — La procure des Missions. — Sacrifice ! Sacrifice ! — La ville de Hong-Kong. — Chemin de fer
funiculaire. — Charité protestante ! — Béthanie, Nazareth. — Missionnaires
indigènes. — Patois d'Auvergne. — Mœurs chinoises. — En route pour
Shang-Haï.

Ubi crux, ibi patria !

J. M. J.   A. M. D. G.

LES AMES ! LE CIEL !

Parents bien-aimés,

La première partie de mon *Odyssée* touche à sa fin : encore
quelques jours, et, laissant le *Yang-Tsé* continuer sa course
vers le Japon, nous irons à travers le Céleste Empire, sur les
ondes paisibles du fleuve Bleu, jusqu'à ce qu'il plaise au bon
Dieu de faire toucher notre barque aux rives désirées du
Su-Tchuen oriental.

Nous allons donc faire nos adieux à la mer de Chine, et ce
sera sans regrets, car elle ne s'est montrée rien moins qu'ai-

mable à notre égard. Depuis le premier jour jusqu'au dernier, ses flots courroucés n'ont cessé d'imprimer au *Yang-Tsé* un balancement des plus désagréables, surtout pour les estomacs fatigués. Vous le dirais-je ! moi qui me croyais invincible et qui pendant plus de trente jours avais tenu ferme, j'ai failli payer mon tribut aux poissons de ces parages. Mes vives sympathies pour tout ce qui touche à la Chine en étaient sans doute la cause. Enfin, je suis parvenu à contenir ces élans d'un cœur trop sensible, et j'espère bien les maîtriser jusqu'au bout.

Mais, avant de nous éloigner, visitons, si vous le voulez bien, la ville de Hong-Kong ; je vous en ai laissé à peu de distance ; c'est là que je vais vous reprendre pour vous mener ensuite jusqu'à Shang-Haï.

4 DÉCEMBRE

Cinq heures et demie du matin, aux premières lueurs de l'aurore, les crêtes élevées de l'île de Hong-Kong se dessinent dans le lointain : en avant apparaissent des ilots qui ressemblent à des forteresses rangées autour d'une place de guerre et destinées à en protéger les abords. Point de verdure ; à peine quelques pins rabougris qui poussent le long de ces côtes escarpées, au milieu d'énormes blocs de granit. Quelle différence entre ces pics dentelés et abrupts et les îles gracieuses qui parsemaient le détroit de Malacca ! Mais, si à Sin-

gapore les yeux étaient doucement charmés et ravis, à
Hong-Kong, le cœur demeure sous une impression de beauté
grandiose qui épuise en quelque sorte toute sa puissance
d'admiration ; tant il est vrai que la sagesse du divin Ouvrier
qui a façonné l'univers n'a pas qu'une manière de se manifester : ici elle éclate sous une forme, là sous une autre, et
partout ses œuvres sont également dignes d'Elle, également
capables de porter En Haut l'âme qui sait les comprendre.

Cependant le *Yang-Tsé* est arrivé au pied de l'île dont la
masse gigantesque s'élevant presque à pic nous écrase en
quelque sorte. Le port s'ouvre devant nous, formé par les
îles environnantes, et parfaitement abrité de tous le côtés ; c'est
un des plus importants du monde pour son commerce ; aussi,
malgré l'heure matinale, une grande agitation y règne déjà.
De petites barques à voiles et à rames vont, viennent, se
croisent dans tous les sens ; d'autres plus vastes semblent
près de disparaître sous un poids énorme de caisses chinoises et européennes qu'elles amènent de la ville aux grands
transports ; beaucoup viennent déposer à bord des voiliers
leur chargement de pierres de taille pris à quelque distance,
au pied de la montagne où les carrières abondent. Ces pierres
seront dirigées ensuite sur les pays voisins presque tous
privés de bon granit.

Le *Yang-Tsé* s'avance avec précaution au milieu de tout
ce mouvement et va fixer ses amarres à une bouée à quelques
milliers de mètres du rivage. Autour de nous, c'est une véri-

table forêt de mâts sur les sommets desquels flottent les pavillons des puissances les plus diverses : Angleterre, États-
Unis, Allemagne, Italie, Chine, etc. Celui de la France est
porté par deux autres paquebots des Messageries : l'*Oxus*,
prêt à lever l'ancre et à prendre la route de Marseille, et
l'*Hai-Phong*, qui remplit l'office de courrier entre Hong-Kong
et le Tong-King.

Les petites barques, qui s'étaient d'abord écartées afin de
nous laisser le passage libre, ne tardent pas à se rapprocher
aussitôt que le *Yang-Tsé* demeure immobile. Ce sont les
Chinois de la ville qui arrivent au-devant de leurs compatriotes embarqués à notre bord ; ils viennent les aider à transporter à terre leurs nombreuses caisses et marchandises. On
s'appelle, on se reconnaît, on se salue : des cris, de véritables
vociférations éclatent de tous côtés ; en quelques secondes,
aux cent soixante Chinois du *Yang-Tsé* se joint un nombre
au moins égal d'hommes, de femmes, d'enfants accourus de
la ville ; le pont en est encombré : impossible de circuler au
milieu de cette cohue. Les matelots ont beau tempêter,
schlaguer même les épaules des plus tapageurs à droite et à
gauche, rien n'y fait. Le calme et l'ordre ne seront rétablis à
bord que lorsque le dernier des Chinois aura disparu avec sa
dernière caisse. Et encore, après cela, tout ne sera pas fini.
Les hommes du *Yang-Tsé* pourront prendre leurs pompes
et inonder le bateau dans toute sa longueur ; il ne faudra pas
épargner les jets d'eau de mer si l'on veut faire disparaître

les nombreuses traces que cette foule a laissées de son séjour
sur le pont pendant une soixantaine d'heures.

Devant l'invasion chinoise, nous avons dû gagner nos
cabines où chacun fait ses préparatifs afin de descendre à
terre. Le P. Raclot, sous-procureur à Hong-Kong, ne tarde
pas à venir nous rejoindre. Il a amené trois petites embarcations à voiles qui, en quelques minutes, nous déposent sur
le quai.

Au port, les voitures sont rares et elles seraient d'ailleurs
assez inutiles, car la ville est bâtie sur un véritable plan
incliné, et toutes les rues qui descendent vers la mer sont
presque à pic. Des chevaux auraient toute la peine du monde
à les gravir. A peine si nous apercevons donc quelques pouss-
pouss ou petites voitures à bras, très légères, traînées par un
Chinois. En revanche, les chaises à porteurs abondent : c'est
un mode de véhiculation fort répandu dans la Chine entière.
Figurez-vous un siège suspendu de chaque côté à des bâtons
de quatre ou cinq mètres de longueur dont les extrémités
reposent sur les épaules de deux hommes ; ce nombre peut
être porté à trois et à quatre, si la personne est de qualité ou
d'un poids par trop extraordinaire. Voilà la chaise à porteur;
le voyageur prend place, et les Chinois partent au grand pas,
imprimant à l'*appareil* un balancement capable de donner le
mal de mer à ceux qui ne sont pas habitués à ce genre de
locomotion.

Le P. Raclot nous propose d'en faire l'essai : mais la

chose ne sourit à personne, nous trouvons que c'est assez d'avoir *dansé* trois jours sur la mer de Chine, sans recommencer une fois à terre. Tout le monde préfère gravir à pied les rues de la ville, et pourtant Dieu sait si elles sont escarpées !

Mais nous n'avons pas perdu complètement notre *antique vaillance*, et chacun retrouve pour la circonstance le *pas aspirant missionnaire* et la fière allure avec laquelle il parcourait jadis la distance, appréciable pourtant, qui sépare le Séminaire de la rue du Bac de celui de Meudon. Le P. Raclot n'a garde de rester en arrière : ses trois années de séjour à la procure sont loin de l'avoir fait *tomber en quenouille*, il marche à notre tête, comme un chef d'escadrons au grand ébahissement de tous les porteurs chinois que nous laissons bien loin derrière nous.

La procure est presque à mi-côte, tout en haut de la ville ; on vient d'être obligé de la transférer, car l'ancienne était peu salubre.

Quelle n'est pas notre surprise, en franchissant le seuil de la porte, d'apercevoir un de nos confrères qui nous a quittés depuis six mois à peine. Nous le croyions au fond du Kouang-Si, et, de fait, il y a passé deux mois, mais la fièvre l'a obligé de quitter cette mission, l'une des plus ingrates, des plus pénibles et des plus malsaines, et de venir refaire à Hong-Kong une santé délabrée. On s'était dit adieu pour cette vie, tout au plus au revoir au Kouang-Si ; cela n'empêche pas qu'on soit tout heureux de se donner encore une fois l'accolade fraternelle.

Le premier procureur, le père Martinet, nous reçoit à bras ouverts. Depuis 21 ans il n'a cessé de gérer les intérêts matériels des missionnaires avec un dévouement à toute épreuve : nommé d'abord à Hong-Kong, puis transféré à Singapore, et de Singapore à Shang-Haï, pour revenir enfin à Hong-Kong, il s'est donné sans réserve à une tâche obscure, ingrate, qui ne sourit guère aux jeunes missionnaires et excite même leur répulsion, lorsque les directeurs destinent à chacun la place qu'il doit occuper. Au premier abord, on a de la peine à se figurer qu'un procureur soit vraiment missionnaire. Expédier les caisses, les lettres des missions, semble bien loin de la véritable vie apostolique ! On avait vu autre chose dans ses rêves de jeune homme et d'aspirant !...

Mais n'est-il pas écrit dans nos saints Livres que la même récompense est réservée et à celui qui aura été laissé pour garder les bagages, *qui relictus fuerit ad sarcinas*, et à celui qui aura combattu les armes à la main, *qui pugnaverit in prælia*. Il en était ainsi lorsque les Hébreux marchaient à la conquête de la terre promise : il en sera de même lorsque les vrais enfants d'Israël, les soldats du Christ Jésus arriveront au partage de la véritable terre de promission. Aux hommes d'abnégation dont la vie se sera écoulée au milieu d'occupations obscures et au service des autres, il donnera une couronne aussi belle qu'aux vaillants qui auront versé même leur sang pour la plus noble des causes. Entre tous, le Père Martinet aura, j'en suis sûr, une brillante récompense, lorsque le bon Dieu l'appellera Là-Haut, car, bien que les exemples de vertu ne manquent pas dans la famille des Missions étrangères, j'ai rencontré peu de figures qui reflétassent comme la sienne cette paix intérieure que produit toujours la conformité parfaite à la volonté divine.

Comme il fait bon vivre près de cet homme si simple et si édifiant ! Comme tout chez lui, jusqu'aux moindres paroles, jusqu'aux moindres actions, vous fait du bien et vous élève à Dieu !

Vous avez admiré, parents bien-aimés, l'abnégation parfaite, le sacrifice continuel et obscur; ils doivent être le pain quotidien dont tout ouvrier apostolique vraiment digne de ce nom doit faire ses délices. Voyez-les encore chez un autre missionnaire ; c'est le P. Hinard qui nous souhaite la bienvenue en ce moment ; il arrive de Mandchourie et dans quelques heures l'*Oxus* l'emportera vers la France. Une décision du conseil de Paris l'appelle comme directeur à la place de Mgr Mutel, nommé vicaire apostolique de la Corée ; quatre jours après avoir reçu l'ordre de ses supérieurs, il est parti. A cela, me direz-vous peut-être, quel grand mérite ? Faut-il beaucoup d'abnégation, de sacrifice, pour répondre à un appel qui vous ramène vers la patrie, vers la famille, vers le Séminaire ? Oui, parents bien-aimés, il en faut et il en faut beaucoup. Sans doute à toute âme bien née le clocher du village, les parents, les amis, le toit paternel sont choses bien chères : tout cela, le missionnaire, plus que personne, aime à le garder dans son cœur, et le P. Hinard n'avait jamais oublié la France, sa riante Normandie, sa famille chérie ; il sera bien heureux de les revoir après une longue absence. Mais plus chère que la France, plus chère que la Normandie lui était la Mandchourie, pourtant si glaciale, où il avait vécu quinze ans et où il espérait mourir. Dans cette patrie d'élection il avait une nouvelle famille spirituelle à laquelle l'attachaient les liens de la plus douce charité et, lorsqu'il a fallu la quitter, son cœur de père s'est brisé. Il est parti néanmoins parce que le bon Dieu avait dit : « Va où je t'appelle », il est parti, saintement résigné, encore une fois, parce qu'il était un homme d'abnégation et de sacrifice.

Voilà, parents bien-aimés, voilà de belles leçons qu'un jeune missionnaire est tout heureux de rencontrer sur son chemin. Puisse le bon Dieu m'accorder la grâce d'en profiter et de faire, moi aussi, durant le cours de ma vie apostolique, abnégation complète de ma volonté propre, pour ne plus suivre que celle de mon Dieu Sauveur.

La compagnie du bon Père Hinard n'est pas moins agréable que celle du Père Martinet. Mais nous n'en jouissons qu'un instant : l'*Oxus* doit partir vers midi, ce qui oblige le Père à quitter la procure vers dix heures.

En attendant l'heure du dîner, le Père Raclot nous propose une petite promenade à travers Hong-Kong; nous visitons d'abord la ville anglaise avec ses belles constructions en pierre de taille et ses riches magasins. La ville chinoise est toute différente: elle s'étend vers le couchant, ses maisons sont basses, mal bâties, les rues étroites, tortueuses. Nous ne faisons d'ailleurs qu'y jeter un coup d'œil rapide, car l'heure du dîner approche et dans l'après-midi nous aurons beaucoup à faire. Outre la procure, en effet, la Société des Missions étrangères possède à Hong-Kong deux autres établissements, une imprimerie et une maison de retraite pour les missionnaires malades. Ces deux établissements ne se trouvent pas dans la ville, mais sont situés sur l'autre versant de la montagne, au bord de la mer. C'est de ce côté que nous dirigerons nos pas dans la soirée.

A midi et midi, nous quittons la procure, toujours sous la conduite du P. Raclot. Mais voici qu'une question se pose : Ce bon Père va-t-il, comme ce matin, nous mener une fois encore à l'escalade? Passe pour les rues de la ville; mais ces pentes abruptes où le soleil darde ses rayons de feu feraient reculer les plus braves. D'un autre côté, la chaise à porteurs est loin d'avoir acquis nos sympathies, surtout après le dîner. Il sera toujours assez tôt de l'employer lorsqu'on ne pourra pas faire autrement.

Le Père entend nos réflexions et sourit d'un air de mystère : ce sourire malin ne nous dit rien qui vaille et augmente nos craintes. Nous marchons toujours néanmoins, par une route transversale que nous fouillons du regard.

Voici que tout à coup, à un détour, sur le versant de la montagne, une petite voie ferrée apparaît à nos yeux. Nous avons deviné ; cette fois notre ascension va se faire par un chemin de fer funiculaire.

Comment, me direz-vous, un chemin de fer qui grimpe maintenant le long d'une montagne presque à pic ? Mais c'est impossible. Non, chers parents, ce n'est pas impossible, c'est même très facile.

Voici comment est construit l'appareil dont je vous parle : il y a d'abord une voie ferrée à peu près semblable à celle des chemins de fer ordinaires, puis avec cela deux wagons, l'un situé au fond de la rampe, l'autre au sommet. Un fort câble métallique relie les deux wagons entre eux ; une machine à vapeur placée au sommet fait glisser le câble, à un signal donné, et alors le wagon du sommet descend, et celui du fond monte ; au milieu du trajet existe une double voie où ils peuvent se croiser.

Mais si le câble venait à casser ? Ah ! voilà la grande question ! Eh bien ! on prétend que le wagon, au moyen d'un appareil spécial, s'arrêterait à l'instant même. Il est permis d'en douter cependant : pour moi, je demeure persuadé qu'il redescendrait plus vite qu'il n'est monté. Cela ne m'empêche pas d'y prendre place avec mes confrères. Que voulez-vous ? Puisque notre vie ici-bas ne tient qu'à un fil, mieux vaut encore que ce soit à un *fil de fer*, ce sera toujours plus solide.

Le chemin de fer funiculaire ne va pas avec la même vitesse que le rapide de Marseille et nous permet de contempler à loisir le paysage. Sur notre gauche, un superbe monument en pierre de taille, presque achevé, attire l'attention : c'est l'*Union Church*, l'Église de l'Union. Les protestants, à Hong-Kong, comme ailleurs, sentent le besoin de concentrer tous leurs éléments hétérogènes ; ils bâtissent donc un temple superbe où les disciples de Luther et de Calvin viendront cimenter leur union de *frères et amis* en vomissant mille injures contre le Chef vénéré de la sainte Église. C'est un des rares points sur lesquels ils s'entendent : pour tout le reste, *autant de têtes, autant de bonnets*.

Une chose m'a frappé durant la traversée, c'est qu'à toutes les escales nous étions sûrs de trouver une franche et cordiale hospitalité auprès des missionnaires ; qu'ils fussent de notre société ou non, peu importait, nous étions tous prêtres envoyés par le Saint-Siège vers les peuples de l'Extrême-Orient: cela suffisait pour nous ouvrir leurs bras et leurs cœurs. Et, pendant ce temps, le ministre protestant qui était avec nous sur le *Yang-Tsé* avait beau *aller à la découverte*, presque toujours il *revenait bredouille*. Sa religion réformée avait bien là ses représentants et ses adeptes, mais *ils n'étaient pas de la même Église. They are not of the same Church*, me répondait à peu près invariablement ce jeune homme, lorsque je l'interrogeais au retour de ses malheureuses expéditions. Enfin, il faut espérer qu'il aura été plus heureux à Hong-Kong, du moins avec l'*Union Church*.

Mais laissons là les protestants et remercions le bon Dieu de nous avoir fait naître dans l'église *Une, Sainte, Catholique* et *Apostolique*.

Pendant que je me suis attardé à l'*Union Church*, le wagon funiculaire a eu le temps et au delà de gravir la rampe. Nous voilà donc au sommet. Le long du versant opposé serpente une route longue, poudreuse, qui mène jusqu'au bord de la mer ; c'est ce chemin que nous prenons, car ici il n'y a plus de voie ferrée ; les Pères des Missions étrangères sont à peu près les seuls à habiter ce côté de la montagne et, pour leur commodité, le gouvernement anglais n'a pas poussé l'amabilité jusqu'à construire un second chemin de fer funiculaire. Nous allons donc à pied, nos *parasols* ouverts au-dessus de nos têtes, afin d'arrêter les rayons d'un soleil brûlant. On devise gaîment, chacun dit son petit mot, et la route paraît ainsi moins longue.

Déjà nous sommes descendus de plusieurs kilomètres vers le bord de la mer ; voici que sur un petit mamelon, au milieu d'un enclos fermé par une haute muraille, apparaît à nos yeux une habitation simple et modeste, mais dans un site charmant. Nous approchons et, sur la porte d'entrée, chacun peut lire ces mots : *Domine ecce quem amas infirmatur :* « Seigneur, voici que celui que vous aimez est malade. » C'est ici

Béthanie, la maison où les soldats des Missions étrangères blessés dans les combats viennent puiser de nouvelles forces. Nous franchissons le seuil, et de tous les côtés accourent des vétérans et des malades, heureux de souhaiter la bienvenue à de jeunes confrères arrivés de France. Chacun a conservé l'habit de sa Mission, et nous avons ainsi sous les yeux les costumes les plus divers ; rien ne manque, pas même la robe et la queue chinoises, qui, pour nous, ont un charme tout spécial.

De Béthanie nous passons à Nazareth : c'est ainsi qu'on appelle la troisième maison située à quelques centaines de mètres seulement, où quelques missionnaires, jeunes encore, mais incapables de supporter les fatigues du ministère actif ou le climat des missions, se dévouent à une œuvre non moins noble, non moins utile que celle de la prédication. Ils composent et impriment dans toutes les langues des ouvrages destinés à répandre les lumières de la foi et de la civilisation au milieu des nations infidèles.

L'imprimerie qu'ils ont établie est superbe et capable de rivaliser avec les meilleurs ateliers de Paris ; à sa tête est un homme de grand talent, un artiste véritable, le P. Monnier. Il est enchanté de trouver dans notre bande un *collègue*, encore novice, il est vrai ; dès ce moment, laissant tout son monde, il me prend à part et me fait visiter chaque salle, me donnant une foule d'indications précieuses qui ne laisseront pas de m'être fort utiles si, comme la chose est probable, mes supérieurs persévèrent dans leur intention de m'envoyer débuter au collège et à l'imprimerie de Chapin-Pa. Le P. Monnier regrette, et moi encore plus vivement que lui, qu'on ne m'ait pas envoyé faire ici mon apprentissage ; deux mois passés à Nazareth m'auraient été certainement plus profitables que quatre mois dans une imprimerie de la capitale. Enfin il est trop tard maintenant.

De Nazareth, nous reprenons le chemin de la procure, en contournant cette fois la montagne au lieu de l'escalader de front. Le trajet est un peu plus long, mais moins pénible ; la chaleur est tombée d'ailleurs depuis que le soleil a quitté l'horizon. Sur la route, peu de personnes : la vie et le mouvement sont tout entiers de l'autre côté de la montagne. De temps à autre seulement, un *policeman*, monté sur son cheval, le revolver à la ceinture, passe à côté de nous ; c'est ordinairement un Indien de haute taille, à la figure fortement bronzée : il ne manque jamais de faire le salut militaire en nous croisant.

Nous allons ainsi à travers la campagne silencieuse l'espace de trois quarts d'heure, puis la ville se montre de nouveau à nos regards, et à 6 heures nous sommes à la procure où le P. Martinet nous attend pour le souper.

Les adieux suivent de près cette seconde réunion de famille ; demain, à 7 heures, le *Yang-Tsé* quittera Hong-Kong et se dirigera sur Shang-Haï. Afin de ne pas être en retard, nous nous rendons à bord dès le soir même ; les Chinois ont disparu depuis longtemps, et nous pouvons enfin respirer plus à l'aise.

A notre arrivée, trois jeunes Coréens viennent nous saluer ; ils arrivent du Collège général de Pinang, tenu par nos confrères ; après sept ou huit ans d'études sérieuses ils regagnent leur patrie dont ils seront les premiers prêtres indigènes. Ces jeunes gens parlent le latin avec beaucoup de facilité, et il nous est ainsi permis de parler avec eux. Leur longue chevelure, leur physionomie un peu extraordinaire ne tardent pas à attirer un cercle d'auditeurs, matelots et passagers, qui essayent, mais en vain, de tirer quelques mots de notre conversation. Un Libanite surtout, qui connaît jusqu'à cinq ou six langues, prête une oreille attentive ; enfin, de guerre lasse, il prend le parti de s'adresser à moi en je ne sais quel idiome, l'espagnol peut-être. Je lui réponds en patois d'Auvergne, et notre conversation dure une bonne demi-heure. Après cela, que l'on me dise que la vieille langue de l'Arvernie n'est pas la vraie langue universelle !...

5 DÉCEMBRE

Debout dès quatre heures du matin, nous profitons du calme qui règne encore pour célébrer la sainte Messe.

Puis, en attendant le départ du *Yang-T'sé*, il nous est donné d'assister à des scènes assez curieuses de mœurs chinoises ; les barques vont et viennent autour de nous. L'une d'elles, abritée derrière notre bateau, renferme toute la famille au grand complet, c'est-à-dire avec les *petits porcs* qui ont liberté entière dans les habitations chinoises. Nous demandons au patron en lui montrant ces animaux : « Camarades, n'est-ce pas, camarades ? — Oh ! oui, » nous dit-il avec bonhomie et, afin de mieux nous convaincre, il les prend dans ses bras et leur prodigue des caresses auxquelles ils répondent par de petits grognements très expressifs...

Les tableaux de ce genre ne manqueraient pas, mais le *Yang-Tsé* vient de s'ébranler ; il s'engage entre l'île et la côte de Chine et prend la direction de Shang-Haï. Le temps est couvert ; le vent passablement froid souffle toujours, la mer est agitée. En dehors de cela rien de notable.

6 DÉCEMBRE

Journée assez semblable à la précédente, mais la transition a été si brusque que nous tremblons presque, avec 18 degrés de chaleur...

7 DÉCEMBRE

Second dimanche de l'Avent, vent froid, mer agitée, au point qu'à peine nous pouvons célébrer une messe. Demain nous aborderons à Shang-Haï, adieu la mer de Chine...

Je vous quitte, mes bien-aimés, en vous embrassant de tout mon cœur.

A bord du *Yang-Tsé*, 7 décembre.

NEUVIÈME ÉTAPE

SHANG-HAÏ

Ubi crux, ibi patria !

J. M. J.   A. M. D. G.

LES AMES ! LE CIEL !

8 DÉCEMBRE 1890

Parents bien-aimés,

Commencé sous les auspices de Notre-Dame de la Garde, mon voyage de Marseille à Shang-Haï se termine à l'heure où les regards de la Vierge sans tache sont plus que jamais tournés vers la terre, à l'heure où elle répand avec profusion les grâces et les bénédictions célestes sur ses enfants.

Marie, fidèle gardienne de tous ceux qui se jettent dans ses bras, avait daigné nous sourire une dernière fois au moment où nous perdions de vue les côtes de France; Marie, étoile des mers, n'avait cessé de nous garder et de nous conduire au milieu des flots. Marie Immaculée, des rivages de Chine, nous tend les mains et veut être la première à nous souhaiter la bienvenue et à nous introduire dans notre nouvelle patrie. Elle semble nous dire : « Hâtez-vous, mes enfants, hâtez-vous de venir associer vos voix à celles des pieux fidèles, hélas ! trop peu nombreux sur cette terre infidèle, hâtez-vous de venir me témoigner votre affection et chanter les louanges de mon divin Fils en ce beau jour de ma Conception Immaculée ! »

Comme nous voudrions pouvoir répondre à cette douce invitation! Comme nous serions heureux de célébrer la sainte messe dans une des églises de Shang-Haï ! Mais le *Yang-Tsé*, peu sensible à nos ardents désirs, au lieu de redoubler de vitesse, ralentit sa marche, à mesure qu'il s'approche des côtes de Chine. Ces côtes, nous les avions saluées, pleins d'espérance, avec l'aurore du jour consacré à Marie; elles nous semblaient à quelques centaines de mètres à peine. De fait le *Yang-Tsé* ne tarde pas, malgré sa lenteur, à pénétrer dans le *Fleuve Bleu*. Nous ne sommes pas pour cela près d'atteindre le but. Shang-Haï est là-bas, à plusieurs milles, sur un affluent de la rive droite. Pour y parvenir, peut-être faudra-t-il attendre la marée; peut-être même changer de bateau. Tout cela demande des heures et des heures ; midi aura certainement sonné avant qu'il nous soit possible de débarquer. Le parti le plus sûr est de célébrer sans retard la sainte Messe ; nous avons tous ce bonheur, et l'Auguste Victime daigne, encore une fois, s'immoler par nos mains sur un modeste autel dressé avec quelques planches. Mais, si notre petit oratoire improvisé est bien pauvre et bien dénudé, si notre *Gaudeamus* ne peut résonner en dehors d'une étroite cabine, du moins nous nous efforçons de dilater nos cœurs, de les embraser de l'amour le plus pur afin d'offrir à Jésus et à Marie une demeure digne d'eux.

Puis, après nous être ainsi associés aux anges, aux saints, à l'Église universelle pour chanter les louanges du Fils de Dieu et de sa mère toute pure, nous regagnons le pont du *Yang-Tsé*. Depuis plusieurs heures, le bateau remonte à toute vapeur le courant du fleuve dont les rives apparaissent de chaque côté, à 5 ou 6 kilomètres de distance. A gauche, c'est la terre ferme semée de bois et de grands villages ; à droite, l'île de Tsung-Nung contre laquelle le *Fleuve Bleu* vient se briser à son embouchure et former ainsi deux véritables bras de mer.

Vers neuf heures, nous apercevons les murailles de Woo-Sung, petite ville fortifiée, située au confluent du *Fleuve Bleu* et du *Wang-Poo* qui passe à Shang-Haï. Une chaloupe vient à nous et nous annonce qu'il n'est pas possible au *Yang-Tsé* de remonter jusqu'à la ville, à cause de la marée basse. On

UNE FORTERESSE CHINOISE

jette l'ancre ; la chaloupe se rapproche et se met bord à bord avec notre bateau, afin de prendre les passagers, nos bagages et les dépêches pour Shang-Haï. Deux bonnes heures s'écoulent avant que le transbordement soit achevé. Enfin, à onze heures, tout est fini, et nous pouvons partir.

La petite chaloupe, obliquant sur la gauche, s'engage dans le *Wangh-Poo* qu'elle remonte en se dirigeant sur Shang-Haï. Peu à peu, le *Yang-Tsé* disparaît à nos regards, et bientôt nous n'apercevons plus que le pavillon de la France qui flotte au sommet des grands mâts. Une dernière fois nous saluons les couleurs nationales, et avec elles le gracieux bateau qui nous a amenés de Marseille aux côtes de Chine. La veille au soir, nous lui avons fait des adieux solennels et rendu grâces à Jésus et à Marie pour notre heureuse traversée. C'était à la tombée de la nuit : un vent glacial soufflait du nord et s'engouffrait sous la tente du pont avec des torrents de pluie ; réfugiés au fond des salons et des cabines, les autres passagers du *Yang-Tsé* n'avaient garde de venir s'exposer à la rafale. Nous demeurions seuls maîtres de la position et libres, cette fois, de chanter les louanges du bon Dieu. Aussi il fallait voir avec quel entrain nòs voix pleines et sonores redisaient l'*Ave Maris Stella*, le *Te Deum*, le *Magnificat*, le *Sub tuum*...

Groupés à notre lieu de rendez-vous ordinaire, à l'arrière du bateau, nous avions tout oublié, et la pluie qui nous inondait et la tourmente qui sévissait, pour remplir un devoir de reconnaissance et unir dans une même pensée, dans une même prière la patrie absente et celle où nous allions mettre le pied, la famille laissée là-bas et celle que le bon Dieu nous donnera en Chine!

Et maintenant, avec le *Yang-Tsé* a disparu tout ce qui nous rappelait et nous représentait en quelque sorte la France. De notre pays, il ne reste plus rien, si ce n'est quelques rares compatriotes que nous rencontrerons peut-être encore çà et là. Désormais, partout et toujours, la Chine et les Chinois, et, si nous voulons faire un peu de bien, il nous faudra nous-mêmes devenir le plus Chinois possible.

Enfin, on tâchera d'atteindre, en temps opportun, cette perfection moins difficile sans doute à acquérir que certaines autres. Pour le moment, il s'agit de remonter vers Shang-Haï.

Le *Whang-Poo*, que nous suivons depuis Woo-Sung, est d'une largeur respectable, sans doute, mais bien inférieure à celle du *Fleuve Bleu*. Les rives se montrent fort distinctement de chaque côté, couvertes de huttes et de petits bois. Ce n'est plus la riche végétation de Colombo ou de Singapore, ni même celle de Saïgon. L'automne, il est vrai, a passé par là et dépouillé les arbres de leur verdure; l'hiver approche, et, si nous étions tentés de l'oublier, une bise glaciale qui souffle depuis plusieurs jours se chargerait de nous le rappeler. Sous nos soutanes minces, confectionnées en vue des régions torrides que l'on traverse en venant de Marseille, nous tremblons comme des feuilles, et ce n'est pas sans quelque appréhension que chacun de nous voit approcher Shang-Haï où il nous faudra probablement passer une semaine encore dans ce costume assez incomplet.

Heureusement le bon Dieu prend pitié de nous : les nuages qui couvraient le ciel se dissipent soudain, le soleil commence à nous envoyer ses rayons bienfaisants, et à la froide température qui régnait tout à l'heure succède une douce chaleur. Autour de nous, la nature s'anime et prend un aspect plus riant.

Shang-Haï apparaît bientôt avec sa grande ligne de maisons européennes qui suit les sinuosités du *Whang-Poo;* en cet endroit la rivière s'élargit et forme un bassin large et commode : c'est le port. Dans quelques minutes, nous serons à terre.

Sans ralentir sa marche, la petite chaloupe qui nous porte se dirige habilement au milieu des barques qui vont dans tous les sens et ne tarde pas à toucher le rivage.

Trois missionnaires nous y attendent : le P. Badinier, de Kouy-Tcheou, banni de sa mission depuis plusieurs années par les persécuteurs ; le P. Boutier, venu de Saïgon à Shang-Haï pour refaire ses forces épuisées ; et enfin le P. Robert, second procureur de nos missions de Chine.

Je ne vous dirai pas qu'on s'embrasse avec effusion. En Chine, les salutations ne se font pas d'une manière aussi expansive, et ce serait presque un scandale, tout au moins un crime de lèse-étiquette, si des missionnaires se donnaient, en public, l'accolade fraternelle. Mais, pour être réservé, l'accueil de nos confrères ne perd rien de sa cordialité : ils sont heureux, on le voit, de saluer les jeunes enfants de la famille qu'ils aimaient déjà avant de les connaître ; l'affection qu'ils nous portent se lit sur les visages ; elle se traduit par un vif empressement à s'occuper de tout ce qui nous touche.

Bientôt, sans que nous ayons à nous occuper de rien, nos bagages sont transbordés de la chaloupe sur une barque qui les conduira à domicile. Nous prenons alors le chemin de la procure où le Père Chapuis nous attend avec impatience et nous reçoit à bras ouverts. Le cérémonial chinois n'oblige plus sous le toit des Missions étrangères, et, dans l'intimité, on se salue à la bonne manière de France : on s'embrasse comme des enfants d'une même famille, heureux de se trouver réunis.

Mais nos Frères ne sont pas les seuls à avoir droit aux témoignages de notre affection. Il est un autre Ami plus cher encore qui réside au milieu d'eux et honore de sa présence réelle le petit oratoire de la procure. A Celui-là aussi nous devons offrir nos salutations les plus tendres et les plus respectueuses et c'est seulement après avoir passé quelques instants aux pieds de Jésus que nous allons prendre notre part du pain quotidien que le Père céleste, sensible à la prière enseignée aux hommes par son divin Fils, ne cesse de distribuer à ses enfants bien-aimés.

Il est une heure du soir : le dîner préparé pour midi a eu
le temps de se refroidir; mais qu'importe! c'est là un détail
auquel un appétit aiguisé par l'air frais du matin nous empêche de prendre garde. Comme toujours, la plus franche
gaîté règne pendant le repas, et le P. Boutier, avec sa verve
intarissable, ne contribue pas peu à l'entretenir : artiste dans
le fond de l'âme, conteur inimitable, il tient tout le monde
sous le charme de sa parole simple et facile. On passerait des
heures entières à l'entendre raconter une foule de ces petits
faits de la vie ordinaire auxquels il sait donner une tournure
des plus piquantes.

Mais voici que, soudain, des éclats de voix partis du dehors
viennent interrompre le Père et attirer notre attention : ce
sont les porteurs de nos bagages qui ne trouvent pas leur
salaire suffisant et protestent de la plus belle manière. On
dirait une meute de chiens enragés ou une bande de fous
furieux. Il faut voir comme ils entourent le domestique de la
procure et lui montrent le poing en poussant des vociférations capables d'effrayer les moins timides. Mais lui ne
s'émeut pas pour si peu ; habitué à des scènes de ce genre, il
fait bonne contenance au milieu de ses congénères, crie encore plus fort qu'eux et essaye même de reprendre aux plus
acharnés une partie de leur rémunération.

C'est le seul moyen de se débarrasser de ces *bons Chinois*.
Toutes les fois que vous êtes obligé de les employer, vous
avez beau leur remplir les mains de *sapèques*, ils ne diront

jamais : *Assez*, mais ne cesseront de répéter : *Encore !
encore !* N'ayez garde toutefois de céder à ces sollicitations,
ce serait exciter leur cupidité ; menacez-les plutôt de dimi-
nuer la somme, au lieu de l'augmenter, et en un clin d'œil,
par une sorte d'effet magique, vous êtes sûr d'être délivré de
leur présence.

C'est ce qui arrive dans le cas présent et, au sortir du réfectoire, nous pouvons voir nos portefaix chinois devenus
subitement moins belliqueux, à la pensée de perdre les
sapèques déjà acquises, se bousculer les uns les autres et
gagner en toute hâte la porte, devant le domestique qui les
poursuit, la main levée, jusqu'au milieu de la rue. Nous le
laissons compléter sa victoire, et de la salle à manger nous
passons à la chapelle.

Dès à présent recommence notre vie de communauté et de
règle, durant les quelques jours qui s'écouleront avant le
départ pour l'intérieur de la Chine.

La procure de Shang-Haï sera, en petit, le Séminaire des
Missions étrangères. Chaque matin, à cinq heures, la cloche
sonnera le réveil ; à six heures, à midi et le soir, elle nous
invitera à réciter l'*Angelus*, cette prière si agréable au
cœur de Marie ; les messes se diront à une heure
fixe ; après chaque repas on fera une courte station
à la chapelle ; au déclin du jour, la lecture spirituelle
aura lieu en commun, et à neuf heures la prière du
soir nous réunira encore une fois aux pieds de Notre-Sei-

gneur. Tout cela nous manquait depuis que nous avions quitté le Séminaire des Missions étrangères.

A bord du *Yang-Tsé*, la vie de communauté n'était guère possible ; une atmosphère lourde, étouffante, nous chassait des cabines où seulement nous aurions pu goûter un peu de tranquillité. Sur le pont, inutile de chercher le calme : il y régnait à peine aux premières heures du jour ; le reste du temps c'était un va-et-vient incessant. Au milieu de cette animation, faire en commun ses exercices de piété eût été à peu près impossible ; tout au plus chacun de nous pouvait-il trouver un petit coin où, la tête dans ses mains, il jouissait d'une paix encore bien relative.

Mais ce que nous regrettions alors le plus vivement, c'était le Tabernacle, c'était la présence réelle de Notre-Seigneur Jésus-Christ. Sans doute, il nous restait la visite en esprit et par la pensée aux sanctuaires où le Divin Sauveur daigne habiter ; chacun avait les siens ; chacun connaissait par cœur le chemin de quelques églises où il avait prié et reçu bien des grâces ; plusieurs fois la semaine, notre rendez-vous était commun, et une pensée de reconnaissance et d'amour nous ramenait tous vers les chapelles bien-aimées de la rue du Bac, de Meudon, de Notre-Dame de Béthléem.

Mais le souvenir a beau être fidèle, l'imagination vive et puissante, la pieuse illusion qu'ils produisent est agréable au cœur qui la ressent ; jamais toutefois elle ne se saurait atteindre et remplacer la réalité, surtout lorsqu'il s'agit de la divine Eucharistie[1]. Il se dégage du tabernacle une douce chaleur, un parfum suave.

Pour en recevoir la douce influence, il faut être là aux pieds de Jésus réellement présent ; l'âme chrétienne, qui ne peut chaque jour venir puiser une force nouvelle près du saint autel, l'âme chrétienne, privée de ces colloques familiers avec son aimable Sauveur, qui autrefois faisaient ses délices, la soutenaient au milieu des épreuves, la ranimaient dans ses défaillances, cette âme ne tarde pas à ressentir une grande fatigue ; tout lui coûte, tout lui semble pénible, et il lui faut soutenir une lutte incessante contre elle-même pour ne pas céder au relâchement et à la tiédeur.

Tel est, bien chers parents, ce que j'ai éprouvé moi-même pendant ces trente-six jours de traversée où Jésus venait seulement nous honorer de sa visite. A la sainte Messe, fortifié par la Manne Eucharistique et le Sang précieux de Notre-Seigneur, j'étais plein d'ardeur et de bonne volonté, et puis, dans la journée, sans doute parce que mon Divin Conseiller n'était plus là, je me retrouvais avec mes imperfections, ma faiblesse, mes misères. Comme alors j'enviais le bonheur de mes frères de la rue du Bac ! Comme j'aurais voulu habiter encore le délicieux asile où, à l'heure des épreuves, j'étais sûr d'avoir toujours un ami incomparable pour me consoler et ranimer mon courage.

[1] C'est la réflexion que l'on trouve sans cesse dans la *vie* et les lettres de tous les missionnaires, tant il est vrai qu'ils ne vont que pour Jésus et par Jésus.

Je ne me plaignais pas néanmoins et j'aurais tort de le faire aujourd'hui ; certainement il serait on ne peut plus agréable de se réveiller au fond de sa mission le lendemain du jour où l'on a quitté le Séminaire. La vie de famille, la vie de règle ne subiraient ainsi aucune interruption. Mais, entre ces deux termes si chers au cœur de tout missionnaire, il est un *état de passage*, moins agréable sans doute, mais non moins conforme à la volonté du bon Dieu. Celui-là aussi nous devons l'accepter avec respect et soumission puisqu'Il nous l'envoie.

9 DÉCEMBRE

Le matin, après les messes et le déjeuner, chacun se trouve parfaitement remis de ses fatigues, et une petite promenade ne déplairait à personne. Aussi, lorsque le Père Robert s'offre pour être notre guide, il est accepté à l'unanimité des voix. Nous voilà donc partis à travers la ville.

Shang-Haï se divise en deux parties bien différentes : en avant, le long du *Whang-Poo*, les concessions françaises et anglaises ; en arrière, la cité chinoise avec ses hautes murailles crénelées et garnies de canons. C'est vers les quartiers européens que nous conduit aujourd'hui notre aimable guide.

Nous suivons d'abord les quais du *Whang-Poo* où règne un encombrement au milieu duquel on a de la peine à se frayer un passage ; les passagers sont là par centaines, et des bateaux que l'on charge et décharge aux magasins situés en face c'est un va-et-vient continuel.

Presque tout le mouvement du port est au quai de la concession française.

Dans le quartier anglais, on trouve un peu plus de tranquillité. A droite, toujours le *Whang-Poo* ; mais dans cette place les gros bateaux n'abordent jamais. A gauche, une longue ligne de superbes bâtiments : ici une librairie, là une maison de commerce, plus loin la loge maçonnique, car, à Shang-Haï comme ailleurs, les Frères Trois-Points ont droit de cité et tiennent leurs assemblées ; ils ont même fondé une école qui s'intitule publiquement *Masonic School* ; les protestants fraternisent à merveille avec eux ; chaque dimanche, un ministre vient offrir ses services au Grand-Orient et à ses disciples.

Voici maintenant le jardin public qui s'ouvre devant nous ; son étendue est peu considérable et il se ressent déjà beaucoup des approches de l'hiver ; aux arbres, plus de feuilles ; sur le gazon, pas le moindre reste de verdure. En revanche, la serre, située à quelques pas plus loin, est magnifique et possède une foule de plantes rares qui, en France, feraient les délices des amateurs.

Du quai nous pénétrons dans l'intérieur de la ville ; c'est toujours le quartier anglais, mais les Chinois y dominent, et leurs magasins sont ordinairement mieux fournis que ceux des Européens. Les rues sont larges, bien pavées et tenues en très bon état.

Sur la concession française, une trentaine de sergents de ville veillent à l'ordre et à la sûreté publics. Supérieurs en cela à leurs collègues de France, ils ne manquent jamais de saluer un missionnaire au moment de son passage.

Somme toute, rien de bien remarquable dans le quartier européen de Shang-Haï, si ce n'est le prix de la plupart des objets de commerce ; les articles de Paris surtout se payent ici deux fois plus cher qu'en France ; on ne compte plus par francs, mais par dollars, c'est-à-dire par pièces de cinq francs. Heureusement pour nous que nous avons à peu près tout ce qui nous est nécessaire ; quelques petites choses cependant nous manquent encore, et nous regrettons, mais trop tard, de ne pas les avoir achetées avant notre départ.

Midi approche, il est temps de regagner le logis. Au dîner, nouvelle à sensation : une grande bataille — une bataille pour rire, bien entendu — doit se livrer dans la soirée, sous les murs de Shang-Haï. La milice de la ville, composée de deux cents jeunes gens environ, marchera à la rencontre d'un nombre à peu près égal de marins anglais qui rempliront l'office de rebelles. Pendant plusieurs heures, on se tirera des coups de fusil, on brûlera bon nombre de cartouches blanches, puis des arbitres, témoins des diverses opérations, décideront à qui demeure la victoire.

A deux heures, nous quittons la procure. Le Père Boutier,

ambulancier volontaire en 1870, et très au courant des questions militaires, a bien voulu nous accompagner. Mais le
champ de bataille est loin, tout en dehors de la ville ; c'est
une vaste plaine, coupée de canaux, de fossés larges et profonds, semée de bouquets d'arbres ; de plus, presque à
chaque pas, s'élèvent de petits monticules en forme de
cônes ; ce sont les tombeaux des Chinois, derrière lesquels
plusieurs hommes peuvent facilement s'abriter.

Lorsque nous arrivons, l'action est engagée sur toute la
ligne, et les deux petites troupes se fusillent avec rage. Les
marins, d'abord établis jusque sous les murs de la ville,
reculent pas à pas et vont se reformer à l'abri du village,
derrière un vaste fossé. Pleins de confiance, les miliciens les
poursuivent de monticule en monticule ; mais ils ont compté
sans le fossé et les palissades ; accueillis par un feu bien
nourri, ils se replient en désordre derrière leur artillerie,
laissant plusieurs prisonniers aux mains des rebelles. Les
marins, à leur tour, prennent l'offensive ; une dizaine d'entre
eux exécutent sur la gauche, le long du fossé, un mouvement
tournant et attirent à eux le gros de la milice ; pendant ce
temps, le reste se jette sur les canons, les renverse, fait prisonniers les artilleurs avant même que les miliciens aient eu
le temps de revenir de leur surprise. Ce coup d'éclat assure
la victoire aux marins, et les juges du camp décident en leur
faveur.

Bien entendu que cette bataille simulée se termine par de

copieuses libations ; miliciens et marins, mêlés et confondus, rivalisent sur un nouveau terrain et, si les *munitions* leur étaient données à discrétion, il serait assez difficile de distinguer les vainqueurs des vaincus ; plus d'un, sans doute, resterait sur le champ de bataille.

Mais voilà que dans le fort de l'action j'ai perdu de vue mes confrères et le Père Boutier. Je me trouve seul, maintenant, à une heure environ de la procure et ne sachant trop quelle direction prendre. Le flot des curieux venus pour assister à la bataille me guide, il est vrai, jusqu'aux portes de la ville, mais ensuite comment me diriger dans le dédale des rues ? Heureusement pour moi, au bout de cinq minutes, j'aperçois à peu de distance le groupe de mes confrères. Avec eux se trouvent les petits Coréens arrivés comme nous par le *Yang-Tsé*. L'un de ces jeunes gens est fatigué et incapable de marcher plus longtemps ; le Père me propose de le reconduire à la procure, et j'accepte sans peine.

On nous installe, chacun dans une voiture japonaise, c'est-à-dire dans un petit coupé fort léger, traîné par un Chinois, et... en route. A la limite des concessions anglaises et françaises, nos deux individus s'arrêtent tout à coup, et celui qui me conduisait me dit en anglais qu'il n'a plus de licence ; je me demande d'abord ce qu'il entend par là, mais bientôt je finis par comprendre. A Shang-Haï, on délivre des *licences* en brouette et en voiture japonaises, seulement celle de mon individu n'est pas complète et ne lui permet pas de passer sur le territoire français avec son véhicule. « Je regrette beaucoup, mon brave, lui dis-je alors, mais, si tu n'as pas de licence, je n'ai pas davantage de sapèques ; il faudra bien que tu viennes les prendre à la maison. » Et je fais mine de m'éloigner.

L'argument est sans réplique ; mon Chinois aussitôt appelle un de ses compères, *licencié*, celui-là, pour la concession française et le charge de me mener à domicile et de percevoir l'argent. Cent mètres plus loin, nos hommes s'arrêtent encore à la porte des lazaristes : vraiment nous jouons de malheur. Il me faut faire appel à tout mon vocabulaire anglais pour leur dire qu'ils se trompent et leur indiquer la véritable direction.

Enfin, après force tours et détours, ils nous déposent à la procure.

Naturellement, bien que le prix ait été fixé d'avance, lorsqu'il s'agit de les payer, la scène de la veille se renouvelle ; les cris et les protestations recommencent de plus belle ; mais le domestique tient bon, et, aussitôt qu'il fait mine de reprendre les sapèques déjà données, les Chinois disparaissent comme par enchantement.

Les confrères ne tardent pas à arriver ; tout le monde est enchanté de cette sortie, et, après une agréable promenade, il nous reste encore tout le temps nécessaire pour la récitation du saint office et nos exercices de piété. Ainsi, notre journée sera vraiment complète et nous laissera une impres-

sion de bonheur sans mélange, puisque le bon Dieu aura eu
la part qui lui revient de droit.

A six heures trois quarts, la lecture spirituelle nous réunit
comme la veille ; on dirait que la divine Providence a daigné
elle-même marquer le passage que nous écoutons, tant l'à-
propos est parfait. Il s'agit de saint Bernard. Le grand abbé
de Clairvaux veut envoyer au milieu de tribus barbares quelques-uns de ses religieux, et ceux-ci, désolés à la pensée de
quitter leur Père, opposent une respectueuse résistance.
Alors, le saint, animé de l'esprit d'En Haut, prend à côté de
l'autel un bassin de métal et le pétrit comme s'il était de cire,
image doublement frappante de ce que doit être le religieux,
l'homme apostolique : une cire molle entre les mains de
ceux que Dieu a préposés à sa direction. Puis-je pour ma
part ne jamais oublier cette grande vérité !

10 DÉCEMBRE

Une bonne partie de la matinée se passe à essayer des
calottes, des bas, des souliers et autres accessoires du costume chinois. Puis, lorsque notre choix est fixé et que
tout semble fini, les marchands posent des conditions exor-
bitantes : c'est à recommencer.

Heureusement rien ne presse : nos passeports, demandés à
Pékin depuis longtemps, se font encore attendre ; nous ne
pouvons guère quitter Shang-Haï avant leur arrivée. Sans

eux, nous ne parviendrions pas jusqu'à Tchou-King, et le mandarin nous prierait *poliment* de revenir en arrière.

Enfin, comme nous pouvons recevoir ces pièces indispensables d'un jour à l'autre, il est bon d'employer le temps qui nous reste à faire plus ample connaissance avec Shang-Haï.

Dans l'après-midi, nous dirigeons nos pas vers la ville chinoise ; elle est environnée de hautes murailles garnies de canons, mais uniquement pour la forme, car toutes les pièces à peu près rongées par la rouille sont hors d'usage et offriraient plus de danger pour les artilleurs que pour l'ennemi.

Nous pénétrons par une poterne basse, étroite, où quatre personnes à peine pourraient aller de front, et aussitôt une odeur infecte, repoussante, une odeur de poisson gâté et d'autres choses de ce genre, nous saisit et nous empêche presque de respirer ; on tient bon pourtant et peu à peu chacun se fait à cette atmosphère. Après la poterne commence une rue à l'avenant, large d'un mètre environ, parcourue dans toute sa longueur par un ruisseau de boue. Et encore ce n'est rien, paraît-il, depuis que M. Blondin, ingénieur français, a assaini le quartier ; avant lui un ingénieur chinois avait essayé la chose, mais il se trouva qu'à la fin de l'opération le débouché de l'égout collecteur s'ouvrait à plusieurs mètres au niveau des autres, de sorte que les eaux, au lieu de s'échapper par là, refluaient vers l'intérieur et faisaient de la ville un véritable marais.

Le long de la ruelle et de chaque côté, des boutiques et

encore des boutiques ; dans les cités chinoises, tout le monde à peu près est marchand, et, ce qui est plus fort, les objets de commerce sont les mêmes, ce qui n'empêche pas chacun de vivre et de faire ses petites affaires.

Au milieu de la ville, un bassin d'eau saumâtre où les bêtes de somme en France refuseraient certainement de boire : je ne sais si celles de Chine ont la même délicatesse ; mais, en tout cas, les Chinois, eux, se montrent moins difficiles et viennent, chaque matin, y laver leur provision de riz pour la journée.

Dès le premier moment de notre entrée dans la ville, une bande de curieux attirés par la nouveauté de notre costume s'est attachée à nos pas et ne nous lâche pas d'une semelle jusqu'aux fortifications.

Nos suivants paraissent d'ailleurs animés de sentiments peu hostiles et se bornent à nous passer en revue de la tête jusqu'aux pieds. Cette inspection minutieuse, il est vrai, pourrait bien avoir pour but de chercher à escamoter quelque chose, mais nous sommes sur nos gardes et les Chinois, qui s'en aperçoivent, se tiennent à une distance respectueuse.

En quittant le quartier chinois, nous passons à l'église paroissiale desservie par les Pères Jésuites, puis nous rentrons à la procure terminer notre journée aux pieds du bon Dieu.

11 DÉCEMBRE

Dès huit heures du matin, des marchands plus raisonnables que ceux de la veille nous attendent avec leurs bas, souliers et calottes.

Notre choix est vite fait, mais ces braves Chinois n'ont jamais pensé qu'il pourrait venir un jour du fond de l'Auvergne un *personnage* avec des jambes moins fluettes que les leurs ; ce *personnage* est arrivé pourtant, et il est impossible de lui trouver des bas suffisamment larges ; on courrait vraiment tout Shang-Haï pour lui en procurer. Il faudra mettre des *poignards* à ceux qui sont déjà confectionnés et peut-être alors seront-ils assez grands.

Encore un jour de retard...

Au moment où nous sommes occupés à compléter notre trousseau, un bruit de trompette attire notre attention, et bientôt, devant la porte, commence à défiler tout un bataillon de soldats chinois, les uns armés de longues lances, les autres de vieux fusils. En tête, les clairons sonnent quelque chose qui ressemble assez à une marche ; mais personne ne s'en préoccupe guère, et chacun va comme bon lui semble.

Après les soldats, c'est un enterrement chinois qui passe précédé d'une légion de bonzes avec leurs robes jaunâtres et leur teint plus jaune encore. Les parents entourent le cercueil, vêtus d'habits blancs : c'est la couleur du deuil en Chine. Enfin viennent les pleureuses qui ne cessent d'essuyer des larmes absentes et poussent des gémissements à vous fendre le cœur. En somme, comédie sur toute la ligne, mais c'est l'étiquette et il faut bien se garder d'y déroger.

Durant les jours précédents, nous avons parcouru à peu près toute la ville de Shang-Haï. A 7 ou 8 kilomètres environ, au village de Si-Ka-Wes, se trouve un établissement qui mérite d'être visité : c'est celui des Pères Jésuites.

A une heure du soir, deux voitures viennent nous prendre et nous déposent, une demi-heure après, à la porte de la résidence des bons Pères ; on nous fait visiter le cabinet d'histoire naturelle, l'observatoire météorologique : l'un et l'autre ne laissent pas de nous intéresser, bien que tout cela soit pour nous déjà presque de l'histoire ancienne.

Ce que nous voyons avec plus de plaisir encore, c'est la Sainte-Enfance où l'on recueille les petits abandonnés. Dès qu'ils sont en âge de travailler, on leur apprend un métier suivant leurs aptitudes : celui-ci devient charpentier, menuisier, ébéniste ; celui-là, sculpteur, graveur ; un autre, peintre, etc. L'établissement de Si-Ka-Wes peut, de la sorte, fournir aux Missions, à très bon compte, des autels, des chandeliers, des statues et autres objets du culte. C'est ainsi que le bon Dieu fait revenir les premiers fruits de la charité à ceux qui l'exercent : les missionnaires recueillent les orphelins, les délaissés, et ceux-ci, par un juste retour, aident leurs pères adoptifs à accomplir la grande œuvre pour laquelle ils sont venus.

12 ET 13 DÉCEMBRE

Enfin, notre costume est au complet, mais les passeports se font toujours attendre. Le vendredi soir, néanmoins, deux de nos confrères partent pour Han-Kow, ville située à quatre journées d'ici, sur le *Fleuve Bleu*, et ouverte aux Européens; jusque-là il n'y a absolument rien à craindre.

Pendant ces deux jours, une pluie battante ne cesse de tomber et nous enferme à la procure; mais à quelque chose malheur est bon : on profite de ce temps pour écrire quelques lettres aux amis de France.

14 DÉCEMBRE

Troisième dimanche de l'Avent. — Le soleil est revenu depuis la veille au soir et a ramené un peu de chaleur; ce n'est pas de trop, car déjà on commençait à grelotter.

La chapelle de la procure étant trop petite pour un office solennel, à dix heures nous allons assister à la messe paroissiale dans l'église des Pères Jésuites, située sur la concession française.

Elle n'est pas immense non plus, cette église, et cependant beaucoup de places restent vides; nous sommes heureux d'y voir toutefois deux officiers de notre marine : un capitaine de vaisseau et un lieutenant, avec dix de leurs hommes; à côté d'eux, quelques dames encore, mais c'est tout ce qui représente la France ; il est vrai que le nombre de nos compatriotes à Shang-Haï se trouve assez restreint.

La chapelle réservée aux Anglais est beaucoup mieux remplie : une cinquantaine de personnes, au moins, hommes, dames, jeunes personnes, y entendent pieusement la sainte Messe.

A l'église du Sacré-Cœur où nous venons, à quatre heures du soir, recevoir la bénédiction du saint Sacrement, c'est bien autre chose encore : Anglais, Américains, Portugais, Chinois se pressent confondus et ne laissent aucun espace vide, depuis le sanctuaire jusqu'au fond des bas-côtés. Les enfants du collège chantent le salut, récitent en chœur le chapelet, les litanies de la très Sainte Vierge, et personne ne quitte sa place avant la fin de la cérémonie.

Mais ce qui porte à son comble notre édification, c'est la solitude profonde, c'est le silence parfait qui règne dans toute l'étendue du port. En revenant vers la procure, nous prenons le quai du *Whang-Poo*, et là, où d'ordinaire il y a tant de vie et de mouvement, à peine si vous trouvez maintenant quelques rares promeneurs. Catholiques et protestants gardent religieusement le repos du dimanche, et celui qui oserait le violer serait puni d'une amende. Les Anglais vont même jusqu'à fermer leurs magasins à partir du samedi à midi. Quel contraste, hélas ! avec nos villes de France où le jour du Seigneur est si souvent profané !

15 DÉCEMBRE

Nos passeports sont enfin arrivés, et, selon toutes probabilités, demain soir nous pourrons quitter Shang-Haï. Les
quelques jours passés dans cette ville n'ont pas laissé de nous
être agréables et de nous faire beaucoup de bien ; notre corps
y a retrouvé ses forces un peu épuisées par une longue traversée ; notre âme s'est retrempée auprès de Jésus et a puisé
une ferveur nouvelle. Et maintenant chacun voit approcher
avec bonheur le moment du départ, car si nous étions heureux ici, notre joie ne nous faisait pas oublier que le terme
est plus loin, dans la Mission où le bon Dieu nous appelle et où
seulement peut exister ici-bas pour nous la félicité parfaite.

Les derniers préparatifs sont faits à la hâte, car demain
c'est le *grand jour de la métamorphose.*

16 DÉCEMBRE

Encore quelques heures, et nos soutanes auront été rempla-
cées par la robe chinoise. Je vous assure qu'il était presque
temps. Pauvres soutanes, non seulement elles ne nous défen-
daient pas suffisamment contre le froid, mais partout elles
portaient les marques glorieuses de leurs longs services. Que
de fois, pendant la traversée, il nous a fallu prendre l'ai-
guille et remplir, Dieu sait comment, l'office de nos bonnes
mères absentes.

Et cependant, malgré sa vétusté, ce saint habit nous est

cher entre tous, c'est celui dont le bon Dieu nous a revêtus au jour béni où nous nous sommes donnés à lui.

Chacun de nous l'a porté plusieurs années ; il était le symbole de l'humilité, de la mort aux choses extérieures ; il protégeait notre vertu. Tous nous l'avons gardé jusqu'au dernier moment ; tous, j'en suis sûr, nous aimerions à le garder encore et à le faire vénérer et respecter des chrétiens de Chine, comme il l'est de ceux d'Europe. Mais c'est la volonté de Dieu que nous le déposions, l'intérêt des âmes le demande.

Voici justement le barbier qui arrive pour commencer ma toilette ; il étale d'abord son attirail : un rasoir large et court qui m'a tout l'air d'être fait pour écorcher les gens, un énorme peigne avec de *véritables dents d'éléphants*, deux petites corbeilles destinées l'une à recevoir les cheveux, l'autre la barbe, car ce sont des *reliques* qu'il ne faut pas perdre. Il ne manque plus qu'une cuvette d'eau chaude ; le domestique ne tarde pas à l'apporter.

Attention ! l'opération va commencer. Voilà mon homme qui retrousse ses manches, m'administre d'abord quelques bons coups de poing sur les épaules — histoire de bien faire circuler le sang, paraît-il, — et se met ensuite à me frictionner la tête à tour de bras. S'il ne prodigue pas le savon, en revanche l'eau n'est pas épargnée ; j'en ai par tout le visage, jusque dans les yeux... Lui n'a guère l'air de s'en apercevoir, mais, prenant son rasoir, d'un seul tour de main il me met à nu tout le côté de la tête, au-dessus de la tempe gauche. Je m'attendais à une écorchure formidable : c'est à peine si j'ai senti le froid de l'acier, ce qui veut dire que des rasoirs pas plus que des gens il ne faut jamais juger sur l'apparence. Le barbier continue son œuvre, et bientôt c'est fini pour la tête ; il passe alors à la barbe qui ne tarde pas à tomber, elle aussi, sous son fer impitoyable ; la moustache seule est respectée avec une petite touffe au-dessous de la lèvre inférieure. C'est ce qu'il faut, paraît-il, pour être un Chinois parfait.

Son travail terminé, le barbier se retire, et je revêts alors mon costume : le large pantalon, les bas blancs, les souliers en drap au bout arrondi, la robe un peu moins longue que la soutane, le petit mantelet, la calotte au fond de laquelle on a solidement fixé une queue chinoise postiche, en attendant que mes cheveux poussent. Vous connaissez un peu tout cela déjà, chers parents, et vous le verrez mieux encore lorsque je pourrai vous envoyer ma photographie, ce qui, je l'espère, viendra bientôt.

Me voilà donc Chinois, mais je n'ai pas le temps de promener dans Shang-Haï mes nouvelles grâces, car, à huit heures du soir, le procureur nous conduit à bord du *Ngan-King*, le bateau qui doit nous porter jusqu'à Han-Kow.

Je vous quitte là, bien chers parents, en vous promettant de venir vous reprendre bientôt à l'entrée du *Fleuve Bleu*.

Adieu, je vous embrasse tous.

DIXIÈME ÉTAPE

Un nouvel horizon. — Le *Fleuve Bleu*. — A bord du *Ngan-King*. — Le
régime anglais. — Le Kiang-Si. — Ravissantes descriptions. — Amour de la
retraite. — Un compatriote, le P. Coutarel. — Touchants souvenirs du
Grand Séminaire de Saint-Flour. — Cruelle déception, la volonté divine! —
Han-Kow. — Pères des Missions, Franciscains, Sœurs Canossiennes, prémices des joies apostoliques. — Départ de Han-Kow. — Le soleil d'Orient.
Noël! Noël! — La ville de Y-Tchang. — Souhaits de bonne année.

Ubi crux, ibi patria !

J. M. J.   A. M. D. G.

LES AMES ! LE CIEL !

Parents bien-aimés,

Un horizon tout nouveau va s'ouvrir devant nous ; désormais, nous n'irons plus, comme autrefois, à travers l'immensité des mers et sur le *Yang-Tsé*, mais bien sur le *Yang-Tsé-
Kiang*, car ainsi s'appelle, dans l'idiome imagé de la Chine,
le fleuve que les Européens ont décoré du titre gracieux et
poétique de *Fleuve Bleu*. Bleu, il ne l'est guère, à cette
époque ; il le sera moins encore, sans doute, lorsque les
pluies abondantes viendront subitement grossir son cours, et

lui amener des torrents de limon et de boue. Plus juste et mieux imaginé est le nom que lui donnent les peuples qui habitent sur ses bords : *Yang-Tsé-Kiang*, dans la langue chinoise, signifie fleuve large, fleuve immense, et, de fait, il en est peu, au monde, qui soient capables de rivaliser avec celui-ci et pour la largeur du cours et pour l'abondance des eaux.

Nous n'aurons pas, il est vrai, à le remonter tout entier, et dix ou quinze jours suffiraient à un bon vapeur pour franchir la distance qui sépare Shang-Haï de Tchong-King ; mais cette dernière ville est fermée aux steamers, tant chinois qu'européens ; les jonques et les petites barques à voiles ou à rames y trouvent seules un libre accès ; pour les autres bateaux, Y-Tchang est une limite qu'ils ne peuvent franchir sans s'exposer aux peines les plus sévères ; la durée du voyage entre Y-Tchang et Tchang-King est ainsi doublée, triplée, quadruplée même, et, selon toutes probabilités, il ne nous sera guère possible d'arriver au Su-Tchuen avant les premiers jours de février.

C'est bien long, chers parents, long pour moi d'abord qui, depuis deux mois déjà, soupire après ma chère Mission ; long pour vous aussi, car, désormais, il me sera plus difficile de vous écrire avec la même régularité qu'autrefois. A partir de Y-Tchang surtout, les stations où je pourrai déposer une lettre sont assez rares : à peine s'il s'en trouve une ou deux avant Tchang-King. Mais soyez assurés, parents bien-aimés, que je ferai de mon mieux pour remplir un devoir d'ailleurs si doux à mon cœur.

Et, puisque la course est longue, hâtons-nous de quitter Shang-Haï et pénétrons dans l'intérieur de la Chine.

17 DÉCEMBRE

Vers cinq heures du matin, quelques coups de cloche viennent soudain me tirer du sommeil ; je saute à bas de mon lit, et, persuadé que je me trouve encore à la procure des Missions étrangères, je m'habille en toute hâte, afin de répondre promptement à la voix qui chaque matin depuis quelque temps m'invite à l'oraison et à la célébration de la sainte Messe. Un léger balancement imprimé aux objets qui m'environnent, un bruit de chaînes que l'on traîne ne tardent pas à faire cesser mon illusion et à me rappeler que, la veille, j'ai de nouveau quitté la terre ferme pour m'embarquer sur le *Ngan-King*.

Le bateau devait lever l'ancre à deux heures du matin, et cependant on le dirait immobile. Afin de m'assurer si nous mouillons encore près du quai, je me hâte de gagner la plate-forme, située au-dessus des cabines : autour du *Ngan-King* règne une obscurité profonde, rendue tout à fait complète par un brouillard des plus épais. Debout à l'avant, une lunette de nuit à la main, le capitaine essaye vainement de distinguer quelque chose à travers le voile sombre qui nous environne.

De guerre lasse, il dépose sa longue-vue et, m'apercevant, s'empresse de venir me saluer avec une cordialité et une bonne grâce que l'on trouve rarement chez nos voisins d'outre-Manche.

J'apprends alors de lui que nous avons quitté le port à l'heure fixée et redescendu le *Whang-Poo* ; puis le *Ngan-King* s'est engagé dans le *Fleuve Bleu* ; mais le brouillard s'est levé vers cinq heures, et, à cause du voisinage des bancs de sable, on a jeté l'ancre ; les coups de cloche qui m'ont réveillé étaient le signal de stopper.

Aux premiers rayons de l'aurore, le brouillard commence à se dissiper, et le *Ngan-King* peut reprendre sa marche, inférieure à celle du *Yang-Tsé*. La vitesse de ce bateau est encore, malgré la force du courant, de dix à quinze kilomètres à l'heure.

Mais, si notre voyage s'effectue d'une manière un peu moins rapide, en revanche, nous sommes beaucoup mieux installés que sur le paquebot français. Le *Ngan-King*, comme la plupart des bateaux qui remontent le *Fleuve Bleu*, se divise en deux parties : l'une, à l'avant, exclusivement réservée aux Européens ; l'autre, à l'arrière, pour les Chinois. Les cabines sont sur le pont et renferment deux lits seulement, de sorte que l'on y est tout à fait à l'aise. A côté, un vaste salon servant de réfectoire, et, au dessus, une plate-forme qui tient toute la longueur du bateau et d'où le regard peut s'étendre au loin.

C'est sur cette plate-forme que j'ai commencé ma méditation, après avoir quitté le bon capitaine anglais. Mes confrères
ne tardent pas à venir m'y rejoindre. Bientôt un *boy* s'avance
vers nous et nous annonce que le café est servi. Tout le
monde décline l'invitation, car deux d'entre nous vont célébrer la sainte Messe, et les autres y recevront la communion.
Pour avoir ce bonheur, volontiers chacun se résigne à jeû-
ner jusqu'à midi. Mais cela n'est même pas nécessaire ; à
huit heures et demie, au moment où nous terminons notre action de grâces, le son d'une clochette retentit dans le salon, et
le maître d'hôtel vient nous inviter à prendre le premier déjeuner. Désormais, pendant les quelques jours que nous passerons
à bord du *Ngan-King*, c'est le régime anglais qu'il nous faudra subir : *cinq* repas par jour, et Dieu sait quels repas !
Une véritable avalanche de biftecks et de rosbifs. Par contre,
le pain n'abonde guère et est remplacé par les pommes de
terre. Le vin est encore plus rare, et, sans une aimable attention du capitaine, nous devrions nous mettre au régime de la
bière ou de l'eau claire. Mais je vous avoue que cela nous
coûterait moins que d'affronter cette multitude de repas dont
on ne peut se dispenser par politesse et où l'on est obligé de
faire bonne figure, sous peine d'attirer l'attention des officiers du bord et de provoquer des questions plus ou moins
embarrassantes. Ces braves Anglais s'imaginent que tout le
monde est doué d'un appétit égal au leur. Heureusement ce
régime ne durera que quelques jours.

Cependant les rives du fleuve, fort éloignées au début, se sont resserrées peu à peu ; mais le paysage n'offre rien de bien intéressant ; de chaque côté, de vastes plaines au milieu desquelles s'élèvent quelques arbres dépouillés de leur verdure. De distance en distance apparaissent de gros villages.

A leur approche, le *Ngan-King* ralentit sa marche ; une barque se détache du bord, nous amène une trentaine de Chinois, puis l'on repart à toute vapeur.

Nous allons ainsi à travers le Kiang-Si [1], et aucun incident notable ne vient rompre la monotonie de cette première journée. Bientôt la nuit tombe, le silence se fait autour de nous, et l'on n'entend plus que la voix des deux matelots occupés à jeter la sonde, et qui, de temps à autre, font connaître au pilote la profondeur du fleuve.

A neuf heures et demie, éclate soudain un véritable tumulte ; nous venons de jeter l'ancre à Chin-Kiang, la première station de bateaux sur la rive droite du *Fleuve Bleu*, et les Chinois prennent d'assaut le *Ngan-King* ; c'est à qui arrivera le premier aux marchandises à débarquer. Puis commencent leurs chants, car, en Chine, on aime à travailler en cadence, et je vous assure qu'il faut avoir de la bonne volonté pour s'endormir au bruit de cette sérénade peu harmonieuse.

---

[1] C'est la région où se trouve la mission de notre éminent compatriote, Mᵍʳ Bray.

18 DÉCEMBRE

Le *Ngan-King*, continuant à s'avancer dans l'intérieur du Kiang-Si, a dû passer, vers quatre heures du matin, en face de Nan-King, l'une des plus grandes villes de la Chine et dont nous aurions pu, en plein jour, apercevoir les hautes murailles et les tours magnifiques.

Nous approchons maintenant des frontières du Kiang-Si et du Ngan-Wi. La région des plaines se continue encore, mais un peu moins dénudée que la veille. Les abords du fleuve disparaissent sous une forêt de roseaux longs et serrés. A les voir, de loin, onduler sous la brise matinale et dorée par les premiers rayons du soleil levant, on dirait, si la saison était moins avancée, de vastes champs de blé prêts pour la moisson : l'illusion est complète, rien ne manque au tableau, pas même les moissonneurs ; ils sont venus dès l'aube commencer leur besogne ; quelques-uns armés de larges faucilles coupent les roseaux ; d'autres en forment des gerbes ; d'autres enfin réunissent ces gerbes en meules tout à fait semblables à celles qui, pendant l'été, couvrent les champs de l'Auvergne. Et, comme le Chinois est essentiellement pratique, il n'a garde, le soir venu, de regagner sa demeure située quelquefois à des distances considérables ; ce serait une fatigue inutile, une perte de temps notable.

A l'intérieur des meules de roseaux on laisse un espace

vide, et c'est là que toute la famille passe la nuit. De ces huttes improvisées sortent des légions de pauvres petits êtres, en guenilles, qui nous tendent la main et sollicitent sans doute des sapèques afin de pouvoir ajouter quelque chose au maigre bol de riz qu'ils dévorent avec avidité : c'est là leur seule nourriture pour la journée entière, bienheureux encore lorsque la famine ne vient pas les priver de cet aliment et les réduire à subsister pendant plusieurs mois de racines et d'herbes sauvages.

Au-delà des champs de roseaux se montrent quelques villages vers lesquels se dirigent de petits canaux qui partent du fleuve et sillonnent la campagne dans tous les sens : c'est le moyen de communication le plus usité et le plus commode dans ces pays de plaine, car les routes sont rares ; les Chinois aiment mieux faire de vastes rizières que de larges voies, à peine laissent-ils çà et là quelques étroits sentiers dans lesquels deux hommes ne pourraient jamais aller de front ; mais cela suffit aux brouettes et aux chaises à porteurs, les seuls véhicules usités dans ces contrées.

Les champs de roseaux se continuent encore pendant quelque temps, puis, sur la rive gauche, apparaît Tai-Ping, ville fortifiée située aux confins du Kiang-Si et du Ngan-Wi. Notre bateau passe devant ses murailles, sans s'arrêter, et, vers onze heures, jette l'ancre à Woo-Hoo : c'est la seconde station sur le *Fleuve Bleu*. Les maisons européennes y sont nombreuses ; entre toutes se font remarquer par leur élégance les établissements de plusieurs sectes de l'Église réformée ;

c'est de là qu'elles envoient dans l'intérieur leurs marchands
de Bibles. Mais ils ont affaire à forte partie : les Pères Jésuites, afin de mieux combattre leur influence délétère,
viennent d'établir à Woo-Hoo le centre d'une nouvelle mission
qui embrassera tout le Ngan-Whi.

Nous stoppons une heure, puis le *Ngan-King* reprend sa
marche ; peu à peu le terrain devient plus accidenté, et bientôt le fleuve se trouve encaissé entre deux hautes chaînes de
montagnes, celle de Gus à droite, celle de Sang-Sing à
gauche.

Au fond des vallées, dans chaque enfoncement, nous
apercevons des villages, défendus du côté de la terre par de
longues lignes de muraille qui courent sur la crête des montagnes.

Quelques-uns de ces sites sont vraiment pittoresques, et
j'éprouve à les contempler un plaisir d'autant plus vif qu'ils
me rappellent le pays natal.

Le tableau varié que nous avons eu sous les yeux depuis le
matin nous a fait trouver cette journée bien courte ; sans cela,
d'ailleurs, les heures passeraient vite à bord du *Ngan-King*,
et personne assurément n'éprouverait une seconde d'ennui ;
ici, en effet, nous avons retrouvé ce qui nous manquait sur
le *Yang-Tsé*, le silence, la paix, la tranquillité, tout ce qui,
en un mot, rend possible et facilite la vie de règle. Seuls
passagers européens, nous pouvons disposer comme bon nous
semble de deux grandes cabines et d'un salon ; les officiers

sont pour nous d'une prévenance excessive et veillent soigneusement à ce que les Chinois n'empiètent jamais sur notre territoire et ne troublent pas notre retraite.

Nous sommes de la sorte tout à fait chez nous ; aussi notre vie de règle, reprise à Shang-Haï, n'a pas été interrompue un seul instant depuis le départ ; nos petits exercices de piété se font en commun et, si la présence réelle de Jésus nous manque encore, nous avons du moins la consolation de songer qu'il se trouve d'une manière spéciale au milieu de ses enfants réunis en son nom pour prier.

19 DÉCEMBRE

Le *Fleuve Bleu* s'est dégagé de la vallée profonde dans laquelle l'enferment les monts Lang-Ling et Gno ; il coule maintenant au milieu d'une vaste plaine qui s'étend, sur la droite, à perte de vue : à gauche, quelques collines se détachent encore çà et là : ce sont des ramifications des montagnes Whang-Shan dont les hautes cimes apparaissent dans le lointain.

Mais, aujourd'hui, le paysage environnant semble n'avoir presque plus de charmes pour moi ; mes yeux obstinément fixés sur le fleuve devancent le *Ngan-King* et semblent chercher quelque chose qu'ils ne découvrent pas assez vite, au gré de mes souhaits ; chaque fois qu'un groupe d'habitations se montre à l'horizon, je m'empresse de demander le nom de la ville ou du village en vue, et le désappointement qui se peint sur mon visage prouve bien que ce n'est pas encore là l'objet de mes désirs.

Serait-ce, par hasard, Tchong-Kiang que je voudrais ainsi voir apparaître soudain sur les rives du *Fleuve Bleu?* Non, mes rêves ne sont pas si ambitieux, et mon impatience d'arriver dans ma nouvelle patrie ne m'a pas fait oublier l'énorme distance qui nous sépare encore du Su-Tchuen oriental. La ville que je cherche des yeux appartient au Kiang-Si où nous avons pénétré ce matin et elle s'appelle Kin-Kiang. J'espère y retrouver un ami dévoué, un frère en Jésus et Marie, le P. Coutarel [1], dont la douce et sympathique figure vivra à jamais dans mon souvenir. C'est au Grand Séminaire de Saint-Flour que j'ai eu le bonheur de le connaître et de l'apprécier ; depuis un an déjà, nous vivions l'un près l'autre, sans qu'aucune relation particulière eût jamais existé entre nous, lorsque, presque en même temps, le bon Dieu daigna parler à nos âmes. Aussitôt, par une sorte d'intuition particulière à ceux que Jésus honore de ses confidences, chacun devina ce qui se passait dans le cœur de son frère : dès lors, nos deux vocations, écloses sous le même souffle vivifiant, à l'ombre du même sanctuaire, n'en formèrent plus, pour ainsi dire, qu'une seule. Le but vers lequel nous tendions était, il est vrai, un peu différent : l'abbé Coutarel brûlait de suivre

---

[1] Originaire de Labessayre, canton de Ruines, neveu de M. le curé-doyen de Chaudesaigues, frère d'une carmélite et d'une religieuse de Saint-Joseph.

au Kiang-Si Mgr Bray dont la parole apostolique avait jeté dans son âme les premiers germes de vocation, et moi je ne cessais de rêver au Séminaire des Martyrs. Mais une commune ambition nous unissait : voler au secours des infidèles, tel était notre désir à tous deux, peu importait le lieu où il devait se réaliser.

Autour de nous, n'avaient pas tardé à venir se grouper quelques autres âmes, animées des mêmes sentiments, tourmentées par les mêmes rêves. Ainsi s'était formée peu à peu cette *bande joyeuse* dont le souvenir n'est sans doute pas encore complètement effacé, au Grand Séminaire de Saint-Flour. Chaque mercredi, nos voix s'unissaient, et les chants des Missions étrangères éveillaient les échos de Bégut[1]. Chacun, suivant ses aspirations, chantait *Noble Tong-King* ou *Noble Kiang-Si* et proclamait magnifiques entre tous les rivages de l'*Annam* ou ceux de la *Chine ;* mais l'entente devenait parfaite lorsqu'il s'agissait de redire :

> Quand combattrai-je dans l'arène
> Contre la fureur du tyran ?
> Quand verrai-je à mon pied la chaîne,
> Autour de mon cou le carcan ?
> Mes amis sont couverts de gloire
> Et moi je ne puis que gémir,
> Je veux pour gagner la victoire
> Mourir, mourir, mourir !

---

[1] Maison de campagne et propriété du Grand Séminaire.

Parfois, afin de donner le change aux confrères non initiés
à nos secrets, on modifiait quelques paroles, et l'on chantait
par exemple :

> Il est si doux de se trouver ensemble
> A Bégut, à Bégut.

Et cela était vrai, sans doute, car les journées que nous
passions ainsi nous semblaient agréables entre toutes ; mais
le refrain exact, le seul vraiment juste, celui qui résonnait au
fond de nos cœurs pendant que nos voix disaient : A Bégut,
à Bégut ! ne pouvait être que celui-ci : *Aux Missions, aux
Missions !* la rime le demandait, la raison et surtout le cœur
l'exigeaient d'une manière plus impérieuse encore. Ainsi se
passaient les jours de congé ; la règle, un peu élargie pour
la circonstance, permettait cette gaîté bruyante. Au Séminaire, nous étions plus paisibles, mais, bien souvent, le soir,
lorsque l'ombre s'étendait sur la terrasse, agenouillés derrière
le petit massif au milieu duquel s'élève la statue de la sainte
Vierge, nous implorions le secours de la reine des Apôtres
et des Martyrs, et nos cœurs et nos voix unissaient dans une
commune invocation le V. Théophane Vénard et le B. Perboyre[1]. Un groupe s'avançait-il alors de notre côté, aussitôt
nous prenions la fuite, comme des coupables, non par respect humain — car, dans la famille des vrais enfants du bon

---

[1] On sait que le Vénérable Théophane Vénard, martyrisé au Tong-King,
appartenait aux Missions étrangères, et que le B. Perboyre est une des
gloires de Saint-Lazare.

Dieu, quelqu'un pourrait-il jamais rougir d'être surpris, par ses frères, à genoux devant la plus tendre et la plus douce des Mères ? — mais afin qu'aucune manifestation extérieure ne fît trop soupçonner nos projets avant leur exécution. Le silence est l'âme des grandes choses, et nous aimions à nous en entourer autant que possible.

Tels sont les souvenirs qui se réveillent en foule dans mon esprit, pendant que mes yeux cherchent vainement Kin-Kiang sur la rive droite du *Fleuve Bleu*. Midi vient de sonner, et la cloche nous appelle au dîner. Je quitte à regret mon poste d'observation : un officier que je rencontre me rend un peu d'espoir en m'annonçant que dans une heure nous serons arrivés. De fait, au moment où nous quittons la table, le *Ngan-King* jette l'ancre en face de la ville que, depuis le matin, j'appelle de tous mes vœux.

A voir ainsi Kin-Kiang du fleuve, on dirait presque une ville européenne.

Les constructions chinoises disparaissent à peu près complètement derrière une longue ligne de maisons grandes, régulières et blanchies à la chaux ; entre ces maisons et le fleuve est un quai large et élevé, capable de rivaliser avec ceux de la Seine. Mais je ne jette sur tout cela qu'un coup d'œil distrait et, avec mes confrères, j'ai hâte d'aller à la recherche de la maison des Lazaristes.

Le bon capitaine du *Ngan-King*, afin de nous épargner des pas inutiles, pousse l'amabilité jusqu'à nous donner un guide, et, cinq minutes après, nous sommes à la résidence des Pères.

Deux missionnaires encore dans la force de l'âge et un vénérable vieillard nous reçoivent ; mais j'ai beau porter à droite et à gauche mes regards inquisiteurs, le P. Coutarel ne paraît point : prêtre depuis un an déjà, il travaille, au fond du Kiang-Si, à la conversion des pauvres infidèles ; la lettre par laquelle je l'avertissais de mon passage lui est sans doute parvenue ; mais, pour revoir un ami et gouter une satisfaction même légitime, le bon Pasteur ne saurait délaisser le troupeau confié à ses soins ; avant tout, il se doit à ses brebis, et cette obligation prime les autres.

Pauvre *bande joyeuse*, chère petite compagnie, comme nous aimions à l'appeler, hélas ! les beaux jours sont passés pour ne plus revenir.

Et, maintenant, le bon Dieu semble vouloir nous faire expier à tous les douceurs que nous goûtions ensemble. A quelques-uns, à ceux qui méritaient le mieux, Il ne donne qu'amertumes, croix et épreuves. D'autres, plus heureux, se voient au comble de leurs désirs et foulent cette terre de Chine après laquelle ils avaient si longtemps soupiré ; mais à ceux-là aussi, afin de leur rappeler que le renoncement à tout doit être le pain quotidien du missionnaire, à ceux-là Il refuse la consolation de se saluer une fois encore. Bénie soit, néanmoins, bénie soit à jamais la main divine qui dispose ainsi chaque chose pour la plus grande gloire de Celui dont nous ne sommes trop souvent que les inutiles serviteurs. Daignent

Jésus et Marie alléger la croix de nos frères dont les saints désirs n'ont pu encore se réaliser, et en faire de vaillants apôtres sur la terre de France s'il ne leur est pas donné de venir exercer leur apostolat en Chine.

Séparés ici-bas, les membres de la *petite compagnie* auront, du moins, il faut l'espérer, le bonheur de se retrouver au Ciel pour chanter, avec plus de force et d'entrain que jamais, les louanges du bon Dieu, pendant toute l'éternité.

Je quitte donc Kin-Kiang sans avoir pu saluer le P. Coutarel ; je n'ai pas eu, non plus, l'avantage de présenter mes respects à Mgr Bray qui voulut bien m'honorer d'un entretien particulier, lors de son passage à Saint-Flour, et m'encourager dans mon dessein de me consacrer aux Missions ; le saint évêque fait, en ce moment, la visite de ses chrétientés[1].

Pendant quelques heures encore, nous longeons la partie septentrionale du Kiang-Si, puis le *Ngan-King* pénètre dans le Hou-Pé. C'est la terre que le bienheureux Perboyre a rendue chère et vénérable à tout cœur chrétien par son glorieux martyre. Nous la traverserons dans toute sa longueur et ne la quitterons que pour entrer dans le Su-Tchuen oriental[2].

[1] On sait que Mgr Bray est originaire de Siran, près Laroquebrou. En 1888, il a passé quelques mois en France et dans sa famille qu'il n'avait pas vue depuis vingt ans.

[2] C'est encore dans le Hou-Pé qu'est mort le P. Peschaud, frère de l'ancien économe du Grand Séminaire, qui lui-même a évangélisé ce pays pendant plus de vingt ans.

20 DÉCEMBRE

Très accidentées aux confins du Kiang-Si et du Hou-Pé,
les rives du *Fleuve Bleu* deviennent plus unies à mesure que
nous approchons de Han-Kow où nous devons quitter le *Ngan-
King* pour prendre un vapeur moins grand qui nous conduira
jusqu'à Y-Tchang.

Han-Kow est une ville semi-européenne, située sur la rive
gauche du *Fleuve Bleu*, à 400 lieues environ de Shang-Haï.
Les Russes y dominent; on y trouve aussi un nombre considérable d'Anglais, d'Américains, quelques Italiens et quelques
Français.

Mais ce qui la distingue surtout des autres villes, c'est le
nombre considérable des ministres et des *ministresses* de
l'Église réformée qui en ont fait leur place forte et rayonnent
de là dans le Hou-Pé, le Hou-Nan, le Kouy-Tchean, le Su-
Tchuen, le Ho-Nan. Partout le missionnaire catholique les a
devancés et jeté la bonne semence ; s'ils arrivent à y mêler un
peu de zizanie, les fruits qu'ils en recueillent sont loin d'être
abondants et d'égaler la riche moisson qui chaque année vient
récompenser les sueurs des enfants des Missions étrangères
et des humbles fils de Saint-François.

A ceux-ci le Saint Père a confié le Hou-Pé tout entier, et
c'est le procureur de la Mission, le P. Vaudagna, qui vient
nous chercher, à bord du *Ngan-King*, à notre arrivée à Han-

Kow. Nous retrouvons, chez lui, les deux confrères qui nous avaient précédés. Ils devaient pousser jusqu'à Y-Tchang et louer une barque, mais la chose a déjà été faite par deux courriers envoyés du Su-Tchuen oriental à notre rencontre.

La petite bande apostolique est ainsi reformée et jusqu'au Su-Tchuen oriental il n'y aura plus de nouvelle scission. A Han-Kow nous retrouvons aussi deux des Pères Franciscains venus de Marseille sur le *Yang-Tsé*. Moins heureux que nous, ils attendent encore leurs passeports pour pénétrer dans le Chen-Si.

Tous ensemble, nous allons, dans l'après-midi, visiter l'hospice, orphelinat de la ville, tenu par les Sœurs Canossiennes. C'est un vaste rendez-vous de toutes les misères, de toutes les infirmités. Cinq cents personnes au moins s'y trouvent rassemblées. Fiévreux, aveugles, paralytiques, enfants abandonnés y ressentent les doux effets de cette charité universelle, infinie, en quelque sorte, comme Celui-là même qui en est la source inépuisable. Lorsque nous pénétrons dans une salle, les malades se soulèvent sur leurs grabats, les petits enfants se jettent à deux genoux, inclinent leurs fronts dans la poussière : tous sollicitent humblement une bénédiction à laquelle ils répondent par un long cri de reconnaissance et d'amour.

Et cela ne suffit pas encore aux pauvres orphelins ; ils s'attachent aux pas de ceux qu'ils regardent comme leurs vrais pères, nous suivent partout, se prosternent à chaque instant et nous demandent de les bénir une fois de plus. Il faut que les bonnes sœurs mettent fin à leurs naïves et touchantes démonstrations, car, sans cela, ils ne nous quitteraient pas et nous accompagneraient de leurs remerciements jusqu'à la procure.

C'est déjà une partie du centuple promis par l'Évangile au missionnaire apostolique : à la place de nos mères, de nos sœurs, de tous les membres d'une famille bien-aimée, nous trouvons, à chaque pas et en plus grand nombre, des êtres qui nous témoignent une sympathie et une affection sans bornes.

Que sera-ce lorsque nous aurons pénétré dans nos missions respectives, lorsque nous vivrons au milieu de nos chrétiens du Su-Tchuen !

21 DÉCEMBRE, DERNIER DIMANCHE DE L'AVENT

Cette seconde journée passée à Han-Kow n'est pas moins féconde que la première en douces émotions, en exemples édifiants. Longtemps avant la messe, les fidèles remplissent le saint lieu et récitent en chœur de longues prières ; les voix sont peut-être légèrement criardes, l'ensemble laisse parfois à désirer, mais l'accent est de ceux qui partent du fond de l'âme et dénotent une foi vive et ardente, une foi vierge sur laquelle n'a passé aucun souffle de tiédeur.

Venus dès la première heure, les fervents chrétiens de

Han-Kow ne se contentent pas de l'audition de la sainte Messe ; ils restent là, pendant un temps considérable encore. Puis, immédiatement après midi, leurs prières et leurs supplications recommencent pour ne cesser qu'à la tombée de la nuit.

Il est bien petit, sans doute, le nombre de ces adorateurs fidèles, surtout si on le compare à l'immense multitude de ceux qui demeurent encore plongés dans les ténèbres et assis à l'ombre de la mort. Bien peu ont écouté la parole du salut, ouvert les yeux à la lumière, courbé le front devant la croix du Rédempteur ; mais, du moins, leurs prières sont ferventes, et, dans la naïve simplicité de leur foi, ils inondent le Cœur de Jésus des plus suaves consolations, tandis que des milliers de chrétiens, indignes de ce beau nom, l'affligent par leur tiédeur, leur relâchement et leur ingratitude.

Si cette ferveur console Jésus, elle réjouit aussi grandement l'âme du missionnaire, heureux témoin du zèle de son petit troupeau ; il comprend plus que jamais la grâce que le bon Dieu lui a faite en le choisissant pour exercer le saint ministère au milieu des régions lointaines. Cette grâce m'apparaît dans toute son étendue, à mesure qu'il m'est donné de mieux connaître les chrétiens des missions, à mesure surtout que je pénètre dans l'intérieur de la Chine, car, si l'on veut trouver la foi dans sa splendeur première, il faut la chercher là où l'Européen n'a pas encore pénétré... Dans cette église de Han-Kow où elle se manifeste encore si pure et si vive,

je remercie de tout mon cœur le bon Dieu de m'avoir, malgré
mon indignité, appelé à être missionnaire.

Et ainsi s'est écoulé, agréable entre tous, le saint jour du
Seigneur; ils sont si peu nombreux, les dimanches qu'il nous
a été donné de sanctifier ainsi depuis que nous avons quitté
la France, qu'on se plaît à les compter. Aujourd'hui nous
avons tous les bonheurs : après les douces consolations que
nous avons éprouvées, voilà que, sur le soir, afin que notre
joie devienne complète, nous arrive du Su-Tchuen méridio-
nal un de nos confrères les plus sympathiques, le Père de
Guébriant, appelé à Shang-Haï pour affaires de famille : en
son aimable compagnie, la soirée passe bien vite, et c'est à
regret que nous quittons ce pieux et saint missionnaire.

22 DÉCEMBRE

Mais à Han-Kow, pas plus qu'à Shang-Haï, nous n'avons
de demeure; celle que nous cherchons pour le moment, en
attendant qu'il plaise au bon Dieu de nous en donner une plus
stable encore, est au Su-Tchuen; c'est là qu'il faut aller la
chercher.

Le petit vapeur que nous attendions est sur le point de
lever l'ancre ; *Y-Ling*, tel est son nom et, s'il faut en croire le
bruit public, nous aurons là un médiocre marcheur. Enfin, à
défaut de mieux, force nous est de nous contenter de ce
bateau ; s'il est peu rapide, il aura du moins l'avantage de
nous habituer aux lenteurs de la barque chinoise.

A huit heures du soir, par une pluie battante, nous nous dirigeons vers le fleuve ; les rues de la ville, ordinairement d'un accès assez difficile, sont aujourd'hui transformées en véritables ruisseaux bourbeux, au milieu desquels on se trouve très mal avec des souliers chinois. Encore peu habitués à ce genre de chaussures, nous avons toutes les peines du monde à garder l'équilibre et à ne pas mesurer le terrain, presque à chaque pas.

Enfin, grâce à un surcroît de précautions, nous arrivons au bateau sans incident fâcheux ; là du moins nous espérons trouver un abri contre la pluie qui tombe de plus belle. Mais notre confiance diminue lorsque nous mettons le pied sur le pont du *Y-Ling*. On nous introduit au salon : une petite pièce de deux ou trois mètres carrés où nous pouvons à peine tenir tous les six et encore à la condition de laisser ouverte la porte ou la fenêtre, car sans cela l'air manquerait bientôt. Naturellement, la pluie, poussée par le vent, pénètre comme chez elle. Les cabines ne sont guère plus habitables ; nos malles les remplissent déjà à moitié et laissent seulement libres deux sortes de rayons, à peine un peu plus larges que ceux d'une bibliothèque, et fixés l'un au-dessus de l'autre contre la cloison. C'est ce qu'on appelle des lits ; on ne s'en douterait guère, car il n'y a ni matelas, ni draps, ni couverture, pas même une simple natte.

Mais tout bon Chinois porte cela avec lui, et, avant de quitter Shang-Haï, les procureurs nous ont donné un mobilier

complet : une natte, un matelas épais de deux ou trois centimètres, une couverture ouatée, une seconde en laine ; c'est
plus qu'il n'en faut pour passer une excellente nuit. Chacun
s'installe de son mieux ; on se préserve de la pluie facilement,
car les cabines, situées dans l'entrepont, n'ont d'autre ouverture qu'une porte basse et étroite ; par les fissures nous
arrive juste assez d'air pour ne pas étouffer ; bien que
l'atmosphère ne soit pas très pure, nous ne tardons pas à
dormir du sommeil des bienheureux.

23 DÉCEMBRE

Les chants cadencés des matelots chinois nous réveillent au
petit jour. Le *Y-Ling*, parti de Han-Kow vers dix heures
du soir, a stoppé peu de temps après ; c'est le commencement des lenteurs qu'on nous a prédites ; ordinairement trois
jours suffisent pour arriver à Y-Tchang ; avec notre bateau
ce sera un vrai bonheur, presque un miracle si nous parve-
nons au terme de notre voyage dans une semaine.

La pluie continue toujours, et le petit salon, malgré son
exiguïté, est un abri où nous sommes tout heureux de pouvoir nous réfugier. Heureusement qu'il n'y a pas d'autres
passagers européens ; en même temps que nous, il est vrai,
nous arrivaient hier trois ministres protestants ; l'un d'eux,
même, conduisait *Madame* avec lui ; mais, à la vue du peu
de confort du *Y-Ling*, révérends et révérende se sont

hâtés de battre en retraite. Tant mieux, car leur compagnie nous aurait été très peu agréable.

A bord du *Y-Ling*, il n'y a guère que des Chinois; le capitaine seul est Américain, et, depuis trente-cinq ans, il habite la Chine. C'est un bon vieux qui, dès le premier instant, se montre plein d'égards pour nous; il a mis à notre disposition sa propre cabine, un peu plus spacieuse que les autres, et ainsi il nous sera possible de célébrer chaque jour une ou deux messes.

Enfermés par la pluie, nous ne pouvons guère apercevoir les rives du fleuve que par une étroite fenêtre; rien de bien intéressant d'ailleurs; toujours des plaines succédant à des plaines. Le temps passe vite néanmoins, et nos petits exercices de piété, auxquels succèdent d'agréables causeries empreintes d'une gaieté toute apostolique, nous font trouver la journée bien courte; et puis il y a aussi les heures de travail pendant lesquelles chacun s'occupe un peu à sa manière : celui-ci en revoyant un peu sa théologie, celui-là en jetant un coup d'œil sur les éléments de la langue chinoise; le plus grand nombre en écrivant aux parents et aux amis de France.

24 DÉCEMBRE

Le soleil se lève radieux et, pour la première fois depuis Shang-Haï, des arbres apparaissent avec un reste de verdure, au milieu des vastes plaines qui nous entourent. Sous les rayons de ce soleil d'Orient qui embellit tout ce qu'il éclaire, la nature entière semble prendre un air de fête pour célébrer l'arrivée d'Emmanuel, le Désiré des nations, l'aimable Enfant de la Crèche qui vient apporter au monde le salut et la Rédemption.

25 DÉCEMBRE

A cette belle journée printanière succède une nuit non moins belle, non moins douce, non moins pure. Au ciel les étoiles s'allument une à une et brillent d'un éclat plus vif. On dirait que ces êtres inanimés ont conscience du grand avènement qui se prépare et veulent célébrer à leur manière les grandeurs du Dieu fait homme, à la place de tant de créatures raisonnables qui, sur cette terre de Chine, ne soupçonnent même pas l'existence du grand mystère accompli il y a dix-huit siècles.

Oh ! la splendide nuit de Noël !... Il n'y manquait que la voix des anges... Nous voudrions bien la remplacer de notre mieux et jeter aux échos d'alentour le *Gloria in excelsis*, ce chant apporté des cieux à la terre et digne entre tous de retentir près du berceau de l'Enfant-Dieu ; mais, dès onze heures du soir, le *Y-Ling* a stoppé, suivant son habitude, et le calme profond qui règne autour de nous, s'il favorise le recueillement, se prête peu aux manifestations bruyantes. Notre fête sera donc tout à fait silencieuse ; mais, du moins, nous aurons une véritable crèche dans laquelle Jésus habitera réellement.

A onze heures et demie nous commençons la récitation des *Matines* dont les premiers mots sont l'annonce du grand mystère : « Le Christ est né pour nous, venez l'adorer. » Il naît, en effet, ce divin Sauveur, là sur l'autel, à la voix de chacun de nous, car, tous, nous avons le bonheur de célébrer une Messe. Quoique notre Crèche improvisée soit décorée de nos plus beaux ornements, elle demeure encore bien modeste ; mais elle n'en est que plus semblable à celle de Bethléem, et puis, ce que nous. avons préparé avec un soin tout particulier, ce sont nos cœurs où Jésus aime à trouver une demeure digne de Lui.

A trois heures du matin, toutes les Messes sont terminées ; nous psalmodions encore les *Laudes* pour rendre grâces au divin Sauveur de nous avoir visités une fois de plus, puis, après le réveillon traditionnel, chacun songe à aller prendre un peu de repos.

Une si longue veille dispose on ne peut mieux à un sommeil profond ; aussi le soleil est déjà bien haut sur l'horizon lorsque les premiers éveillés quittent la cabine.

Le temps est toujours superbe, et la campagne conserve son air de gaîté; les arbres, la verdure abondent plus que jamais sur les rives du *Fleuve Bleu*, et, pour animer encore davantage ce riant tableau, des bandes d'enfants ne cessent de nous poursuivre, sollicitant à grands cris des sapèques et des bouteilles

vides pour lesquelles ils semblent avoir une prédilection toute
spéciale.

Au déclin du jour, néanmoins, le ciel, après s'être associé
à la joie universelle, commence à se couvrir de nouveau et
nous promet encore des averses.

Le *Y-Ling*, au lieu d'accélérer sa marche, redouble en
quelque sorte de lenteur au point de se laisser dépasser par
de vulgaires jonques chinoises.

Bientôt le fleuve s'élargit et devient semblable à un
immense lac ; la sonde indique une profondeur insuffisante
pour notre bateau. On jette l'ancre ; un petit canot se détache
du *Y-Ling* ; quatre hommes le montent ; ils explorent le fleuve
dans tous les sens, mais en vain ; la nuit arrive, et on n'a pu
trouver une voie par laquelle il nous soit possible de sortir de
ce mauvais pas.

26 DÉCEMBRE

Dès l'aube, le canot part de nouveau à la découverte, mais
sans plus de résultat. On fait alors les signaux de détresse, et
bientôt, d'un village assez rapproché, deux énormes chalands
se dirigent vers nous. Ils viennent se placer un de chaque
côté du *Y-Ling*. On dispose au-dessus les bagages et les
marchandises ; ainsi allégé, notre bateau se trouve à même
de franchir cette passe difficile et repart, traînant à sa suite
es deux chalands. Puis il faut transborder de nouveau les

colis ; nous avons ainsi perdu vingt-deux heures, et vers midi seulement nous pourrons nous remettre en marche pour stopper encore à la tombée de la nuit.

27 DÉCEMBRE

L'ancre est levée au grand jour seulement ; le *Y-Ling* a déployé une lenteur telle qu'un autre bateau, parti quarante-huit heures après nous, nous dépasse et ne tarde pas à disparaître à nos yeux.

A une heure cependant, nous l'apercevons de nouveau immobile au milieu du fleuve ; peu après il reprend sa marche, mais avec beaucoup de circonspection. Cela nous donne l'éveil, et le *Y-Ling*, lancé depuis un instant à toute vapeur, modère à son tour son allure. Bien lui en a pris, car cinq minutes après nous sommes sur un banc de sable. Grâce à son peu de vitesse, le bateau ne s'y est pas engagé bien avant, et quelques efforts suffisent pour le dégager. On recule l'ancre, et le petit canot va encore sonder le fleuve. Il est plus heureux cette fois et revient, une demi-heure après, annoncer que le *Y-Ling* peut sans crainte s'engager sur la gauche. Le soir venu, on stoppe encore jusqu'à minuit.

28 DÉCEMBRE

Enfin, après un voyage de sept jours, nous approchons de Y-Tchang. Cette petite ville occupe, sur la rive gauche du fleuve, une position magnifique ; en face, aussi loin que le regard peut s'étendre, des montagnes, des pics grandioses ; on se croirait au milieu du plateau central.

29, 30, 31 DÉCEMBRE

Les Pères franciscains belges nous ont accordé une généreuse hospitalité, et nous passons auprès d'eux ces quelques jours en attendant que nous puissions nous diriger sur le Su-Tchuen.

Une de nos premières visites a été pour le séminaire que les bons Pères viennent de fonder ; dix élèves seulement s'y trouvent encore réunis. C'est le grain de sénevé qui se développera avec le temps et deviendra un arbre dont les rameaux s'étendront sur le Hou-Pé. Chaque soir, à quatre heures, nous allons à l'orphelinat des Sœurs Franciscaines assister au salut, et entre temps nous faisons quelques courses à travers la campagne.

Aujourd'hui 31 décembre je termine cette lettre ; et, puisque la nouvelle année va commencer, laissez-moi vous la souhaiter encore une fois bonne et heureuse, bonne surtout pour le Ciel et pour l'Éternité.

ONZIÈME ÉTAPE

Ardent désir d'arriver. — La dernière phase du voyage commence. — Une messe solennelle en pays de Mission. — Souhaits de bonne année. — Visites du premier de l'an. — Dangers des *rapides*. — Confiance en Dieu. — La *Sancta-Maria*. — Curieux incidents.

Ubi crux, ibi patria !

J. M. J.   A. M. D. G.

LES AMES ! LE CIEL !

Parents bien-aimés,

Aux ardentes prières, aux supplications réitérées que la chrétienté entière faisait monter vers le bon Dieu, pendant les jours de l'Avent, ont succédé les cantiques de joie, les hymnes de l'action de grâces ! Tous les fidèles se réjouissent et tressaillent d'allégresse, car les vœux de leur cœur sont exaucés : les cieux entr'ouverts laissent échapper la rosée divine avec plus d'abondance ; le Seigneur a visité encore une fois son peuple bien-aimé ; le Juste, l'Emmanuel est venu parmi nous...

Unis de cœur à l'Église universelle, nous avons adoré et béni le petit Enfant de la Crèche et, si notre fête de Noël a été plus modeste et moins solennelle que dans les sanctuaires de la catholique France, la joie dont elle a inondé nos âmes est grande et vive entre toutes.

Vous le dirai-je cependant, même après la Noël, l'Avent se prolonge en quelque sorte pour nous ; ce n'est plus sans doute l'avènement du divin Rédempteur que nous appelons de tous nos vœux ; avec toute l'Église nous avons célébré sa naissance ; mais, à côté de ce divin objet de nos désirs, il en existe un autre presque aussi cher et dont la seule pensée fait palpiter nos cœurs, je veux dire la Mission bien-aimée où le bon Dieu nous appelle à prêcher l'Évangile. Le temps qui s'écoulera jusqu'au moment de notre arrivée au Su-Tchuen est une période d'attente, de désirs ardents, un *Avent véritable* commencé plus tôt que celui de l'Église pour durer un grand mois.

Nous voudrions avoir des ailes, remonter au moins le *Fleuve Bleu* à toute vapeur, et voilà que presque à chaque pas surgissent mille obstacles, mille retards ; tantôt ce sont nos costumes chinois qu'il faut compléter ; tantôt nos passe-ports qui se font attendre, et une semaine se trouve ainsi perdue. En trois jours, il est vrai, nous faisons plus de trois cents lieues, mais à Han-Kow nouvelle halte de 48 heures, puis le *Y-Ling* met sept jours pour franchir les cent et quelques lieues qui nous séparent de Y-Tchang.

Enfin, arrivés dans cette ville, le 28 décembre, c'est à peine si nous sommes prêts à la quitter le 2 janvier.

Il y aurait là de quoi décourager presque ou du moins impatienter vivement ; mais, prévenus d'avance, nous avons tâché de faire une bonne provision de patience, et il faut espérer qu'avec la grâce du bon Dieu elle durera jusqu'à la la fin et nous rendra capables de subir les lenteurs plus grandes encore qui seront ménagées durant notre navigation sur la barque chinoise.

C'est aujourd'hui, 1er janvier 1891, que doit commencer cette dernière phase de notre voyage : les préparatifs sont terminés, les bagages, transportés à la grande *jonque* mandarine qui nous mènera à Thang-Kin ; ce soir, vers les neuf heures, les voyageurs s'installeront à leur tour.

En attendant, ils continuent à jouir de la gracieuse hospitalité de Mgr Benjamin, des Franciscains belges, vicaire Apostolique d'une partie du Hou-Pé. Ce bon et saint évêque, Français par le cœur, par le caractère et par la langue, semble avoir une prédilection toute particulière pour nos missionnaires dont la bonne humeur et l'entrain le ravissent ; à chaque passage de nos confrères, c'est une véritable fête pour lui.

Arrivé depuis hier soir seulement d'une tournée pastorale à travers les montagnes, il oublie ses fatigues et nous entoure de mille prévenances et des plus délicates attentions.

Aujourd'hui, fête de la Circoncision, tous les honneurs seront pour nous. Sa Grandeur, par une déférence qui nous rend vraiment confus, veut s'effacer devant nous, pauvres petits missionnaires et nous demande d'exécuter une de ces Messes dont l'effet est si grandiose au Séminaire des Martyrs. Le meilleur musicien de la bande apostolique est choisi pour la chanter, un second s'improvise maître de chœur ; un autre tient l'harmonium, un artiste celui-là... — naguère encore, il faisait jaillir des flots d'harmonie des grandes orgues de la cathédrale de la Monselie. On attaque vivement une des Messes les plus solennelles, les plus majestueuses de Dumont ; quatre ou cinq voix seulement composent le chœur ; mais ce sont des voix puissantes, étendues, sonores, et la disposition tout à fait favorable de la petite église semble les avoir décuplées ; l'effet dépasse nos espérances : les Chinois qui assistent à l'office paraissent ravis au *troisième ciel* et Monseigneur daigne nous remercier chaleureusement du bonheur que nous lui avons fait éprouver.

Mais, si nos chants ont réjoui Sa Grandeur, cette Messe solennelle, la première que nous ayons pu célébrer depuis Marseille, a inondé aussi nos âmes d'une consolation et d'une joie non moins profondes ; les sentiments de nos cœurs, longtemps comprimés, avaient besoin de s'épancher librement, de jaillir au dehors, comme ils jaillissaient autrefois, chaque dimanche, dans notre bien-aimée chapelle des Missions étrangères. Bien des jours s'écouleront peut-être avant qu'il nous soit donné de chanter ainsi de nouveau à haute voix : « Gloire à Dieu au plus haut des Cieux. Je crois en un seul Dieu. Béni Celui qui vient au nom du Seigneur, *Hosanna !* Agneau de Dieu qui effacez les péchés du monde, ayez pitié de nous... »

Au Su-Tchuen, quoique la Mission jouisse d'une tranquillité relative [1], les manifestations extérieures et solennelles du culte sont nécessairement très limitées ; la population païenne s'en irriterait facilement et en prendrait sujet de se porter à des exactions vers lesquelles sa haine du nom chrétien ne l'incline que trop. Dans l'intérêt même de la foi, il faut ménager ses susceptibilités. Si donc, en attendant des jours meilleurs, force nous est de renoncer momentanément aux belles cérémonies de l'Église et aux chants liturgiques, du moins nous aimerons à nous souvenir qu'en pleine terre de Chine nos cœurs ont pu donner une libre expression à leurs sentiments et saluer avec transports l'aurore d'une nouvelle année grande entre toutes pour les six missionnaires qui se dirigent vers le Su-Tchuen. Oui, bien grande, car elle va commencer notre apostolat, cet apostolat dont les débuts sont toujours décisifs. Faibles instruments entre les mains de la divine Providence, infiniment au-dessous de l'œuvre à laquelle le bon Dieu nous destine, nous avons bien besoin du secours d'en Haut, pour être, dès le premier jour, et rester sans

---

[1] Au moment où s'écrivaient ces lignes, une violente persécution cessait à peine.

cesse des missionnaires suivant son cœur. C'est la grâce que chacun de nous a demandée ce matin à la sainte Messe.

Je n'ai pas besoin de vous dire, parents bien-aimés, que tous ceux qui me sont chers ont eu aussi une large part, plus grande que jamais, au divin sacrifice offert par mes mains en ce premier jour de l'année.

Penser à vous, y penser sans cesse, y penser surtout auprès du bon Dieu, est mon devoir et, plus encore, mon bonheur. Aussi n'ai-je garde de manquer jamais à cette douce obligation.

Nos premiers vœux de bonne année ont été pour ceux qui nous sont unis par les liens du sang; et à côté de leur souvenir chacun s'est fait, je n'en doute pas, un devoir de placer celui de notre aimable hôte, le bon évêque de Y-Tchang, qui nous témoigne toute l'affection d'un père. Il nous reste maintenant à le remercier de sa bienveillance et à lui offrir les souhaits que nous avons formés pour lui et déposés aux pieds de Notre-Seigneur. Le saint prélat en a accueilli l'expression avec sa bonté ordinaire :

« Merci, mes chers amis, nous dit-il; tous ensemble demandons à Jésus de nous pardonner les fautes commises durant l'année précédente et de nous faire la grâce de les expier et d'opérer tout le bien qu'Il attend de nous, pendant l'année qui va s'écouler. »

Paroles admirables, dans leur simplicité, et qui résument bien tous les vœux que des chrétiens et des missionnaires doivent former les uns pour les autres. Puissions-nous tous les réaliser parfaitement !

La matinée est encore peu avancée, et nous en profitons pour terminer nos visites du nouvel an. De l'évêché nous nous dirigeons vers la demeure du comte d'Arnoul, chef de la douane, établi en Chine depuis de longues années. C'est un des rares Français qui habitent Y-Tchang, et toujours il a entretenu avec les missionnaires les plus cordiales relations. Là, nous apprenons une nouvelle bien triste : l'un des bateaux qui faisaient le service entre Shang-Haï et Hong-Kong, celui-là même sur lequel deux de nos confrères avaient remonté cette partie du *Fleuve Bleu*, a pris feu, dans un second voyage, en face de Nang-King, vers les quatre heures du matin. Toute la cargaison est perdue et, ce qu'il y a de plus affligeant, deux cents pauvres Chinois ont péri au milieu des flammes. Autant d'âmes dont le salut éternel laisse, hélas ! bien peu d'espoir. Enfin, les miséricordes du bon Dieu sont infinies, et le cœur du chrétien qui en a ressenti les effets précieux, le cœur du missionnaire surtout, se plaît à espérer contre toute espérance ; il aime à croire que, au moment suprême, les anges gardiens de ces malheureux auront fait luire dans leurs âmes un rayon de lumière et fait naître un sentiment d'amour et de confiance envers cet Être Suprême dont tous reconnaissent plus ou moins l'existence.

Les détails complets sur cette catastrophe ne sont pas encore parvenus à Y-Tchang. Il est probable cependant que les lettres arrivant d'Europe auront été aussi brûlées. Le bateau avait, selon toutes probabilités, quitté Shang-Haï, aussitôt après l'arrivée de la malle française. Cette fâcheuse coïncidence m'empêchera peut-être d'avoir de vos nouvelles aussitôt que je l'espérais. Ce sera un nouveau sacrifice à offrir au bon Dieu ; je le lui fais, dès à présent, de tout mon cœur, et je lui demande de me donner en retour la sainteté et les vertus si nécessaires au missionnaire.

Nos visites du premier de l'an, peu nombreuses, comme vous le voyez, se terminent à la *Sainte-Enfance* où les Sœurs Franciscaines partagent leur temps entre l'éducation des petits abandonnés, le soin des infirmes, l'instruction des femmes qui veulent devenir chrétiennes et, enfin, l'adoration du saint Sacrement. Chaque jour, de dix heures du matin à quatre heures du soir, Jésus demeure exposé dans leur modeste chapelle et, durant la semaine qui vient de s'écouler, nous avons eu la consolation de venir nous prosterner à ses pieds, recevoir ses bénédictions et entendre chanter ses louanges dans la belle langue de l'Église et la langue non moins belle de notre chère France.

C'était en quelque sorte un petit coin de la patrie, la *Nouvelle France*, comme nous aimions à l'appeler, et chacun se plaisait à en faire le but de ses promenades quotidiennes et à y passer les derniers instants de sa journée auprès de Notre-Seigneur.

3 JANVIER

Hier, le départ matinal et inopiné de la barque nous a empêchés d'offrir au bon Dieu les prémices de notre voyage, par la célébration de la sainte Messe; aujourd'hui, afin de parer à tout événement, nous sommes debout dès cinq heures; dans notre petit réfectoire, un modeste autel est dressé, et un confrère y porte toutes les intentions de la bande apostolique.

La première de toutes, c'est que le bon Dieu nous conduise heureusement et sans trop de retard dans ce Su-Tchuen où nous brûlons d'aborder. Plus que jamais nous avons besoin de sa protection sainte, car, il faut bien le dire, le voyage que nous venons d'entreprendre n'a pas seulement l'inconvénient d'une lenteur parfois désespérante, il offre aussi des dangers et des dangers sérieux. Qu'au milieu d'un rapide [1] la corde vienne à se briser, et aussitôt voilà notre barque précipitée contre les rochers; les hommes se sauvent généralement, et pour nous en particulier nous courons peu de risque, puisque chaque fois qu'il y a le moindre danger le courrier nous fait descendre à terre. Mais nos petits bagages, nos ornements de messe, tout ce qui, en un mot, fait la fortune du mission-naire est la plupart du temps perdu. Puis, au milieu d'une terre païenne et de gens peu sympathiques, sans ressources

[1] On entend par *rapide* un courant d'eau d'une grande force et d'un grand danger.

pour louer une seconde barque, que devenir ? Il faudrait ou reprendre le chemin de Y-Tchang ou continuer à pied jusqu'à la première station chrétienne.

Je ne fais pas de simples suppositions ; ce que je dis là arrive tous les jours ; hier encore nous rencontrions un courrier du Su-Tchuen qui se trouvait dans une pareille situation. Envoyé à Y-Tchang pour en ramener des caisses destinées aux Missions, il était parti deux jours avant nous ; à une centaine de kilomètres environ, sa barque s'est brisée, et il a été obligé de laisser sa cargaison plus ou moins endommagée et de revenir à Y-Tchang prier Monseigneur de lui avancer quelque argent pour avoir une nouvelle embarcation.

Un accident de cette sorte et qui nous touche de si près serait bien peu propre à rassurer des hommes qui ne raisonneraient que d'après les règles de la prudence humaine. Mais nos vues à nous sont plus élevées ; nous savons qu'au-dessus des forces de la nature il y a une force supérieure, la force de Celui qui a tout créé et qui gouverne tout par un seul acte de sa volonté ; nous savons que ce que le bon Dieu garde est bien gardé, et, forts de cette conviction, nous allons notre chemin sans crainte excessive comme sans présomption, le cœur rempli d'une filiale confiance en notre Père qui peut tout et qui nous aime.

Cette confiance, elle a grandi encore depuis que Jésus est venu au milieu de nous, et, afin de la porter à son plus haut degré, nous avons voulu, avec la protection du Fils, implorer aussi d'une manière spéciale celle de sa bonne et douce Mère. Visitée et sanctifiée par Jésus, notre barque portera le nom de Marie ; *Sancta-Maria* l'appellerons-nous désormais ; c'est le nom de ma Mère du Ciel, c'est celui de ma mère de la terre, nom doublement cher à mon cœur. Assurément la barque qui le porte ne saurait périr.

Bien nous a pris de célébrer la sainte Messe avant le jour, car dès six heures tout le monde s'éveille à bord de la *Sancta-Maria* ; le tumulte semble alors plus grand que la veille ; il s'agit de franchir un petit rapide, et, chez les Chinois, les cris sont toujours en proportion du travail à faire.

L'endroit difficile est remonté sans encombre, et au delà on s'arrête un instant pour reprendre haleine. La double ligne de rochers au milieu de laquelle nous avons navigué jusqu'ici se brise soudain pour faire place à des montagnes moins abruptes, aux flancs desquelles pousse un maigre gazon ombragé çà et là par quelques arbres tels que des pins, des cèdres, des bambous.

Enchantés de notre petite excursion de la veille, nous ne demandons pas mieux que de la recommencer à travers ce paysage un peu plus riant. Le patron de la barque y consent volontiers et nous fait déposer à terre.

A cinq cents mètres plus loin, un torrent large et impétueux nous barre soudain le passage ; nous avons beau l'explorer dans tous les sens, impossible de trouver un gué. De la rive opposée, un Chinois et son fils s'aperçoivent de notre embar-

ras ; aussitôt, le petit bonhomme, plus court vêtu encore que
la *Perrette du bon La Fontaine*, s’empresse de venir à nous
et s’offre à nous transporter de l’autre côté. J’essaye de m’ins-
taller sur son dos, mais, à sa démarche peu assurée, je vois
bientôt qu’au premier pas nous irons tous les deux rouler dans
le ruisseau. Mieux vaut ne pas tenter l’aventure. Je me dispose à chercher un autre moyen, lorsque le père vient à son
tour nous offrir ses épaules.

Établis plus solidement, cette fois nous arrivons sains et
saufs sur l’autre rive. Notre porteur n’est pas exigeant quand
il s’agit de rémunérer ses services : une quarantaine de
sapèques (quatre sous environ) le comblent de joie, et il nous
accompagne de mille actions de grâces ; c’est la première fois,
il est vrai, que je vois un Chinois content à si peu de
frais.

Au-delà du torrent commence un petit sentier qui serpente
au milieu des champs et traverse plusieurs villages. Partout
les Chinois nous regardent passer avec une sorte de curiosité
mêlée d’admiration ; nos souliers européens surtout semblent
les intriguer vivement ; quelques-uns, nous prenant sans doute
pour des compatriotes d’une province éloignée, vont jusqu’à
nous adresser la parole. Naturellement personne n’y comprend
rien, mais on ne se laisse pas arrêter pour si peu ; chacun
répond à sa manière ; celui-ci en français, celui-là en latin,
un troisième en allemand, un autre en *patois d’Auvergne ;* à
tout cela on mêle quelques mots plus ou moins chinois, et nos

interlocuteurs, absolument persuadés, cette fois, que nous parlons un des idiomes si nombreux dans le Céleste Empire, continuent de plus belle et donnent à chacune de nos paroles des signes d'un assentiment d'autant plus profond qu'ils les comprennent moins.

Puis l'un d'eux nous invite à venir nous rafraîchir dans sa demeure et nous sert une liqueur d'un goût si âcre que personne ne peut en boire une seule gorgée; on laisse les tasses pleines et on lui donne quelques sapèques, ce qui le rend doublement heureux.

A quelques pas du village s'élève une petite éminence couronnée de bambous: c'est là que nous nous retirons pour échapper au flot de curieux de plus en plus nombreux qui se pressent autour de nous, et attendre l'arrivée de la *Sancta-Maria*.

Depuis le matin, le cours du fleuve est devenu excessivement rapide; devant nous surtout, on dirait un véritable torrent, au milieu duquel se dresse menaçante une ligne de rochers à fleur d'eau; de chaque côté, les eaux se précipitent avec grand fracas et viennent se briser contre les écueils en faisant jaillir des flots d'écume.

Depuis trois quarts d'heure, une grande barque marchande essaye de franchir ce pas difficile, mais sans beaucoup de succès; et cymbales et tambours font rage pour stimuler les *tireurs*; les pétards sont prodigués; les chefs crient à s'égosiller; rien n'y fait: la jonque demeure immobile. Enfin un peu de vent se lève et, grâce à ce secours inattendu, le rapide est remonté en un clin d'œil.

Sur ces entrefaites arrive la *Sancta-Maria;* le moment serait favorable pour franchir le torrent ; mais plusieurs barques stationnent déjà, attendant leur tour, et la nôtre doit subir le sort commun.

Nous profitons de cette halte pour remonter à bord et prendre le repas de midi ; voilà qu'au beau milieu la barque se met en marche et s'engage dans le torrent. Le nombre des *tireurs* a été doublé pour la circonstance, le vent est favorable, et, grâce à toutes ces forces réunies, en moins de vingt minutes nous sommes à l'extrémité du rapide.

Toujours confiants dans la lenteur de la barque, nous cédons une fois encore à la tentation si attrayante d'une promenade à terre. Mais nous avons compté sans la brise ; elle souffle bientôt plus fort et plus favorable que jamais, et la *Sancta-Maria* ne tarde pas à gagner une avance considérable.

Pour comble d'infortune, les abords du fleuve redeviennent escarpés ; engagés dans un chemin rocailleux et tortueux, sous un soleil de feu qui nous brûle, nous suons sang et eau, et, malgré tous nos efforts, la barque gagne de plus en plus sur nous.

Un village se trouve fort à propos sur notre passage ; on s'arrête un instant pour demander une tasse de thé ; mais les habitants, peu hospitaliers, nous la refusent, et une bande de gamins va même jusqu'à nous poursuivre et à nous jeter de la terre et des pierres. Il n'y a qu'à se retourner, il est vrai, et à faire mine de riposter pour arrêter toutes les démonstrations belliqueuses et amener une déroute générale.

Débarrassés de nos adversaires, nous reprenons le pas accéléré pendant cinq à six kilomètres encore, sans parvenir à regagner le terrain perdu ; la *Sancta-Maria* semble se jouer de nos efforts et glisse sur le fleuve avec une rapidité toujours plus grande. Nous serions obligés de la poursuivre ainsi jusqu'au soir, si un torrent ne venait soudain arrêter sa course ; pour le franchir, force lui est d'attendre les *tireurs* restés, eux aussi, en arrière, et cet arrêt nous permet de remonter à bord.

La *Sancta-Maria* fait encore quelques kilomètres et s'engage entre deux gigantesques murailles de granit qui surplombent sur nos têtes et nous écrasent de leur masse ; le regard, borné du côté de la terre, n'aperçoit plus que le ciel ; mais cette vue suffit toujours pour le reposer et le charmer, et l'âme, comprimée, emprisonnée en quelque sorte par cette nature sauvage, s'élève tout naturellement et sans efforts vers le bon Dieu.

4 JANVIER

Aujourd'hui, dimanche, c'est à peine si nous avons le temps de célébrer une messe ; la *Sancta-Maria* se met en marche dès les premiers rayons de l'aurore et pénètre dans les rapides.

Au milieu du premier, la corde casse ; les Chinois restés à bord ne perdent heureusement pas la tête, mais saisissent aussitôt les deux grandes rames placées de chaque côté de la barque et les manient avec une dextérité qui neutralise l'action du courant et nous maintient à peu près immobiles jusqu'à ce qu'on ait attaché une nouvelle corde.

On arrive près d'un grand village ; là commencent des rapides autrement sérieux que ceux que nous avons rencontrés jusqu'ici. Une foule de barques se pressent déjà, attendant leur tour. La nôtre, payant d'audace, s'arrête à peine, pour nous déposer à terre, passe avant toutes les autres et franchit heureusement le premier rapide.

Mais, à l'entrée du second, elle est obligée de stopper, à cause de l'encombrement ; trois grandes heures s'écoulent avant qu'il lui soit possible de se frayer un passage.

Assis sur les rochers de la rive opposée, au milieu d'une bande de Chinois qui, depuis le moment où nous avons mis pied à terre, ne nous ont pas quittés d'une semelle, nous attendons avec impatience qu'elle se remette en marche. Enfin, lassés de la voir toujours immobile, plus lassés encore de notre fastidieux cortège dont les rangs grossissent sans cesse, nous prenons le parti de traverser le fleuve.

Juste au moment où nous mettions le pied sur l'autre rive, la *Sancta-Maria* s'ébranle, elle aussi, pénètre dans le second

rapide et le remonte en peu de temps avec non moins de bonheur que le premier.

Reste le troisième, le plus long et le plus redoutable de
tous ; sur un espace de deux ou trois cents mètres, les eaux
écument avec fureur et forment comme un immense tourbil-
lon au milieu duquel émergent parfois les pointes acérées de
nombreux rochers.

C'est entre ces écueils cachés que les barques doivent se
diriger et, si des mains inexpérimentées les conduisent, le
moindre faux mouvement peut amener une effroyable catastrophe.

Placés sur les rochers du rivage, d'où l'œil embrasse le
rapide dans toute son étendue, nous comprenons mieux que
personne la grandeur du péril ; mais, si nos cœurs ne peuvent
se défendre d'une certaine émotion lorsque la *Sancta-Maria*
s'ébranle, ils n'en demeurent pas moins remplis d'une confiance illimitée en Celle dont notre barque porte le nom béni.

Et cette confiance n'est pas déçue ; grâce à l'habileté de
l'équipage, grâce surtout à la protection incomparable de
son auguste patronne, la *Sancta-Maria* s'avance, lentement,
mais sûrement, passe au milieu des écueils sans recevoir le
moindre choc et se trouve enfin en sûreté au-delà du torrent.
Il est une heure de l'après-midi ; à bord, notre cuisinier chinois qui s'était mis en frais, à cause du dimanche, et nous
avait préparé un *gala véritable*, se désole devant ses plats
brûlés ou refroidis et nous fait des signes désespérés ; pour

peu, il se fâcherait presque; mais notre bonne humeur le désarme à moitié, et la manière dont nous faisons honneur à sa cuisine achève de le calmer. Pendant le dîner, la brise un instant tombée recommence à souffler et permet à la *Sancta-Maria* de regagner un peu le temps perdu.

Instruits par une expérience toute récente, nous n'avons garde de demander qu'on nous dépose à terre; nos jambes se ressentent encore de la marche forcée de la veille et nous disent suffisamment qu'avant d'être capables de fournir des étapes pareilles il faudra les préparer par un exercice modéré et progressif. Le temps n'est plus où les kilomètres disparaissent comme par enchantement sous notre pas d'aspirants missionnaires. Si un moment, à l'ardeur que nous retrouvions pour gravir les rues escarpées de Hong-Kong, nous avons cru n'avoir rien perdu de notre *antique vaillance*, une telle illusion a bien disparu à présent; il n'est que trop vrai, les *délices* et le *farniente* du *Yang-Tsé* nous ont insensiblement ravi le meilleur de notre énergie. Ce sera tout un apprentissage à recommencer et non pas le seul, hélas!..

Durant toute la soirée donc nous resterons à bord de la *Sancta-Maria;* notre repos, un peu forcé sans doute, a d'ailleurs un autre motif. Ce matin, sur les rives du *Fleuve Bleu,* au milieu du concours des Chinois, il ne nous a été guère possible de sanctifier le jour du Seigneur. Maintenant encore le recueillement est assez difficile, à cause des cris et des chants de l'équipage, réuni au grand complet sur le devant de la barque, mais du moins le repos que nous gardons est une louange agréable au bon Dieu et puis dans la chambre la plus reculée on jouit d'une tranquillité relative qui nous permet de réciter en commun le saint office et de faire nos exercices de piété.

Ces devoirs sacrés une fois remplis, chacun trouve une agréable distraction à laisser aller ses regards sur la belle nature qui nous environne et qui, elle aussi, célèbre à sa manière les grandeurs du bon Dieu et porte le cœur à l'aimer et à le bénir. La majestueuse sévérité du paysage au milieu duquel nous avons navigué jusqu'ici s'est un peu adoucie; les rocs escarpés et sauvages n'apparaissent plus que dans le lointain, et tout le long du fleuve ondulent de charmants petits coteaux verdoyants, sur lesquels le regard aime à se reposer.

Vers quatre heures, la *Sancta-Maria*, dont la marche, favorisée par une légère brise, ne s'est pas ralentie un seul instant, s'arrête au fond d'un nouveau rapide, tout à fait *bénin* celui-là, nous assure notre courrier auquel nous demandons s'il serait prudent de descendre à terre; cette affirmation nous décide à rester à bord, et, aussitôt que deux autres barques arrivées devant nous ont laissé le passage libre, la nôtre s'engage dans le rapide.

Au début tout va à merveille; sous l'impulsion de la brise la *Sancta-Maria* remonte le courant avec une vitesse telle que les *tireurs* descendus sur le rivage demeurent bientôt au loin en arrière.

Mais voici que soudain les choses changent de face ; le petit rapide qu'on nous avait annoncé se transforme en un torrent des plus impétueux ; à la brise légère succède un vent violent qui souffle en travers de la *Sancta-Maria* et la renverserait infailliblement si l'on ne se hâtait de baisser la voile. Même après cela notre barque subit à chaque instant des oscillations peu rassurantes.

Les rames, quoique maniées avec une grande habileté, ne suffisent plus à lutter contre le courant et, peu à peu, nous revenons en arrière. Ce mouvement de recul, il est vrai, permet aux *tireurs* de prendre position, mais aveuglés par des nuages de sable que soulève le vent, arrêtés par des rochers à pic, ils peuvent tout au plus maintenir la barque et l'empêcher d'être emportée par le courant.

La situation n'est guère tenable et pourrait devenir critique ; l'obscurité se fait de plus en plus complète ; que la corde, sous l'énorme tension qu'elle subit, vienne à se rompre, et notre barque, entraînée avec la rapidité d'une flèche, ira se briser contre les rochers du rivage, au milieu de cette nuit sombre. Les suites d'une pareille catastrophe sont faciles à deviner.

A tout prix, il faut avancer ; au risque de voir la barque renversée par le vent, l'on hisse de nouveau la voile, mais pour la baisser presque aussitôt : prise en travers, la *Sancta-*

Maria, au lieu d'avancer, a été portée vers le milieu du courant, à cinq ou six mètres à peine d'une ligne d'écueils à
fleur d'eau que l'obscurité nous avait empêché de distinguer.
Encore quelques secondes, et, jetés sur ce nouvel obstacle,
nous étions broyés infailliblement. On s'en éloigne un peu à
force de rames, mais pour revenir du côté du rivage. Plus
que jamais notre position est périlleuse : une assistance spéciale de la divine Providence peut seule nous en tirer.

Cette assistance, nous l'avons implorée dès le premier danger, au nom de l'auguste Vierge Marie, et, nos chapelets à
la main, nous ne cessons de répéter : *Je vous salue, Marie,
pleine de grâces…. Sainte Marie, Mère de Dieu, priez pour
nous, pauvres pécheurs.* Nos supplications sont écoutées
et la barque, qui, depuis près d'une heure, lutte en vain
contre le courant, commence à se rapprocher du rivage.

Mais, au moment où elle va le toucher, la corde sciée par
les rochers se brise soudain ; la *Sancta-Maria* tourne sur
elle-même, semble hésiter un instant, puis, emportée par
la force du courant, commence à aller à la dérive avec une
rapidité incroyable.

Cette fois, c'en est bien fait : chacun demande à son frère
de lui donner une dernière absolution au moment suprême
et de se préparer au terrible dénouement qui apparaît maintenant comme inévitable.

Mais non ! Celle qu'on n'a jamais invoquée en vain ne saurait abandonner ses enfants ! Elle n'a permis l'imminence du

danger que pour faire éclater sa puissance et l'étendue de son amour envers nous. Grâce à sa protection sainte, grâce aussi à la présence d'esprit du pilote, la barque, au lieu de suivre le courant, le coupe dans sa largeur et va buter contre la rive opposée. Deux fortes pièces de bois, jetées en avant, amortissent le choc qui aurait pu lui être funeste. Quelques hommes sautent à terre et fixent les amarres à des rochers, et, malgré le vent qui souffle toujours avec violence, nous sommes désormais en sûreté. Un long cri de reconnaissance s'échappe de nos cœurs ; notre *Ave Maria* monte vers le ciel plus embrasé que jamais, et, après un chapelet d'actions de grâces, nous entonnons le *Magnificat*, ce cantique agréable entre tous à la bonne Mère.

Les *tireurs* ne tardent pas à arriver : avec la petite barque ils ont pu traverser le fleuve un peu plus haut. Personne ne manque à l'appel : missionnaires et païens, la sainte Vierge a couvert tout le monde de sa puissante protection. Merci, ô Marie, merci, ô ma bonne Mère ; oh! faites que jamais je n'oublie vos incomparables bienfaits.

5 JANVIER

Le matin, notre courrier, afin de ne pas nous exposer inutilement au danger, nous fait descendre à terre, pendant que la barque achève de franchir le rapide. Sans nous en apercevoir, nous avons hâté le pas, et bientôt nous sommes hors de vue de la *Sancta-Maria*. Elle se montre vers midi seulement et ne tarde pas à s'arrêter à côté de plusieurs autres, à un endroit difficile du fleuve. Pour la rejoindre, nous sommes obligés de rebrousser chemin l'espace de plusieurs milliers de mètres.

Le soir, pendant qu'elle *s'éternise* encore au milieu des rapides, nous cherchons un bloc de granit large et élevé. Au sommet, à l'aide de nos couteaux, nous gravons, le plus profondément possible, une croix surmontée de ces mots : « *Salve, crux pretiosa* ; Salut, ô croix précieuse. » A côté, se lit l'inscription suivante : « *In torrente præcedenti salvavit nos Maria :* Dans le rapide qui précède, Marie nous a sauvés. 4 janvier 1891. » Au-dessous, chacun écrit son nom.

Des Chinois, nous voyant si occupés, se hâtent de venir admirer notre travail ; nous tâchons de leur faire comprendre que, si jamais ils osaient détruire cette inscription, les châtiments les plus terribles leur seraient réservés et les atteindraient en tout lieu ; ils paraissent parfaitement convaincus et, assez effrayés de ce que nous leur disons, ils promettent de respecter ce petit monument de notre reconnaissance.

Mais, si la malveillance ou le temps viennent à le détruire, du moins le souvenir de la protection spéciale qui nous a été accordée par Jésus et Marie demeurera à tout jamais gravé dans nos cœurs en caractères ineffaçables.

Bien que nous ayons perdu un temps considérable à composer notre inscription, la *Sancta-Maria* demeure encore bien loin derrière nous. A chaque instant, des rapides, au fond desquels attendent de nombreuses barques, l'arrêtent pendant des heures entières.

Au déclin du jour seulement, favorisés par une forte brise, nous pouvons rattraper un peu le temps perdu.

6 JANVIER

Le vent est de plus en plus favorable, et la *Sancta-Maria* n'a garde de le laisser souffler inutilement.

Sa grande voile déployée, elle s'avance majestueusement et remonte le fleuve au milieu d'un paysage de plus en plus intéressant. Ce ne sont plus seulement des coteaux verdoyants avec quelques cabanes ; à chaque pas, nous rencontrons de grands villages aux maisons régulières et bien bâties. Mais, hélas ! nul vestige du christianisme.

Depuis Y-Tchang, pas une croix n'est venue réjouir nos regards attristés par la vue des innombrables temples du bouddhisme. Que Jésus, dont nous célébrons aujourd'hui l'Épiphanie, daigne se manifester à ces pauvres peuples encore assis dans les ténèbres.

Et vous tous, mes bien-aimés, priez ce bon Maître, priez-le de donner à de nombreux parents votre courage et votre générosité, afin qu'ils sachent comme vous lui faire le sacrifice de leurs enfants. Ainsi la Chine aura un plus grand nombre de missionnaires qui arracheront à Satan ce royaume immense, pour le rendre à son Roi véritable, à Celui dont le joug est suave et le fardeau léger.

Un occasion favorable se présente de vous envoyer ces quelques pages, je n'ai garde de la laisser échapper. Adieu donc, soyez sans inquiétude, Jésus et Marie sont avec moi, et au moment où vous recevrez cette lettre ils m'auront depuis longtemps conduit à Tchang-Kin.

Je vous embrasse tous.

DOUZIÈME ÉTAPE

L'ARRIVÉE AU SU-TCHUEN

La suite de la navigation et des courses à terre. — Le personnel de la
Sancta-Maria. — Entrée sur la terre du Su-Tchuen, chant de triomphe.
— Le barbier chinois. — Incidents. — L'arrivée. — Accueil fraternel. —
L'âme du missionnaire. — *Fiat! Fiat!*

Ubi crux, ibi patria!

J. M. J.   A. M. D. G.

LES AMES ! LE CIEL !

Parents bien-aimés,

7 JANVIER

Un des agréments les plus appréciables de notre navigation
sur le *Fleuve Bleu*, un des charmes qui nous fait le mieux
oublier et les lenteurs et les mille misères inséparables d'un
voyage si difficile, c'est de pouvoir, à peu près chaque jour,
descendre à terre et faire, par monts et par vaux, de longues
excursions pleines d'intérêt. Quelquefois, il est vrai, ces promenades nous coûtent cher et deviennent des courses véri-

tables : la *Sancta-Maria*, sous l'impulsion d'une forte brise, glisse rapidement sur les eaux du fleuve, nous laisse à une grande distance, et, pour la rejoindre, il faut prendre le pas accéléré. Mais, bien plus souvent, la barque, arrêtée par les courants, reste au loin en arrière ; alors, en attendant qu'elle vienne, on se retire dans le creux d'un rocher, au fond d'une grotte, à l'ombre d'un bouquet d'arbres ; là, au milieu d'une solitude complète et d'un calme absolu, qui portent l'âme au recueillement et à la prière, il fait bon réciter le saint office, accomplir ses exercices de piété, appeler les bénédictions de Jésus et de Marie sur ceux que l'on aime : sur ses parents, ses amis, ses bienfaiteurs, ses anciens maîtres dont le souvenir devient plus vif et plus cher à mesure que l'on s'éloigne, et aussi sur les pauvres Chinois, si dignes d'intérêt et de pitié.

Ces haltes qui, après d'agréables promenades, nous réunissent ainsi aux pieds du bon Dieu, font les délices de la petite bande apostolique, et il n'est pas un d'entre nous qui ne quitte toujours la barque avec un plaisir réel, pour aller demander à la campagne sa paix incomparable et son religieux silence, que quelques bruits lointains viennent à peine troubler.

Mais tout cela perdrait sans doute de son charme à force d'être prodigué ; aussi Notre-Seigneur, afin de mieux nous en faire sentir le prix, nous condamne de temps à autre à rester à bord de la *Sancta-Maria ;* les heures semblent alors un peu plus longues, et, pour jouir d'une certaine tranquillité auprès de notre bruyant équipage chinois, ce n'est pas trop de fermer portes et fenêtres. Cette tranquillité, il est vrai, nous la cherchons seulement lorsqu'il s'agit de rendre au bon Dieu nos devoirs ; aux autres moments, personne ne redoute le bruit de l'animation qui règne sur la barque ; chacun s'accommode volontiers, y contribue même pour sa part et trouve dans tout ce qui l'entoure un sujet varié de distractions. Et tenez, puisque aujourd'hui, 7 janvier, les bords du fleuve reprennent leur aspect sauvage et escarpé et rendent toute promenade impossible, nous allons jeter un coup d'œil encore sur la *Sancta-Maria* qui, favorisée par la brise, s'avance légère, sans effort ni secousse, entre deux murailles imposantes du plus beau granit.

Vous n'avez point perdu de vue, je suppose, la disposition générale de la barque ; ceux qui la montent vous sont moins bien connus ; je vais, mais sans retard, vous les présenter.

« A tout seigneur, tout honneur ! » Je commence donc par la bande apostolique ; elle s'est bien diminuée, hélas ! depuis le jour où je vous en faisais connaître les divers membres, et maintenant la voilà presque réduite à sa plus simple expression. A Singapour, nous avons perdu le P. Contet, âme poétique s'il en fut, cœur plein d'affection et de dévouement, et le P. Wallet, non moins aimable, non moins sympathique : tous deux, depuis longtemps déjà, doivent s'escrimer à apprendre le siamois ou le laocien et se préparent à cueillir une riche moisson sur une terre jusqu'ici assez ingrate, mais pleine d'espérance pour l'avenir.

A Hong-Kong, nouvelle séparation, assez inattendue, celle-là : notre chef, le P. Lesparoux, et son *aide de camp*, le *caporal* Piton, nous quittent afin d'essayer, par le Tong-King, une nouvelle route, moins longue, mais peut-être aussi plus dangereuse, vers le Yun-Nan.

Pour remonter le *Fleuve Bleu*, il ne reste plus que six missionnaires, les PP. Laborde, Schultz, Grialou, Kircher, Puech, Serre ; la tristesse et l'ennui n'ont pas pour cela obtenu droit de cité parmi nous ; si « à deux l'âme est joyeuse », comment pourrait-elle ne pas se trouver bienheureuse à six?... Sans doute, au concert animé que nous formions jadis, il manque aujourd'hui quelques notes et non pas des plus tristes ; mais n'importe, l'absence de nos frères, quoique toujours sensible, n'a pas entièrement détruit la gaieté, et notre refrain le plus ordinaire demeure et sera jusqu'à la fin : « Vive la joie, quand même ! Vive la joie toujours ! »

Ce refrain, chacun le redit à sa manière, à bord de la *Sancta-Maria* ; notre bonne humeur semble s'être communiquée à l'équipage et avoir tellement pénétré tous ceux qui nous entourent que ni les fatigues ni les difficultés quotidiennes ne parviennent à l'altérer un seul instant. Pendant que les *tireurs* des autres barques se font remarquer par un extérieur sombre, morose et des moins sympathiques, les nôtres conservent toujours un visage gai et souriant.

UN MANDARIN CHINOIS

Et que dirai-je de notre courrier, l'*incomparable Lucas*, interprète émérite, majordome à nul autre pareil ? Depuis six ans déjà, il vient au-devant des nouveaux missionnaires, et cette longue pratique lui a donné dans son office une expérience consommée. Sa connaissance parfaite du latin nous est surtout précieuse : sans lui je ne sais pas comment nous arriverions à nous faire comprendre au milieu d'un peuple chez lequel tout diffère de nos coutumes, tout jusqu'à ce langage des signes pourtant si universellement saisi.

Jugez-en plutôt : en Chine, voulez-vous appeler une personne ? Ne vous avisez pas d'étendre votre bras et de le ramener vers vous en agitant l'index ; elle s'enfuirait à toutes jambes devant ce signe absolument nouveau pour elle et, par là même, peu rassurant ; inclinez, au contraire, légèrement votre main, la paume en bas, agitez-la doucement, tout comme vous feriez en France, pour inviter quelqu'un à se tenir tranquille, et à l'instant même votre désir sera satisfait.

— Avez-vous besoin de manger ? Inutile de porter la main à la bouche, d'exécuter une mastication factice : vous arriveriez sûrement à démonter vos mâchoires ou à user vos dents avant d'être compris. Inutile même de vous frapper l'estomac pour indiquer qu'il sonne creux et crie famine ; tout cela est de l'hébreu aux yeux des Chinois. Mais, si vous arrondissez votre main en forme de coupe, si vous faites remplir à l'index et au médius de la main droite l'office de bâtonnets, à l'instant même vous serez servi. — Désirez-vous étancher votre soif ? Repliez les doigts, à l'exception de l'auriculaire et du pouce, sucez l'extrémité de ce dernier, et immédiatement on vous apportera une tasse de thé. — Et ainsi du reste... C'est à y *perdre son latin...*

Quant à chercher quelqu'un qui comprenne ou parle le français, ce serait peine perdue ; l'organe des Chinois est encore plus rebelle aux sons de notre langue que le nôtre à ceux de la leur ; les mots qui renferment des *r* surtout offrent pour eux une difficulté presque insurmontable ; cette lettre ne se trouvant pas dans leur alphabet, ils y substituent *l*, et les chrétiens disent Malia au lieu de Maria. Parfois, pendant nos loisirs, nous essayons de faire répéter quelques mots aux gens de l'équipage ; le résultat est plus que pitoyable. Mieux vaudrait s'adresser aux échos des montagnes, si nombreux le long du *Fleuve Bleu* et qui eux redisent avec une netteté parfaite, sans avoir besoin du moindre exercice, des phrases entières de notre belle et chère langue.

Encore trop novices dans la langue chinoise, ne trouvant personne pour nous comprendre, nous serions donc bien embarrassés si le *brave Lucas* n'était là pour lever les difficultés ; grâce à lui tout devient aisé : sociable à l'excès, toujours disposé à nous être agréable, il devine nos désirs et les prévient de son mieux, ce qui ne l'empêche pas de demeurer Chinois *jusqu'au bout des ongles.* Si vous lui posez une question, n'attendez pas de lui une réponse nette et précise ; quoiqu'il ait passé onze ans au Séminaire, étudié la Théologie et l'Écriture Sainte, il ne semble guère connaître le *est, est, non, non* de l'Évangile ; habitué aux formes souvent indécises de sa langue, il les transporte, à sa manière, dans le latin, et ne peut faire une phrase sans l'orner de *quasi* à n'en plus finir ; les *à peu près* sont son élément et lui permettent de répondre à tout, en restant dans la vérité *à peu de chose près*, bien entendu.

Il va sans dire que notre courrier modèle, en bon Chinois qu'il est, profite de ses loisirs pour faire un peu de commerce, ce qui n'est pas défendu ; son séjour à Han-Kov, en attendant notre arrivée, la halte assez longue que nous avons faite à Y-Tchang lui ont permis de se procurer à bon compte une foule d'objets fort recherchés dans l'intérieur de la Chine et dont le transport ne lui coûte pas une seule sapèque ; ces objets, il peut les revendre le long du chemin ; en tout cas, il trouvera toujours moyen de les placer, à Tchong-Kin, avec de gros bénéfices. Quelques mauvaises langues ajoutent même que, si les fonds privés ne suffisent pas, il présume volontiers notre permission et ne se fait pas trop scrupule de puiser — à titre d'emprunt, cela va sans dire — dans la petite caisse commune affectée à nos besoins. Enfin, cela importe peu pourvu qu'à la fin du voyage les comptes se trouvent en règle.

Avec ces braves Chinois, il ne faut pas y regarder de si près. Tout le monde sait d'ailleurs qu'ils ne peuvent rien souffrir d'improductif. Comment s'étonner, après cela, et trouver mauvais que notre bon Lucas, voyant notre argent stérile et sachant, d'un autre côté — je vous ai dit qu'il a étudié la Théologie, — sachant que le commerce est chose illicite pour nous, comment trouver mauvais qu'il s'avise de faire fructifier nos quelques sapèques? Nous n'en souffrons pas le moins du monde, et cette petite industrie lui procure un léger dédommagement de toute la peine qu'il se donne, car j'aime à le répéter, c'est un charmant courrier et qui s'acquitte à merveille de sa mission.

Un digne émule de Lucas, c'est l'*illustrissime* Coclès, ainsi appelé d'une infirmité gagnée au *champ d'honneur*. Il y a quelques années, en venant chercher les nouveaux missionnaires, il reçut un coup de pierre sur l'œil gauche, et, depuis lors, le pauvre garçon ne voit plus que de l'œil droit : ce qui ne l'empêche pas de nous préparer à souhait des plats dignes d'un Lucullus ; il n'est pas une branche de l'art culinaire qui ne lui soit familière ; jamais je ne me serais attendu de trouver en Chine un pareil *cordon-bleu*... Le seul malheur, c'est que le garde-manger ne se trouve pas toujours à la hauteur d'un cuisinier remarquable.

Mais je n'ai pas encore épuisé la liste des personnages importants de la *Sancta-Maria ;* il en est encore un qui mérite une mention toute particulière : il a nom, ou plutôt *elle* a nom *Lao-Pan-Yang-Tsé ;* c'est la maîtresse de la barque, une *femme forte*, s'il en fut.

On vous a dit bien des fois sans doute que le *sexe faible*

ne jouit pas en Chine de tous les égards qu'on a pour lui dans les pays où le christianisme a fait sentir sa douce et salutaire influence, et cela n'est que trop vrai : une dure servitude, une sujétion humiliante, tel est ordinairement le triste apanage de la femme païenne.

Celle-ci, toutefois, je puis vous l'assurer, fait exception à la règle commune ; son mari, affligé d'une ophtalmie, garde le lit depuis Y-Tchang ; mais elle tient sa place à merveille. Il faut la voir courir de l'arrière à l'avant, sur ses *petits pieds*, commander la manœuvre, donner ses ordres à tout le monde, frapper à tour de bras les gens de l'équipage qui tardent à lui obéir ou exécutent ses injonctions de travers. Un capitaine de vaisseau ne ferait pas mieux, et certes Lao-Pan-Yang-Tsé mériterait ce titre pour son sang-froid et sa fière énergie. Après le bon Dieu et la sainte Vierge, c'est à elle que nous devons d'être si heureusement sortis du mauvais pas où nous étions engagés dimanche dernier.

Devant une si haute personnalité, toutes les autres s'inclinent et rentrent dans l'ordre des quantités négligeables.

Vous trouveriez néanmoins quelque intérêt, je crois, bien chers parents, à vous voir un instant transportés sur l'avant de la *Sancta-Maria*.

Au milieu, dans un enfoncement, vous apercevriez le cuisinier du bord, en costume négligé, les manches retroussées jusqu'au coude ; de temps en temps, à l'aide d'un seau emmanché au bout d'un gros bâton, il puise dans le fleuve et remplit la marmite au riz ; à son avis, l'eau du *Yang-Tsé-Kiang* l'emporte de beaucoup sur toutes les autres ; celle de la source est trop claire, trop limpide et ne contient pas assez de *matières grasses* et de *principes nutritifs ;* son idée a peut-être du bon à son point de vue ; pour moi, je serais loin de la partager entièrement ; aux flots bourbeux du *Fleuve Bleu,* je préférerais sans peine l'onde pure des fontaines ; mes goûts pourront néanmoins changer à mesure que je deviendrai un Chinois complet.

Mais voilà l'équipage qui arrive, tout baigné de sueur et couvert de poussière ; les estomacs creusés par une longue course et un rude labeur semblent crier famine et réclamer une abondante réfection. On s'assied un peu partout. Le *benedicite* ne retarde personne. Lao-Tseu, Confucius et Bouddha étaient de trop grands génies pour inspirer à leurs fidèles de si puériles pratiques. Sans préambule donc, on se met à l'œuvre.

Les plats ne sont guère variés : du riz le matin, du riz à midi, du riz le soir, du riz toujours ; afin de lui donner un peu de saveur, on y ajoute, ordinairement, un brouet fait avec des herbes et l'eau du fleuve ; quelques piments assaisonnent le tout : les petits pois et les haricots sont réservés pour les jours de labeur extraordinaire ; la viande ne paraît qu'aux grandes circonstances. L'ordinaire est donc assez maigre ; mais l'appétit, toujours excellent, supplée à ce qui manque ; les bols se remplissent et se vident comme par enchantement ; puis, lorsque tout le monde est rassasié de riz, chacun vient à tour de rôle puiser à la cruche commune et boire un nombre à peu près égal de tasses d'un thé auquel le sucre n'a garde d'enlever sa saveur naturelle. Puis la corde, un instant délaissée, se tend de nouveau sous l'effort de vingt robustes *tireurs ;* les rames reprennent leur mouvement ; les chants éclatent de plus belle, et la *Sancta-Maria* continue à emporter vers le but de leurs désirs les missionnaires que le bon Dieu lui a confiés.

Cette barque, parents bien-aimés, vous la suivez d'un regard plein de sollicitude et d'amour, parce qu'elle porte celui que l'éloignement n'a fait que vous rendre plus cher.

Parfois, sans doute, en présence des périls plus ou moins grands que nous courons, vos cœurs toujours portés à exagérer le danger s'alarment outre mesure et ne connaissent plus ni tranquillité ni repos. Gardez-vous, chers parents, de vous abandonner à une pareille inquiétude, à un trouble si extrême ; de tels sentiments seraient injurieux pour Jésus et Marie qui nous ont si visiblement protégés.

Je ne vous ai rien caché de la vérité, je vous ai montré les choses telles qu'elles sont sans les exagérer, sans les amoindrir, afin de donner à votre confiance en Dieu une occasion de grandir, afin de vous apprendre à vous jeter tout entiers comme je le fais moi-même entre les bras de la divine Providence. Avec un tel secours on n'a rien à redouter ; d'ail-

leurs, je me hâte de vous le dire, les endroits vraiment difficiles sont passés ; d'ici à Tchong-Kin il n'y a plus que des
rapides de peu d'importance, des *quasi torrentes*, pour
employer l'expression si familière à notre bon Lucas.

Le temps que j'ai mis à vous présenter le personnel de la
Sancta-Maria a permis à notre barque de se dégager des hautes
murailles de granit qui l'enserraient depuis le matin ; les
rives du fleuve deviennent enfin abordables, et on se hâte
d'opérer une descente générale ; mais le vent souffle bientôt
avec une nouvelle intensité ; le brave Lucas, afin de nous
épargner une marche forcée, ne tarde pas à donner, au son
des cymbales, le signal de ralliement; chacun obéit à regret,
mais se console dans la persuasion que la journée suivante
sera plus féconde en promenades agréables.

8 JANVIER

Notre espoir, hélas ! ne se réalise pas de sitôt ; vers
huit heures du matin, la *Sancta-Maria* quitte le Hou-Pé pour
pénétrer dans le Su-Tchuen ; c'est la terre de nos désirs,
notre terre promise, et si, plus heureux que Moïse, nous
pouvons contempler de très près les rivages bénis, notre bonheur néanmoins ne sera complet que lorsque nous aurons
foulé de nos pas ce sol vénéré. Ce plaisir, toujours sensible
pour de nouveaux missionnaires, nous est refusé en ce
moment; de chaque côté, semblables à de gigantesques cita-

delles défendant l'entrée du Su-Tchuen, se dressent d'énormes
roches percées de grottes profondes. De la barque donc seulement nous pouvons saluer notre nouvelle patrie, mais du
moins nous chantons avec âme :

> Noble *Su-Tchuen*, terre par Dieu bénie,
> Des héros de la foi glorieuse patrie,
> *Nous venons tous* pour te servir,
> Heureux pour toi de vivre et de mourir !

Notre chant, quoique emprunté [1], est loin de manquer de
justesse et d'à-propos. La terre du Su-Tchuen, comme
celle du Tonkin, a été arrosée par le sang des martyrs,
et son martyrologe se glorifie de noms tels que ceux des
Lufresse, des Malibeau, des Ribaud, des Huc, pour ne parler que des plus illustres. Tout récemment encore, un district
entier était mis à feu et à sang ; deux missionnaires n'échap-
paient que par la fuite au couteau des assassins : treize chrétiens se voyaient saisis et garrottés, exposés pendant plusieurs heures, sous un ciel ardent, devant les idoles, et enfin
égorgés, sur leur refus énergique d'abjurer. Une terre qui
produit de tels hommes peut bien, à juste titre, s'appeler

> Des héros de la foi glorieuse patrie.

Ces derniers détails, chers parents, m'étaient connus avant
de quitter la France : je n'ai pas jugé opportun de vous les

---

[1] C'est le chant du vénérable martyr Théophane Vénard.

communiquer, afin de ne pas vous alarmer inutilement et de ne pas ajouter de vives sollicitudes aux amertumes déjà si grandes de la séparation. A l'heure présente, tout danger semble avoir disparu : le soulèvement, d'ailleurs partiel et fort éloigné, de Tchong-King est réprimé ; les assassins, activement poursuivis, sont en fuite, et la tranquillité redevient chaque jour plus parfaite. Ce que sera demain, le bon Dieu seul le sait ; mais Jésus n'a-t-il pas dit : « Ayez confiance, j'ai vaincu le monde ? » Une telle parole suffit, à elle seule, pour remplir le cœur d'une paix profonde. Reposons-nous donc sur la divine Providence du soin de l'avenir et soyons assurés qu'elle fera concourir toutes choses à la plus grande gloire du Souverain Maître et au salut des âmes.

Vous comprenez facilement, bien chers parents, qu'une terre fraîchement arrosée du sang des martyrs est une terre doublement aimée du missionnaire et vers laquelle il se sent naturellement attiré.

Notre vif désir de toucher le sol du Su-Tchuen se réalise enfin, et, dans l'après-midi, nous pourrons quitter la barque. Vous tremblez déjà, chers parents, et il vous semble voir les assassins postés derrière les rochers, prêts à fondre sur nous. Eh bien ! rassurez-vous et soyez sans la moindre inquiétude : autour de nous rien de sombre, de lugubre, de menaçant ; tout est riant, et les coteaux ensoleillés, au penchant desquels se voient des champs de blé, de colza, de thé, des verdoyantes rizières, des arbres de toutes sortes : orangers, pru-

niers, pêchers, jujubiers, et les villages qui apparaissent
dans le lointain avec leurs blanches maisonnettes. Quant aux
habitants, ils ne semblent rien moins que terribles : plus curieux
qu'hostiles, ils se groupent autour de nous dès que nous faisons halte ; les notables de l'endroit s'aventurent à nous
adresser la parole, mais toujours avec la plus grande déférence ; on dirait même qu'il y a sur leurs visages une expression de sympathie que nous avons peu rencontrée jusqu'ici.
C'est peut-être un effet de la prévention, et tout nous apparaît
ainsi sous des couleurs riantes, parce que nous aimons le Su-
Tchuen d'un amour de prédilection. Quoi qu'il en soit, chacun rentre enchanté de cette première promenade à travers sa
nouvelle patrie et plus satisfait que jamais de la Mission que
le bon Dieu lui a donnée en partage.

9 JANVIER

Quelques minutes après le départ, à demi cachées encore
par un pli de terrain, apparaissent les premières maisons de
Ou-Chan-Hien, ville de troisième ordre, située au confluent
du Yang-Tsé-Kiang et du Tang-Ki-Ho. L'auteur de la carte
que je vous ai laissée la place à cinq ou six kilomètres du
Fleuve Bleu ; c'est une erreur de peu d'importance d'ailleurs,
facile à comprendre et encore plus facile à excuser ; les faubourgs de Ou-Chan s'étendent jusqu'au bord du fleuve, et le
mur d'enceinte en est distant de deux ou trois cents mètres à

peine ; la position de la route de Y-Tchang doit être modifiée de la même manière.

Comme toutes les cités chinoises, Ou-Chan est un vaste amas de maisons basses, d'aspect un peu sombre ; seules quelques pagodes tranchent çà et là sur l'uniformité générale et dressent en l'air leurs toits surmontés de dragons ou leurs tours à une quinzaine d'étages. La maison du bon Dieu, malheureusement, se cache modestement, en attendant des jours plus favorables, et, pour le moment, il serait difficile de distinguer des autres constructions le modeste oratoire où un prêtre chinois réunit, chaque dimanche, le petit troupeau du Seigneur. Dans l'impossibilité où nous sommes d'aller saluer Jésus et son fidèle ministre, nous leur envoyons de cœur les meilleurs de nos sentiments.

Dès que la *Sancta-Maria* est arrivée en vue de Ou-Chan, le long du mât a été déployée une grande enseigne rouge avec l'inscription suivante, en caractères chinois : « Cette barque porte six missionnaires envoyés par le Souverain-Pontife pour prêcher la religion au Su-Tchuen. » C'est notre manière de nous annoncer auprès du mandarin, qui, en retour, doit nous envoyer des satellites, chargés de nous accompagner jusqu'à la ville suivante.

Notre enseigne a-t-elle été aperçue ou non ? Je ne sais ; en tout cas personne n'est venu, et, profitant du vent favorable, nous avons continué notre route. Peu nous importe, d'ailleurs, la compagnie des satellites ; Jésus, Marie, Joseph,

saint François-Xavier, nos bons Anges, ceux du Su-Tchuen
sont nos protecteurs, nos fidèles gardiens : avec une telle
escorte que pourrions-nous craindre?

A mesure que nous pénétrons dans le Su-Tchuen, les
montagnes s'abaissent encore, et la culture s'étend de plus en
plus. Ce serait un paysage charmant pour de longues promenades, mais la marche accélérée de la barque nous permet à
peine de descendre une petite heure, juste le temps de franchir un rapide ; nous remontons ensuite à bord, bénissant la
divine Providence qui ne laisse guère passer une journée
sans nous accorder au moins quelques instants d'agréable
distraction, et nous souvenant toujours de ces paroles si
pleines d'une philosophie éminemment pratique et encore plus
surnaturelle :

> Et quand sur cette terre
> On n'a pas ce qu'on veut,
> Il faut savoir se faire
> Au bon plaisir de Dieu.

10 JANVIER

Je vous disais hier que, pour avoir une notion bien exacte
des pays que nous traversons, il faut modifier sensiblement la
position de Ou-Chan et rapprocher cette ville du fleuve. La
même remarque s'applique aussi, d'abord. à Pé-Ty-Tchen,
village peu considérable, il est vrai, mais important à cause

de la grande quantité de sel qu'on y prépare ; et ensuite, à
Koui-Tchéou-Fou, préfecture civile, ville de premier ordre,
située à douze lieues environ de Ou-Chan, dans l'angle formé
par le *Fleuve Bleu* et le *Feu-Choui-To*.

L'auteur de la carte, redoutant sans doute pour ces cités
les crues périodiques du *Yang-Tsé-Kiang*, a jugé prudent de
les placer à une certaine distance dans l'intérieur des terres :
mais c'était précaution au moins inutile. Assises sur le penchant des collines avoisinantes, Ou-Chan et Koui-Tchéou-Fou
ont peu de chose à redouter des inondations; seules quelques
maisons des bas faubourgs courent risque d'être enlevées ;
mais, comme elles sont assez primitives, il suffit de quelques
heures pour les transporter en lieu sûr.

Laissons un instant les détails topographiques de côté et
hâtons-nous d'arriver à Koui-Tchéou-Fou, où nous devons
faire une petite halte, auprès du P. Besombes ; c'est le premier missionnaire du Su-Tchuen oriental dont le district soit
situé sur le fleuve ; la pensée de trouver un confrère cause
toujours une joie sensible, et puis ce qui ne nous réjouit pas
moins, demain dimanche, nous pourrons tous, dans sa chapelle, offrir le saint sacrifice de la Messe.

A une heure, la *Sancta-Maria* s'arrête devant la ville ;
malgré notre vive impatience de descend e à terre, il nous
faut encore attendre quelque temps ; des personages de notre
qualité, de *grands mandarins d'Occident*, tel est le nom que
nous donnent les Chinois, ne peuvent aller à pied, et si l'on

nous voyait gravir ainsi les escaliers qui montent du fleuve
à la porte de la ville, ce serait fait de notre dignité et nous
perdrions toute considération aux yeux de ce peuple.

Au bout de trois quarts d'heure, des chaises, fermées de
tous côtés par des rideaux qui permettent de voir sans être
vu, viennent nous prendre ; chacun s'installe dans la sienne,
et on se met en route.

Tout va bien, au début : mes trois porteurs s'avancent rapidement, et, malgré un mouvement de tangage assez sensible, je
commence à trouver que la chaise n'est pas aussi désagréable
que je le supposais. Mais voilà qu'au beau milieu des escaliers le premier porteur glisse, le second tombe sur lui et je
me vois sur le point de rouler, avec mon véhicule, le long
d'une cinquantaine de marches. Cette perspective peu sou-
riante ne se change pas heureusement en réalité. Quelques
passants — ce qui est vraiment extraordinaire dans ce pays
où la charité fraternelle ne s'exerce guère que moyennant
sapèques, — quelques passants, dis-je, prêtent de bonne gráce
main-forte à mes hommes qui se relèvent et arrivent sans
nouvel accident au sommet des escaliers.

Là commence la ville véritable, aux rues étroites et encom-
brées de monde ; il faudrait aller avec lenteur et précaution ;
mes porteurs, eux, qui ne songent qu'à réparer leur honneur,
se jettent tête baissée au milieu de la foule et renversent une
pauvre vieille femme moins prompte que les autres à se
garer. J'ai beau vouloir modérer cette ardeur intempestive,

mes exclamations n'aboutissent qu'à accélérer encore le pas de mes hommes qui les prennent pour un ordre de marcher plus vite.

De ce train, j'arrive en peu de temps à la maison du P. Besombes où tous mes confrères sont déjà réunis. Là nous attend une double déception : le P. est à Tchong-Kin, pour l'élection d'un nouvel évêque, et les lettres de France que nous espérions trouver chez lui se font encore désirer. Nous acquérons néanmoins la certitude à peu près complète qu'elles n'ont pas péri dans le bateau brûlé près de Nang-King ; dès lors, ce n'est plus qu'une affaire de temps ; avec la poste chinoise il ne faut pas se montrer trop exigeant : elle est généralement assez sûre, mais des plus irrégulières. Comme nous sommes à peu près *tous logés à la même enseigne*, nous nous consolons ensemble, et nous aimons à garder l'espérance que les missives de nos parents bien-aimés nous auront devancés à Tchong-Kin. Pour être différé, le plaisir d'avoir enfin de leurs nouvelles n'en sera alors que plus grand.

Prévenu de notre prochaine arrivée, le P. Besombes, avant de partir pour Tchong-Kin, a chargé un théologien, qui demeure habituellement auprès de lui, de nous recevoir. Cet aimable jeune homme s'acquitte à merveille de sa mission et met tous ses soins à nous rendre moins sensible l'absence du Père.

Les gens de la maison rivalisent de zèle, eux aussi, et se multiplient afin de nous être agréables. Un bon vieux, à la figure épanouie, qui remplit ordinairement l'office de barbier, voyant que nos visages et nos têtes commencent à reprendre une tournure des moins chinoises, est le premier à venir nous offrir ses services. On les accepte bien volontiers, et aussitôt il installe son matériel; c'est celui de tous les barbiers chinois : grande cuvette remplie d'eau bouillante, peigne aux dents énormes, petite sébille en osier, rasoir large et court; le savon, bien entendu, *brille par son absence ;* c'est donc le matériel de tous les barbiers chinois, sauf un accessoire que nous n'avions pas encore remarqué chez ses collègues, une petite gourde soigneusement bouchée et contenant quelque *spécifique unique* d'une vertu incomparable pour adoucir le feu du rasoir.

L'opération commence, mais, dès le début, les cheveux se montrent rebelles à l'instrument de notre barbier; le brave homme a beau prodiguer les lotions d'eau bouillante et frotter son rasoir sur une sorte de cuir graisseux, rien n'y fait. Tout à coup sa figure, un instant assombrie, s'épanouit dans un sourire, d'un air de triomphe; il se dirige vers la gourde qui repose là, tout près, sur une table, et dont le contenu a plus d'une vertu; il la prend dans ses mains, la contemple avec une affection qui semble tenir du culte et enlève le bouchon avec des précautions infinies. Ce n'est là que le prélude. Attention! le grand mouvement va commencer; le bonhomme se rapproche de notre confrère, mais, au lieu de répandre le liquide sur la tête de son patient, il s'en administre la meilleure part, puis reprend sa tâche, plus radieux que jamais. Si le procédé a été un peu différent de celui que nous attendions, le résultat ne laisse pas d'être merveilleux au-delà de toute espérance : la liqueur chinoise a donné au barbier une sûreté de main et une dextérité incroyables qu'il sait entretenir et renouveler au besoin par de fréquentes visites à la gourde magique. En un clin d'œil, mes cinq confrères sont rasés parfaitement et sans la moindre écorchure.

Mon tour arrive, et je me confie au brave Chinois, non sans quelque appréhension. Cependant les copieuses libations auxquelles il s'est laissé aller et qui se continuent de plus en plus belle m'inspirent une médiocre confiance et font naître en moi certains doutes qui ne tardent d'ailleurs pas à se justifier ; la main de notre artiste, après avoir acquis son maximum de sûreté, commence à devenir lourde et moins ferme. Je tâche de faire bonne figure néanmoins sous le rasoir qui râcle furieusement et me semble d'un poids énorme.

Ce que je prévois arrive enfin, et je m'échappe des mains du bonhomme avec une superbe entaille au menton, et tout heureux encore d'en être quitte à si peu de frais. Lui ne s'en émeut pas le moins du monde et, avec son rire d'ivrogne, m'invite à me rasseoir afin de pouvoir terminer sa besogne.

Mais je trouve l'expérience suffisante : la perspective d'avoir la gorge coupée par un barbier chinois me sourit peu, et j'aime encore mieux demeurer rasé aux trois quarts.

N'allez pas conclure de cette petite aventure, chers parents, que tous les barbiers chinois sont des maladroits ; celui-ci est une exception, mais ses collègues pourraient avec avantage disputer la palme à ceux de l'Europe. Et puis, à l'avenir, j'aurai soin de mieux choisir.

Ce serait, ma foi ! par trop vulgaire de verser son sang inutilement ; mieux vaut le garder, n'est-ce pas, pour de plus grandes circonstances, pour le jour où, par exemple, le bon Dieu me jugerait digne de le répandre en témoignage de mon dévouement et de mon amour. Mais laissons de tels rêves, chers parents ; le martyre est trop grand, trop beau pour moi et vos cœurs, malgré la foi qui les anime, se résoudraient difficilement à le demander : du moins priez Jésus et Marie de me faire une grâce, celle de supporter dignement le martyre de chaque jour, celui qui est l'apanage de tous les vrais et saints missionnaires.

La soirée s'achève, très agréablement, à la résidence de Koui-Tchéou-Fou ; elle eût revêtu un nouveau charme si quelques lettres étaient venues nous apporter des nouvelles de ceux que nous avons quittés ; mais ce retard, nous le savons, n'est pas leur faute, et, pour leur prouver que nous ne les oublions pas, chacun se fait un pieux devoir d'écrire à ses parents et à ses amis de France ; c'est de Koui-Tchéou-Fou que je vous ai adressé ma dernière lettre.

11 JANVIER

Dimanche dans l'Octave de l'Épiphanie. — Au petit jour, les chrétiens de Koui-Fou, avertis de la présence des missionnaires, se rassemblent pour assister à la sainte Messe. A les voir se réunir dans une chapelle des plus modestes et retirée loin des regards indiscrets, on songe involontairement à l'Église des Catacombes, à cette Église naissante qui se cachait dans les entrailles de la terre pour la célébration des divins Mystères. Si celle de Koui-Fou n'est pas tout à fait réduite à la même extrémité, elle est loin encore de pouvoir se manifester au grand jour. Peu nombreux, presque tous néophytes, perdus en quelque sorte au milieu de la population païenne, les chrétiens sont obligés d'user de prudence, afin de ne pas éveiller les susceptibilités et la haine de leurs ennemis. Espérons que pour cette petite Église, comme pour celle de Rome, le jour du triomphe arrivera bientôt.

Alors, tout semble le faire prévoir, les consolations du missionnaire seront bien grandes, car déjà, quoique comprimée et gênée dans sa manifestation, la ferveur de ses néophytes inonde son cœur de la plus douce des joies. Venus dès la première heure, ils continuent leurs chants et leurs prières pendant la plus grande partie de la matinée. Après le dîner, des chaises arrivent, et nous reprenons le chemin qui mène au fleuve ; mes porteurs, plus solides que ceux de la

veille, descendent les escaliers d'un pied ferme et, au bout de
dix minutes, me déposent à quelques pas de la *Sancta-
Maria*.

Notre équipage a profité de cet arrêt prolongé pour se dis-
perser dans la ville, et la moitié des *tireurs* manquent encore
à l'appel. Il faut les attendre une bonne partie de la soirée, et
l'heure avancée permet à peine à la *Sancta-Maria* de sortir
de l'enfoncement qui sert de port aux barques et de s'avancer à un millier de mètres plus haut.

12 JANVIER

Le vent sur lequel on comptait pour réparer le temps perdu
à Koui-Fou ne souffle pas encore ; une atmosphère lourde,
étouffante, nous enveloppe ; tout le monde semble abattu,
exténué, jusqu'à nos tireurs habituellement si gais, si alertes.
Dans l'après-midi, un peu de brise vient à leur aide et leur
redonne des forces ; mais cela ne dure qu'un instant.

Durant toute cette journée, notre marche a été des plus
lentes ; il faut la suspendre vers quatre heures : une suite
de rapides s'ouvre devant nous ; un épais brouillard, avant-
coureur de la nuit, commence à nous envelopper et, comme
personne n'a encore perdu le souvenir de notre aventure du
4 janvier, on juge plus prudent d'attendre jusqu'au lendemain.

13 JANVIER

Avec le jour se lève une forte brise, et la *Sancta-Maria* remonte à la voile les premiers rapides, à la grande satisfaction des *tireurs* qui jouissent enfin d'un repos d'ailleurs bien mérité. Mais ce repos dure peu de temps : le courant ne tarde pas à devenir d'une violence telle que, pour la vaincre, ce n'est pas trop de la force de nos hommes jointe à celle du vent.

Bientôt même leur nombre ne suffit plus : il faut s'arrêter au fond d'un torrent impétueux et aller à la recherche de nouveaux tireurs. On en trouve facilement, il est vrai, car à tous les endroits difficiles ils sont par centaines sur le rivage et ne demandent pas mieux que de louer leurs services.

Parmi eux, de pauvres petits enfants, à demi nus, hâves, décharnés, offrent aussi leur bonne volonté, plus forte que leurs bras, et on les accepte par charité. Puis, leur tâche accomplie et les sapèques reçues, ils viennent se grouper autour des étrangers, attirés par une vive curiosité.

Assis sur le bord du fleuve, je lis en ce moment une page du saint Évangile, et, comme si le bon Dieu Lui-même l'avait choisie, sous mes yeux tombent les lignes suivantes : « *Videte ne contemnatis unum ex his pusillis :* Gardez-vous de mépriser un de ces petits enfants. » Oh ! non, je n'aurai

pas besoin de cette exhortation ! Non, je ne les méprise pas,
je ne les dédaigne en aucune manière, ces pauvres petits,
malgré leur extérieur sordide et repoussant ! A cause de cela
même, je me sens attiré vers eux par un profond sentiment
de compassion, comme doit l'être tout missionnaire qui as-
pire à marcher sur les traces du divin Maître. Que je voudrais en ce moment connaître leur langue pour leur parler
du bon Dieu, de ce Dieu de miséricorde dont « la volonté
est que pas un d'entre eux ne périsse » ! Du moins, je conjure
de tout mon cœur leurs bons anges, ces anges qui, selon la
parole infaillible de Jésus, « ne cessent de contempler dans
les cieux la face du Père, » je les conjure de veiller sur eux,
et d'ouvrir à la lumière les yeux de ces pauvres petits aveugles,
car, Jésus le dit encore à la même page, « au Ciel il y aura
plus de joie pour la conversion de l'un d'entre eux que sur la
persévérance de quatre-vingt-dix-neuf justes ».

Cependant, la *Sancta-Maria* est arrivée à l'extrémité du
rapide ; je m'échappe du cercle formé autour de moi, et je
regagne le bord au grand désappointement de tout ce petit
monde dont les yeux ne pouvaient se détacher de mon Nouveau Testament et de mon bréviaire.

La brise souffle toujours et nous pousse en peu de temps
jusqu'à Yuin-Yang ; encore une ville de troisième classe, un
hien, comme disent les Chinois, et qui ne perdrait rien assurément, sur la carte, à être légèrement rapprochée du fleuve.

Le missionnaire qui dessert ce district est le P. Savelon,

un enfant de la haute Auvergne, dont la résidence est située en dehors de la ville. Cela nous dispense d'attendre les chaises à porteurs ; guidés par notre courrier, nous gravissons pentes et escaliers et, après quelques minutes de recherches, nous finissons par découvrir, au milieu d'un amas de petites masures, la modeste retraite du Missionnaire.

Le bon Père arrive d'une course à travers les montagnes où il a passé sa journée à visiter les malades, et à secourir de malheureux affamés ; la pomme de terre, l'une des principales ressources du pays, a manqué cette année, et, dans la campagne environnante, la famine sévit avec toutes ses horreurs. Ne trouvant plus rien à manger, la population païenne se porte à des extrémités terribles ; on cite des faits qui font frémir, celui-ci par exemple : dans une famille composée du père, de la mère et de leur petite fille, toutes leurs provisions sont épuisées ; la femme sort un instant pour voir si elle ne découvrira pas quelques racines ; à son retour, le père la regarde d'un air égaré et avec un rire sauvage : « Sois sans inquiétude, lui dit-il, nous avons pour plusieurs jours une excellente nourriture ! » et il lui montre le corps de la fillette qu'il a coupé en morceaux et dont il fait bouillir une partie. La pauvre femme est devenue folle de douleur et, s'enfuyant vers Yuin-Yang, elle s'est mise à parcourir les rues de la ville en poussant des cris effroyables.

De tels faits, capables d'émouvoir les cœurs les plus durs, excepté toutefois ceux des mandarins chinois, ne sauraient

trouver insensible un missionnaire du bon Dieu. Le P. Savelon, dans la mesure de ses modiques ressources, donne à tous
ceux qui viennent implorer sa charité, sans distinction de
païens et de chrétiens, avec le seul regret de ne pouvoir faire
davantage. Bien plus, il se donne lui-même et va chercher,
jusque dans les endroits les plus reculés, des infortunés à
consoler et à ranimer.

Ces courses pénibles à travers les montagnes ne se font pas
sans épuiser sa santé, et aujourd'hui encore il y a pris une
fièvre ardente qui agite son corps de frissons continuels. Mais,
entre tous les remèdes, la joie subite est d'une vertu incomparable, et celle que le P. Savelon éprouve en nous voyant suffit pour faire succéder à son indisposition un bien-être à nul
autre pareil.

Comme la famine a été moins sensible à bord de la *Sancta-
Maria* que dans le district de Yuin-Yang, nous prions le bon
Père de venir partager notre modeste souper, et tous
ensemble nous passons la meilleure partie de la nuit à nous
entretenir des deux patries également chères à nos cœurs, de
la France et du Su-Tchuen oriental.

14 JANVIER

Notre veille prolongée a eu pour conséquence naturelle un
sommeil des plus profonds ; le P. Savelon, afin de ne pas le

troubler, est descendu sans bruit au petit jour, et la *Sancta-Maria* a continué sa route.

Tout à coup, un craquement sec retentit, suivi de bruyantes exclamations, et fait bondir du lit les plus endormis ; chacun, persuadé que la barque vient de s'ouvrir sur un écueil, se dispose à gagner le rivage, dans le costume assez simple où il se trouve. Mais un simple coup d'œil, jeté par la fenêtre, suffit pour nous rassurer : la *Sancta-Maria*, immobile dans un enfoncement du fleuve où le courant devient insensible, n'est exposée à aucun danger sérieux ; seule, l'extrémité du mât, tirée violemment sur le côté par la corde que retenait une pointe de rocher, s'est brisée à deux mètres environ du sommet, entraînant dans sa chute la grande voile. Nous devons néanmoins rendre grâces au bon Dieu et à la sainte Vierge ; si cet accident, peu grave en soi, était arrivé au milieu d'un rapide, la barque aurait couru grand risque d'être renversée et submergée en plein courant. Mais, vous le voyez, nos aimables et fidèles gardiens sont toujours là, même pendant notre sommeil, et veillent sur nous avec une prédilection toute spéciale. Remercions-les ensemble, parents bien-aimés, et n'oublions pas que leurs faveurs passées sont un gage assuré pour l'avenir.

A l'appréhension naturelle que nous avons un instant éprouvée succède bientôt une vive hilarité, lorsque nous voyons *Lao-Pan-Yang-Tsé* s'élancer vers l'avant de la barque et se jeter comme une lionne furieuse sur l'homme de l'équipage

responsable de l'accident ; non contente de frapper le pauvre
diable à coups redoublés, elle le précipiterait dans le fleuve,
si notre courrier ne s'interposait à temps. Empêchée dans ses
démonstrations peu rassurantes, elle donne du moins un libre
cours à sa bile, frappe de ses petits pieds avec rage et ne
tarit pas d'imprécations, ce qui n'émeut guère le vieux Chinois. Abruti par la boisson et l'opium, il demeure impassible ;
sur l'ordre de quitter la barque, il prend tranquillement ses
hardes et s'éloigne pour revenir un instant après, lorsqu^e
l'orage est passé.

Après avoir *tonné* une bonne heure, *Lao-Pan-Yang-Tsé*
songe enfin à donner ses ordres ; les hommes de l'équipage
proprement dit sont les seuls à les exécuter.

Au lieu de leur venir en aide, les *tireurs* ont cherché un
enfoncement de rocher, et là, groupés autour d'un feu de
branches mortes, ils attendent patiemment la fin : l'un racom-
mode sa vieille culotte, l'autre peigne sa longue chevelure ;
aucun ne se met en peine du mât cassé, et personne ne trouve
cela mauvais ; sur une barque chinoise, à chacun ses attribu-
tions : les *tireurs*, eux, ne connaissent que le maniement de
la corde ou de la rame, et, en dehors de cela, le reste semble
ne pas exister pour eux.

Le nombre restreint des bras, joint au peu d'habileté des
travailleurs, rend nécessaire une bonne partie de la matinée
pour réparer les dégâts. A onze heures seulement nous pouvons reprendre notre marche. La brise est tombée complè-

tement, et, ce qui vaut moins encore, les rapides se succèdent presque sans interruption ; leur cours est peu impétueux, mais suffit toutefois à ralentir sensiblement la marche de la *Sancta-Maria*.

Ce contre-temps nous permet du moins d'aller passer à terre la plus grande partie de l'après-midi. Le chemin, à peine tracé, au milieu d'une vaste plaine de sable, où l'on enfonce jusqu'à la cheville, est d'abord d'un accès assez difficile ; mais bientôt nous atteignons un large plateau couvert de champs de canne à sucre, de riz, de thé ; au milieu serpente la route mandarine du Chen-Ton. Ce n'est certes pas une merveille ; à peine large d'un mètre, couverte de pavés inégaux et glissants, agrémentée çà et là de marches creusées à pic dans le roc, elle ferait bien triste figure à côté des superbes voies de communication qui sillonnent la France ; néanmoins, on éprouve une véritable sensation de bien-être à s'y engager, après avoir quitté les sentiers tortueux, semés de cailloux, coupés de fondrières, et les vastes plaines de sable mouvant.

Depuis le commencement de notre promenade, un jeune Chinois s'est attaché à nos pas ; épris d'une subite affection pour nos bréviaires, qu'il ne quitte pas des yeux, croyant sans doute avoir affaire à des marchands de Bibles, assez nombreux dans ces régions, il nous prie instamment de lui donner ces beaux livres ; afin d'appuyer sa demande, il ébauche même un signe de croix en prononçant les noms de

Tien-Tchou (le Maître du Ciel, Dieu) et de *Je-Sou* (Jésus); mais là se borne toute sa science. Bien que nous ne paraissions guère disposés à satisfaire ses désirs, il n'en continue pas moins ses sollicitations et ne nous quitte que le soir, lorsque nous regagnons la *Sancta-Maria*.

Au déclin du jour, nous passons en face d'un village près duquel se dresse une superbe pagode. Debout, sur le rivage, un petit bonze crasseux, mal vêtu, tend vers chaque barque une sorte de filet attaché au bout d'une longue perche et sollicite quelques sapèques. Les Chinois lui donnent, car, s'ils sont généralement plus sceptiques que croyants, en revanche, superstitieux au plus haut point, ils craindraient de s'attirer, par un refus, le courroux des génies malfaisants. Mais, au fond, ils n'ont que du mépris pour ces mendiants officiels. Triste religion que celle dont les soins et la garde sont confiés à de tels ministres !...

15 JANVIER

La campagne, couverte de magnifiques plantations de canne à sucre, prend un aspect de plus en plus intéressant; il ne nous est guère difficile de devancer la barque dont la marche est toujours très lente, ce qui nous permet de visiter à loisir les nombreuses sucreries placées sur le bord du fleuve; le procédé chinois est encore assez primitif : on se contente de broyer la canne à sucre, d'en séparer les parties dures et de cuire le résidu dans une grande chaudière ; le sucre ainsi obtenu est de bonne qualité, mais assez grossier et de couleur un peu sombre : il gagnerait beaucoup assurément à passer par les raffineries françaises. Seulement, les Chinois n'ont garde de laisser pénétrer chez eux les procédés européens ; la routine est la première de leurs divinités, celle qu'ils honorent du culte le plus fervent, persuadés qu'ils ont atteint, de prime abord, le *nec plus ultra* du progrès. Ils marchent et marcheront encore de longues années dans l'ornière tracée par leurs aïeux. Tout ce qui sent l'innovation est sûr de trouver en eux des adversaires irréconciliables, et il n'est pas d'absurdités qu'ils ne débitent au sujet des inventions modernes. Le télégraphe, par exemple, établi entre Shang-Haï et Tchang-King est la dernière des abominations ; s'il transmet les nouvelles avec une telle rapidité, c'est que les Européens ont une recette à nulle autre pareille.

Je pourrais vous la donner en mille, et votre imagination, moins féconde que celle des Chinois, n'arriverait jamais à la deviner : les habitants du Céleste Empire l'ont trouvée sans beaucoup de recherches : ces diables d'Occidentaux, disent-ils, prennent les vieilles femmes, les égorgent et avec leur graisse mettent en mouvement leur sinistre appareil. Il faut avouer que dans ce cas les piles nécessiteraient beaucoup d'un tel ingrédient, car l'embonpoint n'est pas le caractère dominant des matrones chinoises, généralement sèches comme des squelettes. Mais raison de plus pour affirmer que

le nombre des victimes est innombrable. A l'encontre des
innovations scientifiques, les insinuations perfides et calom-
nieuses sont assurées de trouver un crédit d'autant plus grand
qu'elles sortent plus de l'ordinaire, du rationnel et se rap-
prochent de l'absurde. Et comme pour les Chinois — les
diables d'Occident — ce sont surtout les missionnaires, naturellement ces prétendus crimes passent à notre actif. Devant
des accusations si absurdes et qui tombent d'elles-mêmes, il n'y
a qu'une réponse à faire : lever les épaules et sourire de pitié.
Nos confrères n'emploient pas d'autre argument, et celui-là
suffit toujours aux yeux des gens qui gardent encore une teinte
d'impartialité ; c'est le petit nombre, il est vrai, en Chine...

Mais je n'aperçois que des champs de canne à sucre, je
me suis égaré au milieu d'autres où poussent des plantes
moins utiles et moins bienfaisantes. Revenons aux bords
enchantés du *Fleuve Bleu* ; si le tableau qu'il présente est
moins extraordinaire, moins curieux que celui des mœurs
chinoises, ses teintes sont plus douces et reposent mieux le
regard. A toute peinture, il est vrai, il faut quelques ombres,
et, si la nature ne revêt ici que les plus vives couleurs, les
événements semblent vouloir prendre un aspect moins gai et
moins souriant.

Satisfaits de notre longue et agréable promenade, nous
devisions joyeusement sur le rivage, à l'ombre d'un rocher,
en attendant l'arrivée de la barque. Devant nous, le fleuve se
brise contre un îlot de granit et se divise en deux bras d'iné-

gale grandeur : l'un, le plus rapproché de nous, large de quelques mètres à peine, semblable à un torrent impétueux, bordé et parsemé d'écueils sur lesquels l'eau se précipite en mugissant ; l'autre, beaucoup plus étendu, mais dont le passage nécessite un temps plus considérable ; les petites barques choisissent le premier, les grosses, au contraire, préfèrent le second pour être moins gênées dans leurs mouvements.

Arrivée en présence des deux bras, la *Sancta-Maria* hésite un instant, puis s'engage résolument dans le passage étroit. Le nombre des tireurs a été sensiblement augmenté, et toutes les précautions sont prises pour éviter un accident ; armés de longues perches, les hommes de l'équipage se placent de chaque côté de la barque et s'efforcent de la maintenir dans le milieu du courant ; ce n'est pas chose toujours facile : comprimées par ce nouvel obstacle, les eaux se soulèvent avec une force et une impétuosité presque irrésistibles. On avance, néanmoins, quoique avec lenteur. Encore quelques efforts, et l'obstacle est franchi.

Mais voilà qu'au moment où l'avant de la barque commence à sortir du passage étroit, les perches de droite glissent sur la surface polie du rocher, et la *Sancta-Maria*, n'étant plus maintenue de ce côté, fait un écart et demeure échouée sur le fond.

Un homme descend aussitôt dans la cale pour voir si l'eau pénètre : rien ne paraît encore ; mais, par suite du frottement continuel contre les pointes aiguës du roc, la barque, si elle demeure quelque temps dans cette position, court grand risque d'être percée ou du moins très endommagée.

Revenir en arrière n'est pas possible : ce serait s'exposer à un danger plus grand. Les *tireurs*, puissamment stimulés par la voix perçante et impérieuse de la *terrible Lao-Pan-Yang-Tsé*, tentent un effort suprême qui n'aboutit guère qu'à ébranler la corde et le mât déjà peu solide.

Quelques hommes se mettent à l'eau et tâchent de soulever la barque, mais que peuvent leurs faibles forces sur une telle masse ?

Après cette série de tentatives infructueuses, on songe enfin à alléger le poids de la *Sancta-Maria* ; une partie des caisses est placée sur l'avant, le reste déposé dans la petite barque. Rien n'y fait et on voit le moment où il faudra tout transporter à terre ; ce ne serait pas le plus amusant de l'histoire ; la nuit arrive, et, au milieu de l'obscurité, nous aurions vraiment de la chance si les Chinois, réunis en grand nombre, ne nous soulageaient pas d'une partie de nos bagages.

Heureusement, le bon Dieu et la bonne Mère sont avec nous, et au moment où nous nous disposons à mettre en œuvre le dernier moyen qui offre quelque chance de sortir de cette situation peu intéressante, la *Sancta-Maria* cède enfin à l'effort des tireurs, se remet à flot et se trouve en peu de temps à l'abri de toute fâcheuse éventualité.

Nous remontons à bord, en remerciant de tout cœur Jésus et Marie. Le désordre causé par cet incident est vite réparé,

et comme tout le monde se sent plus ou moins fatigué, et que
d'ailleurs l'obscurité commence à tomber, on s'arrête à peu
de distance, dans une petite baie naturelle, pour y passer la
nuit.

16 JANVIER

Hier, nous avons aperçu, gisant sur le rivage, un pauvre
diable qui semblait privé de mouvement ; c'était un des *tireurs*
de la petite barque, atteint d'une tumeur froide à la partie
supérieure de la cuisse droite. Privé des soins nécessaires, il
avait néanmoins essayé de tenir bon pendant plusieurs jours ;
mais, vaincu enfin par le mal qui, sous l'influence de la
fatigue et de nombreux bains forcés, avait fait de rapides
progrès, il venait de se laisser tomber, incapable d'aller plus
loin. Ses camarades continuaient leur route sans plus se soucier de lui, et le patron l'abandonnait à son triste sort, afin de
n'avoir pas à nourrir une bouche inutile. Ainsi s'exerce toujours la *charité sinico-païenne*.

Émus de pitié non moins qu'indignés à la vue d'une telle
dureté, nous avons demandé que le malade soit transporté à
bord de la *Sancta-Maria*. On s'est empressé de répondre à
notre désir, et, grâce au repos complet dont il jouit, grâce à
quelques remèdes énergiques, grâce surtout à une alimenta-
tion plus substantielle, le pauvre diable commence à recouvrer

l'usage de sa jambe et, dans quelques jours, nous l'espérons, il sera tout à fait rétabli.

Cette cure, merveilleuse aux yeux de l'équipage, nous a naturellement valu une grande réputation de science médicale, et, pour peu, on nous regarderait comme les premiers praticiens du monde. Déjà les clients nous arrivent de tous les côtés : celui-ci avec un ulcère qui lui ronge la jambe depuis plus d'une année ; celui-là le pied tout couvert de plaies profondes qui, chaque jour, s'étendent davantage. Au début, ce n'étaient que de simples égratignures qu'il aurait suffi de laver fréquemment et de tenir dans une grande propreté ; mais ces braves Chinois y ont laissé adhérer une foule de matières nuisibles, ce qui, joint à un emploi excessif de l'opium, leur remède universel, rend aujourd'hui la guérison fort longue. Nous essayons néanmoins ; un lavage à grande eau est d'abord nécessaire, et ce n'est pas chose facile que d'enlever la couche noire et épaisse qui recouvre les parties malades ; on y arrive enfin, et quelques compresses imbibées de teinture d'arnica font éprouver à nos malades un soulagement qui porte à son comble leur confiance en notre science médicale. Ah ! si nous pouvions, de la même manière, soigner les plaies de l'âme dont ces plaies du corps ne sont qu'une bien faible image ! Mais nos Chinois ne semblent guère se soucier de celles-là, et, pauvres aveugles qu'ils sont, ils s'obstinent à garder un mal qui peut les conduire à la mort éternelle.

Chaque année, ces mêmes hommes, ou à peu près, amènent de Y-Tchang à Tchang-King les nouveaux missionnaires et concourent ainsi, inconsciemment, à la diffusion de l'Évangile. Ils semblent dire à leurs compatriotes : Voici la lumière, ouvrez les yeux, voyez : et eux-mêmes détournent obstinément leurs regards. Un tel abus de la grâce ne doit-il pas tout naturellement attirer sur eux le courroux du bon Dieu et amener l'endurcissement final? On serait tenté de le croire; aimons à espérer néanmoins que Celui qui ne laisse rien sans récompense aura égard à l'ignorance de ces aveugles, leur tiendra compte d'une œuvre bonne quoique toute matérielle et ouvrira leurs yeux à la douce lumière de la foi.

Une partie de la journée s'est passée à soigner les plaies de nos Chinois. Vers les quatre heures, nous passons en face de *Ouan-Hien* où réside un prêtre chinois. Notre courrier est descendu pour le prévenir, et tous les deux nous rejoignent à quelques milliers de mètres plus haut.

Après le repas du soir, le P. Lieou (c'est le nom du prêtre chinois), sur l'invitation de notre latiniste, commence à nous raconter une foule de ces petites fables qui courent la Chine et font les délices d'un peuple encore enfant — du moins sous ce rapport, — et qu'un rien suffit pour charmer. On se croirait transporté à une de ces veillées du moyen âge où les bardes, allant de château en château, captivaient l'attention par leurs contes naïfs, leurs interminables fabliaux et leurs chansons de gestes accompagnées du son de la harpe. Sauf la différence de sujet et l'absence de tout instrument de musique, c'est un peu la même chose aujourd'hui, à bord de la *Sancta-Maria*. Il faut dire cependant que notre attention est moins soutenue que celle des châtelains du moyen âge groupés autour de leurs chers troubadours ; mais cela tient à ce que les contes chinois perdent de leur sel et de leur poésie à passer dans la langue latine. Nous les goûterons mieux, j'aime à le croire, lorsque nous serons initiés d'une manière parfaite à l'idiome du Céleste Empire et devenus des Chinois accomplis.

17 JANVIER

Au moment du départ, apparaît sur le rivage un personnage de mine peu avenante : sa figure et ses mains portent les traces d'une gale repoussante ; une mauvaise robe, de couleur douteuse. trouée en maints endroits, trop courte pour sa taille, laisse voir deux jambes nues et décharnées ; à ses pieds, de vieilles sandales éculées, et sur sa tête une calotte crasseuse.

Cet étrange personnage tient dans ses mains un grand papier jaune, couvert de caractères chinois, et l'agite en parlant aux gens de l'équipage. Nous croyons avoir affaire à un pauvre diable sans ressources qui cherche à exciter notre commisération et appuie sa demande de titres attestant ses droits à la charité publique.

Mais nous nous trompons et de beaucoup. Celui que nous croyons un vulgaire mendiant est tout simplement un homme du prétoire, un satellite, puisqu'il faut l'appeler par son nom. Envoyé par le mandarin de Ouan-Hien, il vient nous offrir sa haute protection envers et contre tous, ou plutôt — car nous n'avons que faire d'un tel défenseur — il vient s'imposer à nous jusqu'à la station prochaine. Bon gré, mal gré, il faut le subir, ses ordres sont formels : ne pas nous quitter un instant, nous garder de tout danger, tel est le programme confié à sa haute intelligence.

Pendant toute la matinée, le pauvre diable court à côté de nos *tireurs* qui le plaisantent sur sa piteuse mine, et, à midi, vient s'asseoir avec eux autour de la marmite au riz où il mange assurément comme quatre, ce qui n'est pas peu dire. Puis, ses forces réparées, il se met en devoir de remplir consciencieusement son office. Dès que nous sortons de la barque, il emboîte le pas derrière nous et fait mine de ne pas vouloir nous lâcher d'une semelle. Une telle compagnie nous sourit médiocrement ; aussi, pour nous débarrasser de notre homme, nous hâtons le pas et, lorsqu'il est à une centaine de mètres derrière nous, nous nous asseyons à l'abri des rochers. Lui, ne se doutant pas de la chose et ne nous apercevant plus, prend le pas de course et a bientôt disparu dans le lointain. Nous continuons alors tranquillement notre promenade. Mais bientôt le vent se lève et, afin de n'être pas devancés par la barque, nous remontons à bord.

Le satellite, lui, arrive tard : ne nous voyant pas sur le rivage, il a couru la campagne pour nous retrouver, et, naturellement, ses recherches n'ont pas été couronnées de succès. A notre latiniste qui lui demande s'il a fidèlement rempli sa mission, il répond avec un aplomb parfait : « J'ai toujours suivi les grands mandarins d'Occident à peu de distance. » Bien plus, en récompense de ses services, déjà si éminents, il nous prie de lui acheter une robe pour remplacer la sienne qui, au cours de cette campagne, a reçu encore quelques nouvelles blessures. Mais il y aurait vraiment trop à faire s'il fallait habiller tous les mendiants de la Chine ; on peut, au moins, sans trop d'inhumanité, je crois, laisser au *Fils du Ciel* le soin de vêtir ses fidèles satellites.

18 JANVIER

Quelques minutes après le départ, des barques arrivent derrière nous et cherchent à nous dépasser ; au lieu de prendre le milieu du fleuve, elles se jettent entre la *Sancta-Maria* et le rivage : les cordes s'embarrassent, les barques s'entre-choquent ; on crie, on s'injurie. *Lao-Pan-Yang-Tsé* monte sur ses *chevaux blancs* et ne tarit pas de malédictions. Elle peut s'en donner à cœur joie, il est vrai, car elles ne touchent guère ceux qui en sont l'objet : suivant un proverbe chinois, les imprécations faites sur le fleuve retombent sur le courant et sont emportées par l'eau qui s'en soucie médiocrement ; à terre seulement elles atteignent les personnes.

Une heure se passe avant qu'on puisse se remettre en route. Et c'est ainsi tous les jours : ces bons Chinois ont beau voir que la place est déjà prise, qu'ils perdront leur temps et leur peine à tenter de forcer le passage : n'importe, ils veulent arriver les premiers et, sous l'influence de cette idée fixe, ils se jettent partout en aveugles.

Enfin, après bien des efforts, nous sommes dégagés, pour cette fois, et libres de continuer notre marche.

Le temps est sombre, brumeux, peu favorable à une promenade. Et cependant notre satellite serait si fier, si heureux de nous accompagner ! Accroupi à l'avant de la barque, le menton appuyé sur ses genoux, il paraît en extase devant la marmite au riz. Le charme n'est pas si puissant néanmoins que son regard ne se détourne de temps en temps pour se diriger vers la porte de nos cabines. Il guette notre sortie, cela est évident, et semble tout disposé à prendre sa revanche.

L'occasion ne tarde pas à se présenter : fatigué d'une inaction qui ne convient pas à sa nature ardente, le P. Schultz propose une excursion à travers les montagnes et, ne trouvant personne qui soit disposé à l'accompagner, il se décide à sortir seul. A peine a-t-il franchi le seuil de la porte que le satellite est à ses côtés et s'attache à ses pas. Mais il a affaire à forte partie. Une fois à terre, le P. Schultz com-

mence à enjamber les rochers et à gravir les pentes les plus
escarpées. De la barque nous voyons le pauvre satellite
s'acharner à le suivre ; mais bientôt il le perd de vue. Il ne
revient pas pour cela en arrière, mais il continue à s'avancer
dans la direction prise par le grand mandarin confié à sa
garde.

A midi, notre confrère rentre : de satellite, point ; la soirée
se passe, il ne se montre pas davantage. Découragé probablement d'avoir affaire à de si mauvaises têtes, il aura repris
le chemin de Ouan-Hien, nous abandonnant à notre destinée.
Peut-être aussi nous a-t-il précédés à Tchong-Chéou où il
doit être relevé de ses fonctions. Quoi qu'il en soit, nous
sommes enchantés d'être débarrassés de sa présence au
moins inutile.

19 JANVIER

Encore une de ces journées où tout paraît mort dans la
nature ; le soleil se cache sous de sombres nuages ; pas un
souffle ne vient agiter l'eau ; l'atmosphère semble de plomb ;
les champs, les coteaux, les villages, habituellement si gracieux, si riants, n'apparaissent plus qu'à travers un épais
manteau de brume et prennent un aspect des plus moroses.
Cette tristesse universelle se communique insensiblement à
l'âme et la jetterait dans un abattement profond si elle ne se
soutenait par un effort continuel, si surtout au-dedans d'elle-

même ne brillait pas sans cesse le Soleil qu'aucun nuage ne peut obscurcir, Jésus, Lumière incomparable dont la clarté douce et sereine la guide sans cesse ; Jésus, Beauté toujours nouvelle dont la vue est pour elle la source d'un charme incomparable.

Seul avec Jésus seul, on se console volontiers, et sans la moindre peine, sans le plus petit ennui, on attend facilement le retour des beaux jours. Ils sont fréquents, d'ailleurs, depuis que nous naviguons sur le *Fleuve Bleu;* aujourd'hui, même, si la matinée a été un peu sombre, la soirée s'annonce plus belle et nous promet une agréable promenade. Personne n'a garde de laisser échapper l'occasion favorable et, quittant la *Sancta Maria* dont la marche ne s'est guère accélérée, nous suivons les bords riants du fleuve, marqués en cet endroit de sinuosités profondes.

Des torrents semblables à des affluents ne tardent pas à nous barrer le chemin ; nous n'avons plus pour les franchir le dos d'un Chinois complaisant ; mais en revanche une barque vient à notre secours et moyennant la minime somme de huit sapèques (quatre centimes environ), elle s'offre à nous transporter tous de l'autre côté, ce qui est accepté de grand cœur. Vous voyez qu'en Chine on peut, sans beaucoup de frais, se payer les moyens de transport les plus variés.

20 JANVIER

Le matin, notre courrier est parti pour Tchong-Chéou, ville de second ordre, située au bord du fleuve, sur la rive droite. Il revient bientôt, suivi du fameux satellite de Ouan-Hien. Arrivé dès l'avant-veille, le pauvre diable s'est présenté chez le mandarin se disant envoyé pour accompagner les Européens. Mais le mandarin, qui n'a pas besoin de connaître les autres pour savoir ce que vaut la parole d'un Chinois, a refusé de le croire et exigé une attestation écrite de notre main. Cette attestation, le satellite vient la solliciter humblement ; on la lui donne volontiers, avec quatre cents sapèques (2 francs environ) comme prix des services *émérites* qu'il nous a rendus, ce qui le comble d'une joie à nulle autre pareille.

A peine notre fidèle gardien a-t-il disparu qu'un de ses collègues de Tchong-Chéou arrive pour le remplacer. Celui-ci, sans être richement habillé, a, du moins, une tenue plus correcte. Il entre aussitôt en fonctions et se met en devoir de nous accompagner. Mais, plus avisé que le premier, peut-être aussi averti par lui, se contente-t-il de nous suivre à une distance des plus respectueuses et s'épargne ainsi bien des pas inutiles.

Le soir, en remontant à bord, nous trouvons l'équipage tout occupé à rendre de ferventes actions de grâces à Boudha pour la manière heureuse dont plusieurs rapides assez redoutés ont été franchis aujourd'hui : les pétards éclatent de tous côtés, et à l'avant de la barque brûlent de nombreux cierges rouges. En un clin d'œil, cierges et pétards vont prendre un bain dans le fleuve ; vous croyez peut-être que les auteurs de ce sacrilège attentat doivent s'éclipser aussitôt devant les Chinois irrités, s'ils ne veulent pas suivre le même chemin. Eh bien ! rassurez-vous : nos hommes ne font que rire aux éclats de la promptitude et de l'adresse avec laquelle le tour a été joué. Je vous l'ai dit, les Chinois sont généralement peu fanatiques : habitués à user de ruses avec leurs divinités auxquelles ils ne croient guère, ils voient sans trop de peine les autres recourir aux mêmes procédés.

21 JANVIER

Le soleil est revenu et brille de nouveau dans toute sa splendeur ; inondée de flots de lumière, la campagne apparaît avec sa gaîté et son charme des premiers jours.

Mais une préoccupation plus importante nous absorbe aujourd'hui. La partie du fleuve que nous remontons présente des difficultés sérieuses, parfois même quelques dangers : la *Sancta-Maria*, peu favorisée par la brise, a beaucoup de peine à vaincre la force du courant, et plus d'une fois il nous faut mettre la main à la rame pour aider les tireurs qui ne peuvent la faire avancer.

Vers trois heures, nous arrivons à un endroit plus périlleux et plus difficile encore : il s'agit de traverser le fleuve à l'aide des seules rames, sur une largeur de plus de mille mètres, et au point où le courant est le plus impétueux ; à cinquante mètres environ au-dessous de la ligne que doit suivre la *Sancta-Maria*, se dresse une longue chaîne d'écueils à fleur d'eau, la Porte de Fer comme l'appellent les Chinois. Bien des barques, emportées par le courant, se sont déjà brisées contre cet obstacle et, si la nôtre venait à dévier, elle aurait infailliblement le même sort.

Tous les bras disponibles à bord de la *Sancta-Maria* travaillent aux rames ; *Lao-Pan-Yang-Tsé* commande de sa voix énergique, et, au besoin, appuie ses ordres d'arguments *frappants ;* en quelques minutes, nous touchons la rive opposée. Dès lors, le cours du fleuve devient relativement calme ; pour comble de bonheur, le vent se lève et permet à chacun de se reposer un instant des fatigues de la journée.

22 JANVIER

Des éclats de voix et une violente discussion nous réveillent vers cinq heures. Pendant la nuit, des marchands d'opium sont venus à bord et, afin de rendre leur visite doublement fructueuse, ont subtilisé aux gens de l'équipage une certaine quantité de petits poissons qui séchaient sur l'avant de la *Sancta-Maria*. Le matin, nos hommes, s'apercevant de la chose, prennent la barque des filous, l'amarrent solidement à la nôtre et refusent de la laisser aller avant que leurs poissons aient reparu. Ce serait chose difficile, puisque les marchands d'opium se sont hâtés de les mettre en sûreté. Mais, pour se tirer d'affaire, ils se voient obligés de payer deux cents sapèques.

Cet incident a retardé notre départ; mais, grâce à la brise qui souffle, nous regagnons vite le temps perdu.

A Fong-Ton-Kein, où nous arrivons vers midi, le satellite de Tchong-Chéou est relevé de ses fonctions, et, cette fois, le mandarin nous traite en grands personnages. Notre escorte ne se compose plus d'un seul homme, mais de quatre, deux satellites et deux soldats; c'est du moins ce que nous annonce une grande pancarte envoyée du prétoire; mais, en réalité, un seul de ces personnages paraît à bord de la *Sancta-Maria*, les autres sont supposés suivre la voie de terre, c'est-à-dire qu'ils n'ont pas quitté Fong-Ton. A cela, il est vrai, il n'y avait que des avantages. Pendant une grande partie de la soirée, notre barque, embarrassée dans sa marche par une foule d'autres qui veulent la devancer, perd un temps considérable.

Afin de le réparer, elle navigue au clair de la lune, jusque vers neuf heures, ce qui nous vaut le plaisir de rencontrer le P. Besombes, de Koué-Fou, avec lequel nous passons un moment bien agréable.

23, 24, 25, 26, 27 JANVIER

Une seule pensée nous occupe désormais : arriver à Tchong-Kin dont chaque jour nous rapproche et qui n'est plus qu'à une faible distance; mais le vent est devenu presque contraire, et nous faisons peu de chemin : Fou-Tchéou, Chang-Chéou, Mou-Tong se succèdent avec une lenteur désespérante et semblent séparées par des centaines de lieues. Le soir du 27, nous stoppons à 16 kilomètres environ de Tchong-Kin.

28 JANVIER

Enfin, la ville de nos désirs apparaît dans le lointain. Assise sur une hauteur, au confluent du *Fleuve Bleu* et du *Kia-Ling*, elle ne manque pas d'un certain cachet avec ses maisons disposées en amphithéâtre, ses murailles crénelées et ses hautes tours chinoises.

Nous touchons la terre à onze heures; quatre satellites viennent nous prendre à bord et précèdent les chaises dans lesquelles nous nous installons, faisant ranger tout le monde avec force cris, accompagnés même au besoin de quelques coups de bâton sur le dos des récalcitrants. C'est presque une entrée triomphale. Pour ma part, je n'en suis que médiocrement enchanté. Ce n'est plus seulement une cinquantaine

de marches qu'il faut gravir ici, mais pendant une demi-
heure mes porteurs me font faire l'ascension d'interminables
escaliers, et plus d'une fois je me vois sur le point d'aller rouler au fond.

Nous arrivons tous enfin, sans fâcheux accident, à la résidence des missionnaires. Plusieurs Pères y sont réunis : le
P. Blettery, provicaire de la Mission, vieillard vénérable qui
compte déjà plus de trente années d'apostolat. Par une humilité digne des plus grands éloges, il vient, pour la seconde
fois, de refuser l'épiscopat. Aucune instance n'a pu le déci-
der ; c'est un vrai saint et un saint on ne peut plus aimable ;
tous les missionnaires le chérissent comme un père. Avec lui
nous sommes heureux de saluer les PP. Lorain, Bonnet,
Deroy, charmants confrères s'il en fut, d'une gaîté tout apostolique et qui nous accueillent à bras ouverts.

Me voilà donc, maintenant, bien chers parents, au milieu
de ma nouvelle famille, auprès de mes frères si affectueux,
si dévoués, dans ce Su-Tchuen oriental après lequel mon
cœur soupirait depuis si longtemps. Je ne dirai pas : C'est ici
le lieu de mon repos ; non, car plus que jamais je dois travailler et travailler sans relâche, afin de devenir un bon missionnaire. La première condition, pour arriver à ce but, c'est
de me sanctifier chaque jour davantage ; une autre, non
moins importante et presque aussi difficile, c'est d'apprendre
la langue chinoise.

J'avais espéré un instant qu'on me mettrait *en nourrice,*

comme tous mes jeunes confrères, c'est-à-dire qu'on me placerait pendant 5 à 6 mois dans une famille chrétienne. Là, séparé de tout contact européen et délivré des autres soucis, j'aurais pu m'adonner tout entier au chinois et me familiariser un peu avec cette langue si difficile. Mais telle ne semble pas être la volonté de mes supérieurs. Selon toutes probabilités, après quelques jours de repos, je prendrai le chemin de Cha-Pin-Pa, petite ville située à trois lieues de Tchong-Kin, sur le *Kia-Ling*. Là, mes heures devront se partager entre l'étude de la langue, l'enseignement et l'imprimerie. C'est beaucoup pour un débutant; mais, si le bon Dieu le veut, je me soumettrai sans peine à sa divine volonté. Cette volonté sainte, je suis venu en Chine pour l'accomplir tout entière et, si le sentiment de ma faiblesse m'inspire une médiocre confiance, je sais que je pourrai tout en Jésus qui me fortifie. Vos bonnes prières, celles de mes amis m'aideront, j'en suis sûr, à obtenir les grâces dont j'ai besoin. Soutenu par elles, je trouverai enfin une dernière force dans la pensée du Ciel où, après les labeurs d'ici-bas, il me sera donné, je l'espère, de goûter le repos éternel et la félicité sans mélange avec tous ceux que j'ai connus et aimés sur la terre : *Fiat ! Fiat !*

J.-M. SERRE,

Miss. apost. au Su-Tchuen oriental.

28 janvier 1891.

ÉPILOGUE

———

Le voilà fini, le *Voyage* de notre cher missionnaire. Ceux qui auront suivi l'apostolique voyageur dans les diverses étapes qui l'ont conduit au Su-Tchuen oriental, le suivront encore par la pensée, dans ce lointain pays de sa *Mission* où doit se consumer toute une vie d'incessant dévouement.

« Il y a dix-huit siècles, a écrit le P. Lacordaire, Néron régnait sur le monde ; héritier des crimes qui l'avaient précédé sur le trône, il avait eu à cœur de les surpasser et de se faire par eux, dans la mémoire de Rome, un nom qu'aucun de ses successeurs ne pourrait plus égaler. Il y avait réussi.

« Un jour, on lui amena un homme qui portait des chaînes et qu'il désirait voir. Cet homme était étranger ; Rome ne l'avait pas nourri, et la Grèce ignorait son berceau. Cependant, interrogé par l'empereur, il répondit comme un Romain, mais comme un Romain d'une autre race que celle des Fabius et des Scipions, avec une liberté plus grande, une simplicité plus haute, je ne sais quoi d'ouvert et de profond qui étonna César. En l'entendant les courtisans se parlèrent à voix basse, et les débris de la tribune aux harangues s'émurent dans le silence du Forum.

« Depuis, les chaînes de cet homme se sont brisées, il a

parcouru le monde : Athènes l'a reçu et a convoqué, pour
l'entendre, les restes du Portique et de l'Académie ; l'Égypte
l'a vu passer au pied du temple où il dédaignait de consulter
la Sagesse ; l'Orient l'a connu, et toutes les mers l'ont porté.
Il est venu s'asseoir sur les grèves de l'Armorique, après
avoir erré dans les forêts de la Gaule, et les rivages de la
Grande-Bretagne l'ont accueilli comme un hôte qu'ils atten-
daient.

« Quand les vaisseaux de l'Occident, las des barrières de
l'Atlantique, s'ouvrirent de nouveau, il s'y élança aussi vite
qu'eux, comme si nulle terre, nul fleuve, nulle montagne,
nul désert, n'eût dû échapper à l'ardeur de sa course et à
l'empire de sa parole, car il parlait, et la même liberté qu'il
avait déployée en face du Capitole asservi, il la déployait en
face de l'univers. »

Cet homme, c'est le Missionnaire, le continuateur de Paul
et des envoyés du Christ Jésus.

Qui pourrait ne pas admirer l'héroïque dévouement de cet
homme qui est le *Missionnaire?* Vit-on jamais les sages de
l'antiquité s'arracher aux délices de Rome ou d'Athènes pour
aller, sous une généreuse inspiration, humaniser le sauvage,
briser les fers de l'esclavage et porter aux peuples assis à
l'ombre de la mort la lumière de la vérité et la parole du
salut? Or, ce spectacle, l'Église catholique le met chaque
jour sous nos yeux. Faut-il, pour sauver des âmes, quitter sa
famille, sa patrie? Le missionnaire le fait. Faut-il percer des

forêts profondes, traverser des fleuves dangereux, gravir des
rochers inaccessibles, affronter des nations barbares? Rien
de tout cela n'arrête le messager de l'Evangile. Il triomphe des
climats brûlants, des steppes arides, des glaces du pôle, des
tempêtes de l'Océan. Il va, pour annoncer Jésus-Christ,
s'asseoir sous la tente des fils de Mahomet ou dans la maison
de glace des Esquimaux ; il suit, pour les instruire, le Cafre
et le Hottentot dans leurs déserts embrasés ; il va, dans l'intérêt de ses néophytes, discuter avec les lettrés et les mandarins de la Chine, ou, voguant d'une île à l'autre, on le voit
grouper autour de la Croix les féroces enfants de l'Océanie,
devenus doux comme des agneaux.

Quelque rudes que soient ses labeurs et les conditions de
son existence, jamais le missionnaire ne se plaint ; son seul
regret est parfois de ne pas voir à ses côtés un plus grand
nombre d'ouvriers pour recueillir la moisson, ou de ne pas
avoir à souffrir davantage pour la gloire de Dieu. « Encore
plus, Seigneur, encore plus! » s'écriait François-Xavier, en
présence des tribulations de toutes sortes que Dieu lui faisait
entrevoir. Loin de l'effrayer, la perspective du martyre l'en-
flamme d'une sainte allégresse. Comme saint Paul, il *surabonde de joie* en pensant qu'il va être uni pour toujours à
Jésus-Christ. Enfermé dans une cage, Théophane Vénard,
jeune prêtre originaire du diocèse de Poitiers, martyrisé au
Tonkin le 2 février 1862, écrivait, la veille de sa mort, à
Mgr Theurel, évêque d'Acanthe, son ancien confrère :

« Me voici donc rendu à cette heure que chacun de nous a tant désirée. Ce n'est plus : *peut-être un jour...* (comme dans le Chant de départ des missionnaires), c'est :

> *Bientôt, bientôt,* tout le sang de *mes* veines
> Sera versé ; *mes* pieds, ces pieds si beaux,
> *Oh ! quel bonheur ! ils sont* chargés de chaînes ;
> *Près de moi je vois* les bourreaux.

« Adieu !... J'eusse été heureux de travailler avec vous : j'ai tant aimé cette mission du Tonkin ! A la place de mes sœurs, je lui donnerai mon sang. J'ai le glaive suspendu sur ma tête et je n'ai point de frissons. Le bon Dieu ménage ma faiblesse : je suis joyeux. »

C'est la gloire de la France d'être la terre généreuse entre toutes, la terre la plus féconde en apôtres. Quelles magnifiques légions de Missionnaires, de Frères et de Sœurs elle envoie chaque année en Asie, en Afrique, en Amérique et jusque dans les îles les plus reculées de l'Océanie ! Tous les Ordres religieux, toutes les congrégations y sont représentés : noble et sainte émulation de l'héroïsme !

Et, pour ne citer que la Société des Missions étrangères de Paris, cette glorieuse mère de héros, son séminaire, il y a cinquante ans, n'avait que dix aspirants ; il en a aujourd'hui près de trois cents. La Société ne comptait que six évêques et vingt-neuf missionnaires ; aujourd'hui elle compte trente évêques et huit cent cinquante missionnaires.

C'est parmi eux que travaille désormais celui dont le *Voyage* nous a fait admirer le cœur d'apôtre.

Et il n'est pas le seul de nos compatriotes appelé à la sublime vocation de l'apostolat lointain. Il n'est pas nécessaire de citer des noms qui sont dans toutes les mémoires. Oui, la terre d'Auvergne, saturée de catholicisme, est féconde en ouvriers divins, et c'est sa gloire en même temps que sa douce espérance. La vocation apostolique, ce n'est pas seulement la grâce des grâces pour ceux qui en sont favorisés, c'est encore le signe de la complaisance de Dieu pour la terre qui donne ces privilégiés. C'est, en effet, une terre fidèle celle à laquelle le divin Maître demande sans cesse des *témoins;* c'est une terre sainte celle où le Sauveur trouve en abondance ceux qu'Il a nommés *le sel de la terre;* c'est un ardent foyer celui qui embrase ceux qui doivent être la *lumière du monde.*

Et nous, associés de la *Propagation de la Foi*, nous accompagnons nos missionnaires de nos prières et de nos vœux les meilleurs. Pendant qu'ils sont les missionnaires des peuplades infidèles auxquelles ils apprennent à adorer le nom de Dieu et à chérir le nom de la France, nous nous efforcerons, nous, d'être les missionnaires de nos frères de France par nos supplications, notre parole, nos exemples et nos sacrifices.

A. L.

31 mai 1892.

TABLE DES MATIÈRES

SIXIÈME ÉTAPE

SINGAPORE

SEPTIÈME ÉTAPE

SAÏGON

HUITIÈME ÉTAPE

HONG-KONG

NEUVIÈME ÉTAPE

SHANG-HAÏ

DIXIÈME ÉTAPE

LE FLEUVE BLEU

ONZIÈME ÉTAPE

ENCORE LE FLEUVE BLEU

DOUZIÈME ÉTAPE

L'ARRIVÉE AU SU-TCHUEN